中日民商法研究

（第十九卷）

渠涛 · 主编

中国法制出版社

CHINA LEGAL PUBLISHING HOUSE

《中日民商法研究》创办缘起

中国近代之移植外国法,始于 20 世纪初。1902 年光绪皇帝下诏:参酌外国法律,改订律例。设修订法律馆主持法典起草。1906 年,修订法律大臣沈家本,派侍郎董康等赴日本考察裁判、监狱等制度,邀请著名民法学者梅谦次郎到中国讲学并协助起草民法典。梅谦次郎因故不能应邀,推荐东京控诉院判事松冈义正。同时应邀来华的日本学者有帝国大学刑法教授冈田朝太郎、司法省事务官小河滋次郎、帝国大学商法教授志田钾太郎。松冈义正于是年来华,就任京师法律学堂民法教习。1908 年,开始编纂民法典,采德国民法之五编制体例,由松冈义正起草总则编、物权编和债编,由修订法律馆编纂、日本中央大学法学士高种等三人起草亲属编和继承编。可见中国近现代民商法和民商法学,得日本民商法和民商法学之助益甚多。改革开放以来的民商事立法,如 1999 年的合同法,参考日本立法、学说之处亦复不少。目前进行中的民法典编纂,尤应着重吸取日本民法百余年间累积之宝贵经验。于是联络学界同人,设立纯粹民间性质之中日民商法研究会,旨在推进中日民商立法学说判例之比较研究,增进中日两国民商法学者间的学术交流,为研究成果之及时刊发流布,并创办《中日民商法研究》系列论文集。

梁慧星

2002 年 11 月 25 日

开 卷 语

　　第 19 卷的内容是 2019 年承蒙云南大学法学院承办，在昆明召开的第 18 届研究会上呈现的研究成果。感谢各位专家学者和法律实务界人士积极参与并惠赐最新研究成果。其中，特别要感谢民法学泰斗王泽鉴先生莅临大会，并给大会做了富有指导意义的致辞！感谢云大法学院给予的支持，并感谢各位师生为大会顺利举办做出的无私奉献！感谢担任同声传译和交替传译的各位，向各位道声辛苦了！感谢北京市中伦律师事务所、北京市金杜律师事务所、日本司法书士会连合会、北京大成律师事务所、上海市海华永泰(昆明)律师事务所给予大会的赞助！

　　此外，要特别感谢李凯莉(澳门大学博士课程研究生)女士协助第 18 届大会的会务工作，尤其是对大会讨论部分记录的整理工作！

　　令人遗憾的是，会议结束已经过了近四年，至今才将论文集出版，这在中日民商法研究会开始活动以来的 20 余年间是绝无仅有的。之所以出现这种情况，尽管有新冠疫情等客观因素作为托词，但主编的懈怠无疑是需要对此负主要责任的。在此，谨向云南大学法学院、各位提供优秀研究成果的专家学者和法律实务工作者，以及常年来对该系列论文集情有所钟的各位读者，表示深切的反省和歉意！

编者于 2023 年六月吉日
于通州书斋敬上

目　录

商法

法律实务

附录

中日民商法研究（第十九卷）

民法立法论

荣誉权立法思考

姚　辉[*]　叶　翔[**]

目　次

一、引言

　　荣誉一词有着悠长的语言使用历史,晋朝葛洪的《抱朴子·行品》中就有过"闻荣誉而不欢,遭忧难而不变者,审人也"的使用。可以说,汉语世界从古至今对"荣誉"词义的理解并无太大差别,意指因成就和地位而得到广为流传的名誉和尊荣。荣誉应当受到保护,是一项达成广泛共识的价值判断结果,理所当然;但将荣誉利益上升为一项法定人格权而加以民法层面的保护,则始于1986年颁布的《中华人民共和国

---

　　[*] 作者:中日民商法研究会副会长、中国人民大学法学院教授。
　　[**] 作者:中国人民大学法学院博士研究生。

民法通则》第102条的规定,即"公民、法人享有荣誉权,禁止非法剥夺公民、法人的荣誉称号"。这一规定体现了立法者对特殊肯定性评价须上升为权利的坚决态度。但是从学理上来看,由于荣誉权与名誉权存在着词义上一目了然的近似,其二者在内容、构成和救济方式上有着千丝万缕的联系且难以简单区分和判别,致使荣誉权这项国家、社会的特定机关、组织所授予的肯定性评价的保护和支配的权利一直饱受争议。这就不难解释,在几次民法典编纂活动中,对中国民法是否有必要赋予荣誉权以独立的民事法律地位,以及由此而衍生出的荣誉权性质问题等,学术界一直存在争论。① 即使2017年10月实施的《民法总则》在第110条关于"具体人格权"的列举规定中继续为荣誉权保留了法律地位,也不能平息对荣誉权的质疑之声。尽管这些争议并未影响到立法的最终判断,因为从民法典人格权编各稿草案来看,荣誉权规范均被保留且其内容近乎一致,这可能与荣誉权争议所牵涉的理论交锋以及纠纷发生频率较低有关②。但若将视线从当前的立法争议移开,回顾荣誉权的前世今生,则可以发现古今中外对荣誉权的理解似乎与我国当下语境中的荣誉权相去甚远。显然,是荣誉权理论根基本身的不稳固才引发了类似于荣誉权性质、荣誉权内容、荣誉权去留等问题的学术争议。这之中固然有荣誉权理论自身发展不足的原因,但也反映了学界对荣誉权的研究特别是对比较法上荣誉权规则的考察多有不足。在人格权独立成编的争议已尘埃落定、民法典各分编的编纂如火如荼推进之际,追溯荣誉权的立法起源,探索荣誉权的法理根基以及深入剖析荣誉权规范内容和救济形态,进而跳出单一的私法逻辑,从民法的功能、立法的技术角度重新审视当前我国的荣誉权制

① 类似理论争论可参见:张新宝:《名誉权的法律保护》,中国政法大学出版社1997年版,第44页;唐启光:《荣誉权质疑》,载《华东政法大学学报》2004年第2期;欧世龙、尹琴荣:《荣誉权之否定》,载《社会纵横》第2004第6期等。

② 从荣誉权规定来看,民法室室内稿、草案征求意见稿、一审稿和二审稿的内容基本一致。《民法典各分编草案》(二次审议稿)第810条规定,民事主体享有荣誉权。任何组织或者个人不得非法剥夺他人的荣誉称号或者诋毁、贬损他人的荣誉。获得的荣誉称号应当记载而没有记载或者记载错误的,民事主体可以要求记载或者更正。

度,这对塑构并细化人格权体系、完善民法典的立法结构,有着重要的意义。

二、《民法通则》中的荣誉权

《民法通则》的立法历史和背景资料表明,我国民法中荣誉权的出现与发展在一定意义上着实属于"无心插柳柳成荫"。这首先表现在立法的进程与学理的迈步并不统一,就历史资料来看,荣誉权在立法上的构建远快于荣誉权理论的成熟。1982年5月1日由全国人大常委会法制委员会民法起草小组拟定的《民法草案》(第4稿)中第一次将荣誉利益上升为法律上的权利。相比第3稿,第4稿在第16条公民的民事权利在名誉权受法律保护后增加了公民享有荣誉权的规定,同时增加第41条规定了法人的人格权益(其中包括名誉和荣誉)和第431条有关荣誉权侵害的救济条款。③ 立法机关通过对这3条内容的整理和扩张形成了《民法通则》第102条和第120条,包括荣誉权的内容和救济条款。但是与荣誉权在立法上的迅速确立相违和的是,时任全国人大常委会副委员长王汉斌在《关于〈中华人民共和国民法通则(草案)〉的说明》中对"民法通则的基本原则和调整范围"的论述仅提及了名誉权、肖像权、生命健康权和法人的名称权和名誉权,并未提及荣誉权。④ 同一时期,我国法学界也并未对荣誉权理论形成系统性的论述,比如,对20世纪90年代民法理论成就予以总结的《新中国民法学研究综述》,就没有提到对荣誉权的研究成果,而仅有名誉权的相关文献的罗列。⑤ 在该阶段的教科书中,对荣誉权也大多仅做简单提及。比如在全国高校第一本民法学统编教材《民法原理》一书的民事权利能力部分,就仅将荣誉

---

③ 参见崔纪华:《民法总则起草历程》,法律出版社2017年版,第405页。

④ 参见王汉斌:《关于〈中华人民共和国民法通则(草案)〉的说明》,载 http:// www.npc.gov.cn/wxzl/gongbao/2000-12/26/content_5001774.htm,最后访问日期:2019年 3月15日。

⑤ 参见《法学研究》编辑部编:《新中国民法学研究综述》,中国社会科学出版社 1990年版。

权列举为民事主体依法享有的民事权利之一。⑥ 类似的处理也可见《民法教程》一书的民法的基本原则部分。⑦

《民法通则》前并无荣誉权的理论积淀却横生了荣誉和名誉并举的立法模式,很显然《民法通则》对荣誉权的规定并非我国荣誉权理论研究发展的自然结果。如果将这一判断作为预设立场,则荣誉权之所以给人以"空中楼阁"之感的最大可能就是,当时立法所构建的荣誉权,实际是来源于对当时为数不多的比较法立法例之一的苏维埃民法的参考。这种推测并非笔者一家之言,早就有学者指出,我国民法将荣誉权单独于名誉权的立法模式源于将苏联民法中的"荣誉"和"名誉"移植到中国语境中的一次"无心插柳"。⑧ 当然,更大的背景则是 1949 年彻底废除国民党伪法统包括民国民法之后,苏联民法对中国民法从立法到司法乃至理论研究的深刻影响。在长达 60 多年里,人们已经把相沿成习的中国民法中苏联的民法思想、传统和规则,当成确定不移的民法范例。⑨ 然而遗憾的是,在这场近乎全盘接受的移植当中,有关"荣誉"概念的继受却不折不扣的是一个望文生义的误读。据笔者对苏联民法教科书的译著的理解可以发现,不论是"荣誉"的概念,还是其判断标准和侵权救济方式,苏联民法上所谓的"荣誉权"实际就是我国民法中的"名誉权"。1922 年 11 月 22 日颁行的《苏维埃民法》第 13 节民事权利的分类中提及受某种不正确报道而被触犯荣誉的人,得以请求公开撤回这一报道来获得救济。⑩《苏联民法》一书则更为细致地探讨了荣誉权和尊严权,并指出荣誉是指对个人的一定的社会评价,是指个人的客观社会属性,关于荣誉的观念是在公民和法律组织进行社会活动和互相交往的过程中形成的。个人的荣誉是根据客观表现,

---

⑥ 参见佟柔:《民法原理》,法律出版社 1983 年版,第 41 页。

⑦ 参见王作堂:《民法教程》,北京大学出版社 1983 年版,第 37 页。

⑧ 参见欧世龙、尹琴荣:《荣誉权之否定》,载《社会纵横》第 2004 第 6 期。

⑨ 对于这段历史的更详尽叙述,可参见杨立新:《编纂民法典必须肃清前苏联民法的影响》,载《法制与社会发展》2016 年第 2 期。

⑩ 参见【苏】布拉都西编:《苏维埃民法》,中国人民大学民法教研室译,中国人民大学出版社 1954 年版,第 62—64 页。

即行为、工作、观点和对社会生活种种现象的评价加以形成和判断的。对荣誉侵权的救济则主要是通过"辟谣"的方法加以实现的。⑪不难发现,苏联民法上"荣誉"的概念与我国当下所称"荣誉"的概念大相径庭。

除了错误继受苏联民法中对荣誉的独特理解之外,立法机关增加荣誉权并采取与名誉权并列的立法形式可能也与当下民法理论研究风格息息相关。自新中国成立以来,法律研究在一段时期内确实存在忽视公法与私法的划分,进而忽视民法的地位和作用的倾向⑫,这在《民法通则》和《合同法》的规范内容上均有所体现。荣誉不仅象征着行政机关对个人的认可,并与一定的精神利益和物质利益相关,这也可以解释当时的立法机关将荣誉权规范写入《民法通则》的动机。然而通过以下对比较法上的荣誉权制度以及 Honour 词源的考察可以发现,在私法上建立独立于名誉权的荣誉权制度实属我国的"独创"。

三、Honour 和 Right to Honour 的比较法勘察

我们忍不住把考察的目光投向域外,延伸至遥远的古代,去探究荣誉、荣誉权在人类民事立法和学说上的渊源。通过对罗马法、欧洲大陆法系、英美法系有关荣誉的实体法和民事理论的勘察,可以发现荣誉作为典型的身份利益在逐渐脱离其身份属性的同时也逐渐与现代民法分离而式微。与此同时,名誉作为固有的人格利益则被不断强化。更有趣的是,与学界很多动辄援引言之凿凿的"比较法"依据不同的是,即使近现代西方国家的民法典和民法理论中使用了 Right to Honour 这一语词,但这实际上很可能是因为西方语境中的 Honour 拥有包括 Reputation 在内的多重含义。

仅就含义和词源而言,西方语境中的 Honour 在一定程度上包含了 Reputation 的词义,在特定语境下也包括如同中国语境中特殊荣誉、奖励(Award)的意思。因而,认为中国民法中的荣誉和荣誉权就是 Honour

---

⑪　参见【苏】斯米尔诺夫,B. T. 编:《苏联民法上卷》,黄良平、丁文琪译,中国人民大学出版社 1987 年版,第 184—187 页。

⑫　参见杨立新:《当代中国民法学术的自闭与开放》,载《法学研究》2011 年第 5 期。

和 Right to Honour 的观点是有所偏颇的，正如有学者之前所形容的，这是一个"巴别塔式的谬误"。[13]

四、对荣誉权去留问题的折中思考

在市民社会中，许多利益需要得到法律的维护，但具体何种利益才能被赋予"法律之力"而上升为权利，则须考察利益本身的重要性、既有权利体系的包容性、民法的社会功能、现存民法体系的稳定性与协调性以及纠纷出现的频率等。诚然，荣誉利益需要得到保护，但是否建构、如何建构、如何运用荣誉权制度对荣誉利益进行保护则须进行进一步研究。

---

[13] 参见满洪杰：《荣誉权———一个巴别塔式的谬误？———"Right to Honour"的比较法考察》，载《法律科学》2012 年第 4 期。

日本物权法的修改动向

道垣内 弘人[*]　杨　东[**]

目　　次

一、引言

日本于 2017 年对民法典中与债权有关之部分进行了修改,该修改将在 2020 年 4 月生效。时至今日,我们仍能看到许多论文,或是对修改后法律进行解说,抑或从解释论角度讨论修改后新产生之问题。

对债权相关部分之修改旨在推进 120 年来没有进行过根本性修改的民法之现代化进程。这种现代化对民法中的其他部分而言也是必要的,即债权部分并不是唯一被认为有修改之必要的部分。

事实上,在债权相关部分之修改成立之前,法务省已经开始讨论下

---

　*　作者:东京大学教授。现专修法学教授。
　**　译者:东京大学大学院法学政治学研究科博士课程研究生。

一步将对民法的哪一部分进行修改。最初,法务省的一位干部曾表示,他们将讨论修改侵权责任法相关部分,但现在,真正实现修改或者说已做好相关准备的,是继承法、亲属法和物权法的一部分。其中,继承法之修改于 2018 年 7 月通过,关于特别收养制度的修改则于 2019 年 6 月通过。以及,2019 年 7 月 29 日,法制审议会下的部会开始了对亲生子法修改的讨论。

现在,"法制审议会民法·不动产登记法部会"正进行活动,而物权法部会计划于未来两三年内成立,现正以"关于以动产·债权为中心的担保法制的研究会"之名义进行准备工作。

下面,我将介绍、讨论关于物权法的这两点修改动向,并重点介绍前者,即"法制审议会民法·不动产登记法部会"之情况。

二、法制审议会民法·不动产登记法部会

(一)所有权人不明土地之问题

近年来,基于土地所有权人死亡但继承登记没有进行等原因,出现了无法直接从不动产登记簿之记载上判明所有权人,或是判明后也无法取得联络的土地,产生了土地之利用受到影响等问题,即所有权人不明土地之问题。

日本政府近年来已表示将采取措施解决这个问题。

首先,内阁于 2017 年 6 月通过的"经济财政运营与改革基本方针2017"指出,"可以预见的是,今后,随着人口减少,难以确定所有权人之土地的数量将增加,针对登记制度或土地所有权之样态等中长期问题,应尽早于相关审议会上进行讨论"。

(二)与所有权人不明土地之利用的便捷化有关的特别措施法

于是,2017 年 9 月起,作为国土交通省审议会的国土审议会,于土地政策分科会特别部会上展开了相关讨论,并在同年 12 月公布了该讨论的"中期摘要"。后于 2018 年 6 月基于该中期摘要制定了"与所有权人不明土地之利用的便捷化有关的特别措施法"。内容大致分为三部分:①方便利用所有权人不明之土地的制度,②合理化所有权人搜索的制度,③恰当地管理所有权人不明之土地的制度。

①之制度,即为了公共性、公益性事业而想要利用所有权人不明的土地之人可获得 10 年以下的使用权这一制度。但是,当所有权人出现时,使用权人应立即恢复原状并返还权利,即该使用权是一种暂定的使用权。②之制度与①相关联,各都道府县行政长官或市町村长为了公共性、公益性事业需查询土地所有权人身份等时,可利用固定资产课税台账等原本为了其他目的而收集的情报。另外,关于长时间未进行继承登记之土地,创设了登记官可依职权于登记簿上就该土地长时间未进行继承登记之情况进行记录之制度。③之制度,即国家行政机关长官或地方公共团体长官就所有权人不明的土地之适当管理一事,若认为有必要,可请求家庭裁判所选任不在者财产管理人(民法 25 条 1 项)或继承财产管理人(民法 952 条 1 项)。这一制度将请求权人之范围扩大到了利害关系人之外。

(三)关于登记制度、土地所有权之样态等的研究会

在国土交通省主导制度整顿的同时,修改民事基本法的准备工作也开始了。即"关于登记制度、土地所有权之样态等的研究会",该研究会于 2017 年 10 月开始活动。之后,于 2019 年 2 月整理出了《关于登记制度与土地所有权样态之研究报告书——为解决所有权人不明土地之问题》。

其内容大致分为两部分:①"如何预防因继承等产生所有权人不明土地之制度"和②"如何方便并恰当地利用所有权人不明土地之制度"。在①中,讨论了简化登记手续,以及因搬迁或死亡等原因使户籍等的信息发生变化时,登记名义是否可随之一并进行更改,或在遗产分割协议中设置时间限制等制度的可能性。在②中,讨论了管理、处分共有物时,广泛地认可多数决原则,允许其他人处分下落不明者所有之份额,及相邻关系的问题。

(四)法制审议会民法·不动产登记法部会

根据该报告书,2019 年 2 月,由法务大臣对法制审议会下达了"关于民法及不动产登记法之修改(咨问第 107 号)"的指示,接受这一指示后,遂于法制审议会中设置了民法·不动产登记法部会。该部会于同年 3 月开始了讨论。

该咨问指出,因为会出现所有权人不明土地,产生影响土地之利用等问题,所以需早日具备可预防因继承等产生所有权人不明土地的制度和可方便并恰当地利用所有权人不明土地的制度,并从这一点出发认为应尽快出台修改民法、不动产登记法等相关意见,另就各种具体的方案举出例子,以期对之可能性进行讨论。

"第一 如何预防因继承等产生所有权人不明土地之制度

一 通过赋予土地所有权人进行继承登记申请之义务或由登记机关从其他公共机构处获取死亡信息等,实现不动产登记情报之更新的措施

二 通过允许放弃土地所有权或对遗产分割设置时间限制以加快遗产分割进程等,抑制所有权人不明土地之产生的措施

第二 如何方便并恰当地利用所有权人不明土地之制度

一 通过重新审视民法中的共有制度等,使处于共有状态中的所有权人不明土地可以方便并恰当地得到利用的措施

二 通过重新审视民法中的不在者财产管理制度及继承财产管理制度等,合理化所有权人不明土地之管理的措施

三 通过重新审视民法中的关于相邻关系的规定等,使相邻土地所有权人可以方便并恰当地利用所有权人不明土地的措施"

如此这般,基本上遵照了《关于登记制度与土地所有权样态之研究报告书》的内容。

进行这样大范围的讨论是需要充足的时间的,但政府于2018年6月做出的"经济财政运营与改革基本方针2018"阁议决定指出,"关于所有权人不明的土地……,2018年内提出制度改革的具体方向后,争取2020年实现必要的制度改革"。因此,法制审议会的讨论,也将于2020年某个适当的时候结束。当然,并不是说2020年初就要结束审议,但确实是时间急迫。

(五)关于几点问题的讨论

正如我目前为止所说的,相关议论之范围十分广泛。在此,我感兴

趣的有三点,或者直白一点说,我对作为草案在法制审议会民法·不动产登记法部会上被讨论的《关于登记制度与土地所有权样态之研究报告书》中言及的提案存有三点疑问,下面将与大家讨论一下。

第一点,是关于理念的问题。

土地所有权人死亡后,发生继承。假设有4位继承人。然而,在未作出该土地根据遗产分割协议由谁单独所有之合意的情况下,这4位继承人死亡,再次发生了继承。这样一来,如果各自又存在4位继承人,那么此时,该土地将由16人共有。出现这种情况的话,将很难有效地利用该土地。

因此,《关于登记制度与土地所有权样态之研究报告书》中提出,可选任共有物管理权人之制度,或是,比如说,就土地之处分而言为取得下落不明的共有人之同意而进行公告,若无反馈则视为同意之制度等各种各样的提案,这些也为法制审议会民法·不动产登记法部会所继承。

的确,若是由于出现共有人中存在下落不明者这样的偶然情况,使得分割或是对整体的处分无法进行的话,将无法在经济层面上充分实现某人所有的共有持分权。为防止这一事态的发生,比如说,就下落不明者的持分,若提存等值的金钱,那么就可以对共有物整体进行处分,这样想也不是不可以的。但是,那样的话,仅仅是为了在经济层面上实现某人所有的共有持分权罢了。

然而,当谈及这一制度的必要性时,同时论及认可希望取得该土地的第三人,向裁判所请求选任共有物管理权人,并使该人进行公告,拟制共有人之同意这一制度之必要性的情况也屡有发生。都是为了方便第三人取得并有效地利用未被利用之土地。

但是,我不明白的是,为什么便于第三人取得一事可以被正当化。那样说的话,10人共有时,在共有之状态下也许不便使用,但即使并没有共有人下落不明,若说将整体卖出是一种有效地活用资产的方式便允许第三人介入,实现与共有人意思无关的高效利用一事看似也可以被正当化。但我实在是不能赞成这样的正当化。

针对这样的批判,存在着"如果是为了公共性、公益性事业是不是就可以了呢"这样的反论。但是,公共性、公益性事业这样的描述现正逐渐被扩大化解释,一些以营利为目的的养老院或医院也包含在内。此外,若为了公共性、公益性事业就可以的话,岂非与土地收用法中,违反所有权人意思收用土地的情况中所规定的严格的要件和手续相矛盾。

不得不说,一味地强调存在下落不明的共有人时的问题点,不恰当地扩大其解决方法的适用领域这一行为,是为了实现不动产开发业者的利益,我并不赞成。

第二点,是与遗产分割的期间限制有关之提案。出现所有权人不明之土地的原因之一,是土地被共同继承后,一直未进行登记。为避免这一情况发生,出现了以下提案,即为遗产分割设定时间限制,若期间内达成了遗产分割协议,却并未进行登记手续的话,将产生所有财产将按照法定继承份额被分配之效果。之后,若存在持反对意见的共有人,则可通过对共有持分的买卖请求制度等来卖出自己的财产。像这样对效果进行规定,被认为可促成遗产分割协议之制定。

但是,我认为,这样的提案其实并不妥当。理由有很多,在此只陈述两点。

其一,即遗产分割协议若未在一定期间内成立,则会出现遭受损失的共同继承人和获得利益的共同继承人。假设共同继承人共5人,若3年内未达成合意则全员都将遭受损失,那么所有的共同继承人都将有动力去促成协议之成立,由此可促成合意之产生。然而,对存在特别受益、本应获得的具体继承份额少于法定继承份额的继承人而言,协议未在期间内成立反而有利,因此这样的继承人便不具备动力去促成协议之成立,反而会为了阻碍协议之成立而采取行动。因此,为遗产分割协议设定时间限制,就能促成遗产分割协议之成立,这一论述从理论上来讲明显是错误的。

其二,该提案之效果,已远远超过了为解决所有权人不明土地问题之目的应有之效果。也就是说,若只是为了解决所有权人不明土地的问题,那么仅就遗产内的土地而言,若未在一定期间内达成遗产分割协议,则按照通常的共有来处分即可,并无规定全部遗产均按通常的共有来处分,其后,也不能主张特别受益或贡献份额,这种效果之必要。特别受益等,再另作清算即可。

第三点,是为明确土地所有权人身份,使不动产登记中关于所有权人的记载,随着户籍或住民票之变动而自动发生改变,这一提案。

关于这一点,我并不是特别的反对。但是,我对日本辩护士联合会未对这样的提案表示明确的反对意见而感到有些奇怪。日辩联对根据个人编号,即政府发行的个人号码来统一管理户籍等一事,一直十分反对,理由是,此点侵犯了个人隐私,政府可借此轻易监视个人的行动等。日辩联一直以来的态度皆是如此。

使不动产登记簿上记载的内容,随着死亡登记或迁居申报而变动,这样的制度正是日辩联厌恶的一元化管理,究竟为何未反对呢?这是一个相当值得怀疑的问题。

三、动产·债权担保制度之改革

(一)世界银行的 Doing Business 报告和动产·债权担保制度

日本物权法立法动向中的另一根支柱,是动产·债权担保制度之改革。关于这一问题,我已于 2019 年 1 月 25 日在中国人民大学发表了演说。下面,我将省略基本的内容,追加介绍上次演说过后这 8 个月以来的变化。

(二)关于以动产·债权为中心的担保法制的研究会

上次演说后,由法务省民事局作为事务局主持举办的"关于以动产·债权为中心的担保法制的研究会"已于 2019 年 3 月起开始了活动,现已召开了 7 次会议。我担任负责人。

首先,在第一轮中,我们就各种各样的问题展开了广泛的研究和讨论,重点是是否引入 UCC 型的担保制度。也就是说,动产·债权担保制度是否应适用统一的登记·注册制度。

当然,现阶段并未得出结论,一方认为,考虑到世界发展潮流,应引入 UCC 型的担保制度,而另一方则认为,以就机械等,依设定担保之合意与占有改定之合意,便能设定的可向第三人主张权利的让渡担保为前提的商事习惯,常用于中小企业的金融活动中,想要改变这样的习惯是很难的。

"仅集合动产让渡担保适用注册制度,个别动产让渡担保仍适用一直以来的依占有改定之合意即可"这样的折中方案也是存在的。但,事实上,要判断究竟怎样的合意可被认为是集合动产让渡担保之合意是很难的。即使是以设定人未来将拥有之动产为标的物的让渡担保,若特定化某个别动产进行设定的话,不就不能称之为集合动产让渡担保了吗? 例如,我就自己拥有的全部的瑞士产的手表设定让渡担保,会发生什么呢? 顺便一说,至少现在我是没有瑞士手表的,但若我突然对收集手表产生了兴趣,购买了大量的瑞士手表的话,它们就会被用来提供担保。有意见认为,因为不存在替换的打算,所以其属于个别动产让渡担保,但不能将"存在替换的打算"这样暧昧的标准,同不存在登记·注册的话,就不能对抗第三人这样巨大的效果关联在一起。我也可能在收集的同时,以投资为目的,购入、卖出瑞士手表。

今后,讨论还将继续下去,但实务家都是较为保守的,很难大胆地探索立法。

集合动产让与担保的立法论与占有改定

青木则幸[*] 章 程[**]

目 次

一、引言

担保法领域里近年的很多讨论都跟国际标准相关,从联合国国际贸易法委员会(UNCITRAL)制定的一些标准可以看到,这些国际标准很大程度上受到英美法尤其是美国法的影响。根据世界银行的各国营商环境报告,某国一旦偏离这样的国际标准,便会被作为减分项。授信

---

[*] 作者:早稻田大学教授。

[**] 译者:浙江大学副教授。

交易指标 Strength of legal rights index 满分共 12 分,美国和澳大利亚分别得 11 分,日本和中国分别得 5 分和 4 分,法国 4 分,德国也只有 6 分。①

对于日本而言更不利的一点在于,由于民法典中关于担保交易的一般规则都继受自法德两国,因此日本独创的规则在国际上往往得不到相应的评价。

英美法和大陆法在法制度的沿革上存在很大的差异,这种差异会对具体规则带来各种显在潜在的影响。对某些功能上类似的制度,即便修法可以使日本法与国际标准充分调和,也往往会遭到实务界的反对。一般而言,实务界都比较重视既有的交易习惯,他们担心修法可能会对实务带来难以预见的混乱。如果实务未能对修法达成统一意见,那么在理论上这样的修改就会被认为是混乱移植。

以下报告将撷取其中一点,以库存商品(抵押型)担保化为例,介绍日本法上集合动产让与担保对抗要件中占有改定的问题。

二、讨论对象的现况——集合动产让与担保的对抗要件

在日本法上,对以库存商品等(补足债务人在正常经营活动中因处分而减少的标的物价值)债务人将来能取得的动产为标的——也即以在契约设定时债务人尚未取得的动产为标的的让与担保,规定了如下的对抗要件。

由于让与担保的标的物已具备所有权移转的外观,因此判例也从其外观认定物权已变动。与此相对,学说则并不拘泥于外观,有力说认为让与担保与动产抵押类似,属于限制物权的设定或所有权的部分转移。但无论立足何种观点,这些都属于民法第 176 条规定的物权变动。适用对抗要件的前提,是物权变动有效发生,而物权变动除了存在民法第 176 条规定的意思表示之外,还必须不存在其他阻却物权变动的客观障碍。典型的客观障碍如标的物不特定及表意人无所有权或处分权,因此,根据无权利法理,以库存商品作担保的情形,至少在契约设定

---

① See, A World Bank Group Flagship Report, Doing Business 2019, at 180.

时,尚待进货的动产并未发生有效的物权变动。但是,判例和多数说采集合物理论(此理论的法律构成也存在两种不同学说,本报告不拟论及),认为契约设定时即存在有效的物权变动。

动产的对抗要件则是交付(民法第178条),集合动产也不例外。从早期开始,判例就认可以占有改定也属于这里的交付,实务也以此为当然前提展开。当然,按照目前的《动产·债权特例法》(以下简称《特例法》),动产也存在登记的可能,但动产登记的效力也不过是被视为民法第178条的交付(《特例法》第3条第1款),如果在先的担保权人已按占有改定的方式完成交付,后手即使登记了也将列后。此外,就对抗要件而言,既然认可无公示功能的占有改定可以完成交付,那么设定契约中特定(判例认为种类、数量及所在地都是判断基准)与公示中特定之间就有可能存在错位,但如何应对这种错位,却几乎看不到相关的讨论。如果要真正发挥对抗要件的公示功能,我认为就应该类比不动产让与担保,在设定契约中将特定化的程度作为要件之一。

那美国法在这个问题上的现状如何呢? 按美国《统一商法典》(UCC)第九编的规定,担保权[基于英国法诉权的历史背景,日本法上的动产及债权均被归于动产(Personal Property),相应的担保权也被称为动产担保权]的设定必须有赖于设定契约书(Security Agreement)的作成。即使设定人尚非所有人,只要在合意中存在一定的特定性[嗣后取得财产条款(After-acquired Property Clause)],也可以用契约创设担保权[§9-204(a)],设定人此后一旦取得标的物所有权,该担保权就在标的物上设立(Attachment)[§9-203(a)]。除设定契约书外,一般还要作成融资声明书(Financing Statement)并将此声明予以登记,担保权在登记时方具备对抗要件[§9-322(a)②]。另外,相比设定契约书所要求的特定,融资声明书中的特定要求[§9-108(b)]会更为缓和[§§9-502(a)(3),9-504(2)]。

不过,关于担保标的物的种类及担保交易的样态,美国法还有很多

---

② 严格来说,登记的担保权虽然因债务人取得所有权为条件而"完全",但在同一物上"完全"担保权产生竞合的情形,则需要以登记或其他"完全"要件具备的时间序列来判断其优先顺位。

例外性规定。除登记外,对抗要件的具备还有其他方式,如标的物的占有、标的物权源证书的占有等,但这里的占有并不包括占有改定[§9-313(c).];cmt 3.]。当然,美国法上也存在无须公示即可对抗的自动公示(Automatic Perfection)担保权,但这在动产交易中仅限于消费者物品的买卖价金担保权。除此之外,有些情况下后顺位具备对抗要件的担保权会优于先顺位者,买卖价金担保权即其适例。

乍看之下,日本与美国的现行法确有相似之处——在日本,债务人也可以就包含将来可取得动产在内的库存商品设定担保,此担保权也可通过公示登记。但日本和美国的制度却存在关键性的差异。在日本法上,无论对设定时债务人所有的动产,还是未来可取得的动产,缺乏公示功能的占有改定都被认为可得对抗。而在美国法上,无公示即可对抗的担保权被严格限定在消费者保护政策的范围内,也即仅有消费者按月分期试用买卖时,商家可取得此种担保权。在公示的方式上,虽然在某些交易中,美国法上也有通过动产担保证书(Chattel Paper)的占有来公示等方式,但一般情况下仍以登记为原则。

由于日本法在动产让与担保上也有可供利用的登记制度,因此可能有意见会认为,不妨以此为基础修法,排除占有改定或以登记为优先,这样日本法就能很快对标国际,但其实这个问题并不是这么简单。下文将就其中若干问题来讨论日本与美国的差异。

三、问题1——法政策层面上交易安全的不同定位

美国法担保权公示的逻辑,根植于英美法上禁止隐秘担保(Secret Lien)的法理,缺乏公示的担保并非隐秘担保,但是在库存商品担保中,让单纯的标的物占有人享有处分权显然与该法理相抵触,因此违反该法理的担保无效。为使库存担保有效,美国在特别法上曾讨论采用登记或通过证券进行占有等方法,最后这些讨论归结于 UCC 第 9 编登记制度。

但是日本传统上不存在禁止隐秘担保的法理,所以是否应在立法论上引入该法理,就变成一个不无可议的问题。

由于占有改定缺乏公示,日本学说上早有主张将其排除出对抗要

件。在《特例法》制定之前,为保证充分公示,也曾有意见主张引入铭牌作为对抗要件。但是,将铭牌公示作为一般性的对抗要件并不可行,因此有力说认为,与其禁止库存担保,不如肯认具备无公示功能的对抗要件即可设定担保权(判例支持此说),甚至肯认无对抗要件的担保权设定③。

实务意见也比较支持这种无公示的担保。依照实务的意见,交易相对人若明知债务人已经以库存商品提供担保,可能会提前招致信用危机,因此应当尽可能考虑到隐秘担保的交易需求。特别是在库存商品的欠款债权也用以提供担保的情形,就更有必要认可这种担保。

2004年,在制定《动产·债权让与特例法》(债权让与特例法的修正)的讨论中,也并未排除占有改定的对抗力。个中原因,据说也是因为来自实务界的强烈意见——"受让人一般会采取照会让与人等各种尽职调查措施,事先对是否存在占有改定的让与担保进行调查、确认,在此过程中,是否存在在先的让与担保基本是可以探明的,因此受让人并没有那么大的风险。倒是为了避免这种风险,引入登记优先这种全新规则,恐怕会产生预想不到的新问题,对实务影响甚大"④。

四、问题2——标的物特定化的缓和与登记制度结构的差异

美国法为了降低公示成本,登记时只要求把融资声明书记入登记即可,标的物的特定比较概括也相对简单。制度背后的想法,是美国法认为在设定契约过程中只要能对特定债务人起到警示作用即可,这点在日本已有相关文章的介绍⑤。

与此相对,日本的对抗要件则是对已存在的物权变动的公示。按民法第176条,物权变动仅因意思表示而发生,标的物未特定或缺乏处

---

③ 米仓明:《让与担保的研究》(有斐阁1976年)第47页,近江幸治:《担保物权法(第二版补订)》(成文堂2007年)第311页等。

④ 植垣胜裕、小川秀树:《一问一答 动产·债权让与特例法(三订版增补)》(商事法务2009年)第35页。

⑤ 大和田实:《米法における动产担保法の形成(二·完)》(美国动产担保法的形成),载《法协》95卷4号第143页。

分权是物权变动的障碍事由,此时物权变动需障碍消失时才发生,对抗要件也要在障碍事由消失时才具备。因此,美国这种在尚未充分特定时就物权变动对公众予以警示的制度,与日本的物权变动公示制度可以说是两种不同性质的制度。

从美国法物权变动的对抗要件制度来看,这与美国法上以通知及警示为宗旨的登记则是洽合的。在法制沿革上,美国对抗要件制度的理论基础是不动产所有权让与的 Deed 登记制度,按此制度,需要公示的是 Deed 这种书面的意思表示,而并非公示物权变动。对抗要件有拟制通知的效力(在大多数法域采 Notice 或 Race-notice 理论),据此即可阻却第三人有偿的善意取得。

当然,UCC 第 9 编的登记(Filling)制度未采此种不动产登记制度的多数说,其对无登记担保权的存在系属恶意之人(非有偿善意取得人),并未设置对抗可能的规则。因此,这可以说是通过制定法转向 Race 理论。但是,由于登记制度是建立在以往理论——因拟制通知的存在,在先的物权变动可对抗非有偿善意取得人——的基础上的,因此并没有观点认为,融资声明书的登记和(不动产抵押及 UCC 第 9 编制定前的各种动产担保制度中的那些)设定契约书的登记存在不同的性质。

日本法最近的讨论中,有学说受到法国法的影响,主张将来债权让与和集合动产让与担保也可采合同对抗的模式⑥。这一主张的前提和设想案型与美国的讨论虽然并不相同,但就方向性而言却有共通之处。不过,理论上虽然存在可能性,但在缓和特定化的同时要求登记,让在后发生但登记在先者优先,这种想法实务上是不是会接受还完全是未知数。因为从实务界角度来看,这样就意味着对在先的担保权人而言,需要放弃目前交易习惯所认可的占有改定这种简便有力的对抗要件。

---

⑥ 白石大:《将来債権譲渡の法的構造の解明に向けて(上)(下)》(将来债权让与法律构造的明晰化),载《法时》89 卷 3 号第 104 页、同 4 号第 110 页(2017)中,作者自己总结了连载论文的主旨。

五、问题 3——设定时债务人未取得的动产

在库商品担保化之际,债务人就担保契约设定后取得的动产同样设定担保权,且以担保设定契约时为基准时,也应具备相应的对抗要件。在美国法中,这是嗣后取得财产条款的有效性和对抗力问题。UCC 第9编中明文规定了嗣后取得财产条款有效[§9-204(a)],与债务人已取得所有权的动产一样,对抗力的问题则通过登记等对抗要件来处理。

在日本有观点认为,集合物论也能实现同样的法律效果。也就是说,设定契约处分的客体并非单个在库商品,而是集合物这种抽象的动产——通过一定的特定化能与一般财产相区别的物。以此理论作为前提,即便是集合物具备对抗要件时偶然的构成物或者固定化以后的构成物,以对抗要件具备的时间点为基准时,也被认为具有对抗力。

除此之外,日本学界近年来关于美国法上此类规则的讨论中,还有两项论点值得关注。第一,若存在此类规则,就意味着法技术上即使不借助集合物论,就登记时债务人未取得财产设定的担保权也将具有对抗力。所以基于类似的想法,也有学者想以此为基础,体系性地构建将来债权让与及将来动产让与担保的对抗要件理论。第二,除了上述概括性特定的问题之外,依照美国法,一旦就未取得的财产,担保权可以先行登记以具备对抗要件,那就意味着即便后手的授信人对债务人进行授信,具备对抗要件的在先融资人也能维持第一顺位的担保权。在破产法制中,应在何种程度上认可在先融资人的优越地位,对这一法政策问题,近年也有学者在尝试重构。⑦

在美国的讨论中,一般认为 UCC 第9编导入上述登记规则具有以下的意义。

在美国以往的法制中,嗣后取得的财产上的担保权设定合意有效,同时认可基于该合意的担保权具有对抗力。美国法尽管也继承了来自

---

⑦ 森田修:《アメリカ倒产担保法》(美国破产法)(商事法务 2004 年),藤泽治奈:《アメリカ担保法と倒产法の交错(上)(下)》(美国担保法与破产法的交错),载《法时》89 卷 1 号第 102 页、同 2 号第 118 页(2017 年)等。

罗马法的无权利法理(nemo dat quod non habit),但嗣后取得财产条款仍然有效,且其不单具有债权效力,对后手的受让人或扣押债权人(先到主义)也有效。究其原因,就在于美国法在观念上认为基于设定契约会成立衡平法上留置权(Equitable Lien)。衡平法上的留置权不问登记等公示之有无,除对有偿善意取得人无效外,对其他人均有效⑧。衡平法上留置权看似有衡平法的特殊性,其实在美国法中普通法上的财产权也同样如此。如上所述,即使是作为普通法上财产权代表的不动产所有权(Legal Title)的让与,同样也立足于"Deed 对有偿善意取得人无效"这一理论。也就是说,登记制度的设计意图,就是通过拟制通知排除善意有偿取得者。所以嗣后取得财产条款(等于书面化的意思表示)的问题就是,(虽然是基于同一证书上的意思表示设定的,但是与普通法上的留置权相区别的衡平法上的留置权为前提)其可否像 Deed 或通常的授权证书一样作为登记的对象? 在不动产抵押中,嗣后取得财产仍不是登记制度的对象,因此多数说认为,此处仍留下了保护有偿善意取得人的可能。

UCC 第 9 编纳入嗣后取得财产条款登记制度,等于相关制度在两层意义上发生了实质变动。第一是嗣后取得财产条款自此成为登记制度的对象,若无登记则完全否定其对抗力。UCC 第 9 编登记制度采用的是与上述对有偿善意取得人无效的 Notice 理论不同的 Race 理论,该理论放弃了无登记亦对有偿善意取得人有效的立场。对在先的担保权人而言,登记制度的导入会带来不利。实务上之所以仍然赞同导入,是因为第二项变动,也就是破产法上的处理。UCC 第 9 编完成前后,反复修改的联邦破产法以对抗要件的具备为基准,整理了很多关于偏颇行为的规范。在正常情况下的实体法上对有偿善意取得人以外有效的留置权,因无法对抗有偿善意取得人,因而属于不完全担保权,只有设定人取得财产所有权后才不再是嗣后取得财产,也只有到这个时点,担保权人才被认为对破产财团管理人具备了对抗要件。但嗣后取得财产上

---

⑧ 相关沿革,见角纪代惠:《受取勘定债权担保金融の生成と発展》(应收账款担保金融的生成与发展),(有斐阁 2008 年)第 43 页以下。

衡平法留置权标的物在债务人临近破产前取得之时,该担保权会被认为是偏颇行为的对象。因此,UCC 第 9 编不区分债务人已取得或未取得的动产(在此意义上,此制度可以说是废除了嗣后取得财产担保权的特殊性)⑨,原则上都依登记对抗处理。一旦具备对抗要件,在破产法上也具备对抗要件之时,就成为"完全"的担保权。

日本法以集合物论为前提,加上占有改定可以作为物权变动的对抗要件,再配合以现实占有开始为要件的善意取得制度,让与担保权人其实不需公示也具备了与 UCC 第 9 编相匹敌的对抗力。对比国际标准,日本是否应该简单地让在先的担保权人享有这样的优待,恐怕需要仔细斟酌。

六、结语

通过上文的分析可以看出,在库存商品的担保交易中,美国法的规则是只要概括性特定就要先登记。而美国采这样的登记规则而非依占有改定即可对抗的规则,可以说是水到渠成、自然而然的结果,要把这种规则导入日本则至为困难。

其中最大的理由是,日本的集合动产让与担保中,认可占有改定具备对抗要件相对简便,而且在破产法上也有足够的对抗力。虽然这样的规则也有改动的余地,但是至少改动对在先的担保权人,并没有什么好处。

因而,真正应该去检讨的根本的问题,是禁止隐秘担保这一原则是否能实现交易公平。其中特别要去考证的是,对后手的担保人的交易安全保护到何种程度,才算是一个公平的交易。

日本以往也并非没有隐秘担保的弊病,如 1987 年最高裁昭和 62 年 11 月 10 日判决(民集 41 卷 8 号 1559 页)所示,在类似大企业授信交易竞争中,后手日商岩井的动产买卖价金先取特权就劣后于以占有改定方式具备对抗要件的集合动产让与担保。在 UCC 第 9 编中,这就是应让后手的买受人优先的案例,就是因为缺乏这样明确保障后手担保人的制度,所以日本担保法的评价才比较低。

---

⑨ See, UCC § 9-204, cmt 2.

当然,要在立法上解决此问题,并不只涉及公示方法的问题,且包括所有权保留在内,如何保护后手的担保权人,这些问题在立法上都要综合讨论。不过在后担保中,后顺位担保权人和重新融资的后手担保权人等不同主体的需求也各有不同。根据不同的情况,以公示为前提,为前后手担保权人提供交涉机会,也许也能帮助合理解决此问题。这些都是今后可以研究的课题。

日本民法修改中的和解契约

竹中 悟人[*]　渠　遥^{**}

目　次

一、引言

日本民法设置和解契约相关规定作为典型契约的一种,分别是民法第 695 条、第 696 条两个条文。

日本法上的"和解",除却"民法上的和解"以外,还包含民事诉讼法上的"裁判上的和解",因此在许多情形下二者被区别开来讨论①。实际上在与"民法上的和解"不同的层面也积累了不少关于"裁判上的

---

　* 作者:学习院大学法学部教授。
　** 译者:东京大学大学院法学政治学研究科博士研究生。
　① 民事诉讼法中有关于诉讼和解的各项规定。

和解"的讨论。但理论上,民法规定被理解为是一个包含"裁判上的和解"在内的,有关和解的一般性定义条文。

和解契约属于民法规定的13类典型契约的一种。

与买卖契约、承包、委托契约等其他典型契约相比,关于和解契约的相关条文的讨论,在日本法上一直没有受到太多关注。诚然有关"和解与错误"的问题,在历史某一个阶段曾有过积极讨论,但是直接关注于第695条、第696条自身的条文解释的情形仍不多见。在这个意义上,这两条规定在日本法规定的13类典型契约规定当中,可评价为是"不起眼的条文"了(程度可与终身定期金相关规定"比肩")。

而在实务当中民法上的和解契约又具有重要的意义。盖因为它在现实中被广泛用于纠纷的终结。

和解契约在当今日本法上的现状是,明明实务上的重要性被广为知晓,条文数量却少之又少,乃至学说中的讨论也并不够充分。

即使经过了平成29年(2017)的民法(债权法)修改,第695条、第696条的条文内容也没有迎来变化。在这个意义上,我们尚无法讨论有关和解契约相关法律修改带来的直接影响。

但是,在法律修改的过程中,关于第695条曾有过有趣的讨论。从讨论当中,可以看出学说与实务的见解之差(详述于第二章)。且通过与修改相关的一系列讨论,我们可以知道第696条的定位也是可供讨论的话题之一(详述于第三章)。并列去看,这两个动向就会浮现出构架于民法修改以及立法相关的更上层的问题(详述于第四章)。

二、第695条与要件理论

有关和解契约的民法条文中,第695条被理解为规定和解契约成立要件,而第696条被视为规定了和解契约效力。传统理解认为第696条的规定对应一系列关于"和解与错误"的讨论,且已有大量的学说积累。相对而言,第695条就显得"冷清"。

但在本次修改的过程中,针对第695条的定义出现了较为有趣的讨论。

(一)2017年民法(债权法)修正以前的情况

传统学说认为第695条规定和解契约的成立要件。从这个理解出发,第695条等于界定了"互让"以及"有纠纷存在"两个要件。第695条规定"和解,通过当事人互相让步,约定停止其间存在的纠纷,进而生效"。此种学说认为,其中"互相让步"这一部分与"互让"要件相对应,"停止纠纷"与"纠纷存在"要件相对应。

民法典起草以来,通说一直以以上两要件为前提去理解和解契约成立要件。但是这些要件的内容以及理论上、实际上的意义却不甚明了。

首先是"互让"要件。在这里需要解决的问题是,看似只有一方当事人让步时,能否否定其作为和解契约的法律性质(性质界定)?一般的学说或判例认为,针对当事人所做出的"让步"的范围可以作有弹性的解释,相反,针对欠缺"互让"要件的情形应作限制性的解释,以求更广泛地认定和解契约的成立。而在多数学说判例中,对"示谈"②(和解时只有一方当事人做出让步)的情形亦认定其作为和解契约的效力③。可以说针对该项要件的意义,在理论上也有一些不明了的部分。

其次是"纠纷的存在"要件。围绕"纠纷"的性质,在理解上也存在分歧。民法典在其起草之初较为限制性地解释"纠纷"的范围。第695条中的"纠纷"也被解释为必须是"事关权利之纠纷"。在旧时判例中也有一些采用了相同立场。但在之后,判例之中出现一些并不将"纠纷"性质限制在"事关权利之纠纷"的判决。直至近年,判例都看似一直在扩大理解"纠纷"的解释范围。因此,"纠纷"的内容同样不甚清晰。

鉴于以上情形,第695条中规定的两个要件,直至现在,仍然残留着理论上不清晰的点。但是在学说中,却并没有更多切入这些问题的讨论。

(二)修改过程中的讨论

2017年民法修改过程中的讨论主要围绕"互让"要件的意义展开。

---

② 在日本,对于交通事故的纠纷处理中当事人所达成的合意,传统上使用"示谈"一词表述。

③ 法律构成上虽各有差异,学说判例在结论上大体一致(学说中也有主张类推适用第695条)。

起因是学说一方指出了"互让"要件的功能并不清晰,并针对成立要件上要求"互让"这一点提出了质疑。隶属学说一方的多个委员同时指出,在承认"示谈"作为和解契约的一种的现状来看,理论上已不再需要有"互让"要件④。

以上的指摘在理论上可谓具有一定说服力。但是修改过程中却没有得到采纳。律师等实务方面的委员主张"互让"要件可以作为说服当事人缔结和解契约的材料。这些意见强有力地影响了立法讨论。现行第695条在债权法修改中维持了现状,"互让"要件亦被保留下来。

有趣的是这次"互让"要件得到保留,是从和解契约在现实当中起到作用时的利或不利等观点出发,得到了拥护,而非出自和解的构成要素等理论性观点。

同时值得关注的是,以往被学说冷落的、关于和解契约的"要件理论的视角"在此被重新提出来。

三、第696条的意义

(一)2017年民法修正前后

第696条规定:"在当事人一方,因和解被认定享有争议标的的权利,或者相对人被认定不享有争议标的的权利时,只要得到一方当事人从来未曾有过该项权利的确实证据,或相对人享有该项权利的确实证据,其权利即作为因和解而转移于该一方当事人或者消灭。"针对第696条往常被讨论的内容是,嗣后发现关于和解契约附带的内容存在误会时,能否通过错误概念来否定该和解契约的效力? 也就牵扯到"和解与错误"的问题。

传统学说对于这一问题的处理是:根据它属于"构成纠纷目的事项"范围内还是范围外而作区分。属范围内时错误不发生效力,属范围外时则可以通过错误去处理⑤。这一见解在某一时期以后作为解释论具有很强的影响力。

---

④ 法制审议会民法(债权关系)部会第18回会议议事录(PDF版)33页以下。

⑤ 我妻荣:《和解と错误との关系について》(有关和解与错误的关系),载《法律协会杂志》56卷4号第730页以下。

（二）修改过程中的讨论与本条的定位

然而,上述理解并没有为具体个案揭示出一个统一、清晰的标准。

因此在 2017 年民法修改的过程中曾有过尝试,试图举出一个区分错误适用与不适用情形的标准。但由于很难举出具有说服力的标准,最终也没有采纳到立法当中⑥。

关于第 696 条,还有一点与本条定位相关的问题。

在传统学说中,和解与错误的问题一直被认为与第 696 条相关联。但是这个理解却实非理所应当的结论。因为如果单纯审视第 696 条的条文本身就会发现,本条并不是一个言及和解错误的条文,而是一个在和解发生效力时确认权利关系的移转与消灭的条文。这一点,虽然在 2017 年民法修改过程中没有详细的讨论,但是从第 695 条的条文定位来看还是有理论上的问题的。

那么为何第 696 条在日本就被理解为涵盖"和解与错误"相关问题的条文呢? 这一点需要结合日本民法典起草时的情况与之后的学说去理解。因为起草者在起草第 696 条当时所设定的内容,与之后学说和实务界所理解的内容之间有所脱钩。

日本民法典在起草时由梅谦次郎担任民法第 696 条的起草工作。梅谦次郎在留学法国期间以"和解论"为题撰写博士论文并获得法国博士学位⑦,是法国和解契约论的专家。因此关于和解的规定也理所当然地交由梅谦次郎负责。

然而梅谦次郎并没有将第 696 条当作"和解与错误"相关的条文去理解⑧。梅谦次郎曾在后来撰写的论文中说:本条正如该条的句词所示,是关于和解契约成立后各类权利的如何移转或何时消灭的条文,是宣示"一定立场"的条文⑨。实际上在民法典起草的讨论中,梅谦次郎在法典调查会上曾经辨明过这个想法。但他对本条意义的解释,在

---

⑥　这一问题部分依赖于错误法的修改内容。有关错误的民法第 95 条的修改经过陷于混乱,多少受到第 696 条的修改没有完成的影响。

⑦　该论文经由法国的商业出版社出版,在法国的学说中也得到不少引用。

⑧　笔者认为梅谦次郎更倾向于否定和解契约中错误无效的可能性。

⑨　详见:后引注 10。

当时并没有得到众多其他起草委员充分的理解。他所讲述的内容是结合法国法中同类问题的疑难问题,对于不理解当时法国法的详细知识的人来说无疑晦涩难懂。不过,梅谦次郎作为和解契约的专家在当时已经具备相当的名声。因此在采纳第696条时并没有过多来自其他委员的反对,现行第696条作为正式条文就被完整保留下来。

问题在于本条表述的晦涩,在民法典起草之后被原封不动地保留下来,而没有得到丝毫解决⑩。正因为它难以理解,当时梅谦次郎寄托于本条亲手构筑的理论,经过了这样长的时间,也一直没有广泛得到来自日本学说与判例的充分理解。到20世纪中期以后梅谦次郎的理论被彻底埋没,从历史上某个时间段以后,学说就将本条重新理解为是与"和解与错误"相关的条文。此后,虽然本条文没有直接对应(和解与错误),第696条却仍然被解读为(涵盖"和解与错误"在内的)有关和解契约效力问题的条文。

现在,和解契约规定以债法修改为契机得到重新审视,今后我们亦可以在对上述民法典的延伸过程做重新思考后,重审本条规定。若参考起草过程以来的经过,就难以再将第696条按以往的方式理解为有关和解效力的条文,因为至少这种理解缺乏理论上的必然性。

如果不站在战后有力学说的立场,我们应当如何去理解和解效力相关的问题——或更准确地说,因和解被认定享有争议标的的权利在嗣后发现存在错误也仍然无法推翻的,这样一个效力问题⑪——应当通过日本民法上哪个条文去解释?

我们若将上述和解的效力理解为有关和解契约本质要素的问题,亦可由第695条,即和解契约定义的解释问题去理解。此时就需要将第695条作为和解的定义性规定去重新定位了。

在债权法修改过程中提出的第695条的要件理论问题,将会再次

---

⑩　参见山本丰主编:《新注释民法(14)债权(7)》第641页以下(第695条、第696条、竹中悟人负责执笔部分),(有斐阁2018年)以及本书中援引的各项论文。

⑪　以往作为和解的确定效力问题有过讨论。但是在日本"确定效"一词含义多元,未免含糊不清。

摆在我们面前。而且，关于第 695 条被指出的问题，理论上也波及第 696 条。

四、总结

债权法修改中未被修改的第 695 条、第 696 条，在今后各类问题的应对上如何操作，至今仍有许多不清晰的部分。今后当如何解释第 696 条，在这次报告中也没有余力向各位再去解释一二。⑫ 但从上述讨论中又可以引申出"立法、修法工作中的起草人意图"这样一个更加抽象的问题，同样需要我们留心关注。

就第 695 条来讲，在立法之际由立法工作者意识到的内容在之后没有得到充分的理解，最后却被另外一种解释替换。就这一点我们应该如何评价。

本次日本债权法修改中，不难想象还有类似情形存在。是不是有不少条文虽然采纳了发明人的观点，但其中详细内容并未得到周围人的正确理解，且在之后也没有遇到纠正的机会，从而伴随着与原义相悖的解释论而被定型呢？

从宏观的视角去观察有关和解契约的第 695 条、第 696 条的问题，就会浮现出上述意义上的抽象问题。

---

⑫　关于近年的学说讨论，详见：前引注 10。

日本民法修改重点概论
——以债权法为中心

刘得宽[*]

目　次

一、引言

日本"部分民法修正法案",2017 年 5 月 26 日经参议院议决成立,同年 6 月 2 日公布,并定于 2020 年 4 月 1 日开始实施。

日本民法于 1896 年(明治 29)制定公布,迄今已逾 120 年,原有的债权利法难免会出现与社会相脱节或不足于应用的现象,这时以往都依赖法院的"判例"来应急补充之。

这回政府对债权法作大幅的修改。新设一些法规之外,大都将以

---

　*　作者:律师,原东海大学法科大学院教授。

往判例纳入法规中,以资与现行社会的需要相契合,主要还是为了保护消费者权利而作大幅修改。

二、主要修改条文

(一)消灭时效的修改

新设修正法对消灭时效规定,①债权自权利行使时起 10 年或②自债权人知悉权利行使时起 5 年内不行使则会消灭时效(修正民法 166 条);而且将原来因业种不同的短期消灭时效规定(餐饮费 1 年、医疗报酬 3 年、律师会计师报酬 2 年)废除,一律统一于 5 年的消灭时效。但,对于生命、身体受害的损害赔偿请求之时效则特别规定(修正民法 167 条),①自被害人知悉有损害及加害人时起 5 年(修正民法 724 条之 2),或②自生命、身体受害时起 20 年内不行使则会罹于消灭时效(修正民法 167 条)。但是,对于"物损"的侵权行为损害赔偿请求的消灭时效则仍维持现行民法 724 条之规定,主观(知悉加害人及损害时起 3 年)或客观(损害发生时起 20 年)不行使则会罹于消灭时效。

而且修正民法还将原来的"时效中断"改为"时效更新"、"时效不完成"或"时效停止"改为"时效完成犹予"。

对此主要事项概观如下:"诉之提起"时,迄诉讼终了前,会时效完成犹予,但经判决或和解成立而权利确定后,会时效更新,其期间为 10 年(修正民法 147 条 1 项、2 项及 169 条);但,诉被驳回或被撤回,以致权利关系未确定下诉讼终了时,自终了时起 6 个月内,会时效完成犹予。债权经"催告"则 6 个月内会时效完成犹予,但经债务人"承认"债权则从此而时效更新(修正民法 152 条 1 项),与现行民法相同。经"假查封"或"假处分"其程序终了时起 6 个月内,也会时效完成犹予(修正民法 149 条),但不至于更新(现行民法 154 条)。另外,现行民法规定,因天灾等原因无法实施时效更新(中断)时,则从天灾等障害之消灭时起 2 周内时效不完成(现行民法 161 条),但修正民法将该期间延长为 3 个月时效完成犹予(修正民法 161 条)。同时,有关继承财产,自继承人确定、管理人选定或破产程序经决定开始时起 6 个月内,时效完成犹予(修正民法 160 条)。

(二)法定利率的修改

法定利率使用于当事人间未定利率的利息债权(如对损害赔偿债权或过期债权等使用),现行民法规定法定利率为年率5%,固定(现行民法404)之。但是,修正民法则将法定利率改为年率3%,并加规定,每3年视社会情况(参考银行利率)变动(修正民法404条)。商业上的法定利率也统一规定为年率3%。

(三)定型约款(定型化契约)之规定(创设)

"约款",是指业者对不特定多数顾客(消费者)间所作定型性大量交易,为求其迅速、高效率所需,将业者预先准备好的条款作为交易契约约款来适用。在现行社会上,保险契约、银行中契约、水电、瓦斯的供给契约、电车公车等公共交通利用契约以及网路交易等常使用。

有效的约款必须具备下列要件:①双方有表见上合意:业者一方须向消费者表示要以事先预备好约款内容作交易,而且消费者也对此合意(修正民法548条之2)。②业者对于消费者之约款开示请求,有随时开示义务,若对于消费者合意前的约款开示请求,业者拒绝时,视为双方未经上述表见上合意(修正民法548条之3)。③约款中若含有过度限制消费者权利或要消费者负担过重义务的条款,也应从上述,但表见上合意除外(修正民法548条之2Ⅱ项)。④业者未经消费者的合意,想变更约款的内容时,该项变更必须要适合消费者一般利益,又不违反契约目的以及具有变更的合理性;并且还须将该项约款变更之意旨、变更后的内容以及变更约款效力发生时期等,事先利用网路等适切方法周知于众,否则不生变更的效力(修正民法548条之4)。

(四)个人保证之检讨(新设)

现行民法仅规定保证契约必须要以"书面"订之(446条2项)。但,①为保障个人身份保证人起见,修正民法新设个人要为中小企业事业的融资贷款充当保证人(或连带保证人)时,必须要附带提出订约前一个月内经公证人确认保证意思表示的公证证书,该保证契约方能生效。但,从事于业务的负责人或主要经营者(如商店老板、公司的董事长、常务董事、总经理等)以及其配偶等来充当保证人时,则不在此限(修正民法465条之6,之9)。又,②现行民法有规定,要个人充当事业融资贷款的根保证人时,必须事前约定保额的极限额,否则该根保证契约无效(465条之2)。但,修正民法则更加规定,对于所有的根担保都必须事先约定保额的极限额,否则该根担保契约无效(新465之2)。还新设,③对于个人保证,主债务人对保证人有提供(主债人的财产状况、收支状况以及其他债务之有无、金额、履行状况等)资讯之义务,违之则保证人得撤销保证契约(修正民法465条之10)等。

(五)修正民法还新设"法律行为当事人在意思表示时,无意思能力,则该法律行为无效"(修正民法3条之2)

此在成年监护制度上,虽然有该法律行为得被"撤销"的规定,但为求权利关系的早日确定起见,新设这条规定。以此规定来保护"痴呆症(认知症)"患者之权益。

(六)买卖之瑕疵担保责任

1. 修正民法乃采"契约责任"说(修正民法562条、563条、564条、565条)(现行民法570条乃采"法定责任"说,已废除)。"出卖人所给付标的物之种类、品质、数量与契约内容有不符情形时"或"移转的权利与契约内容有不适合情形时",出卖人对买受人应负瑕疵担保责任。

2. 效果(救济手段之具体化、明文化)

(1)追完请求(因归责于买主事由则否)(修正民法562条)

即,卖主对于交付之不完整给付物负有把它完整之义务。因此,买主对卖主有追完请求权,其具体的方法为,请求对标的物之修缮、交换或补足不足部分等。但,履行追完方法之最后选择权还是在于卖主一方(同条项书)。

(2)佣金减额请求(修正民法563条)

卖主经催告而不履行追完义务,或有拒绝追完义务、追完履行不能等情形时,为保持买主之对佣债务均衡性起见,买主得配合其不适合程度,请求减少买卖佣金。

(3)损害赔偿请求(修正民法415条)

(4)解除契约(修正民法541条、542条)

上述(1)追完请求与(2)佣金减额请求之买卖契约上规定并不防碍契约总则上(3)损害赔偿与(4)解除契约之行使(修正民法56条)。

3. 期限限制(修正民法 566 条)

对于有关标的物之种类、品质的不适合,买主必须自"知悉不适合时起"限一年内将该事实通知卖主,否则不得行使上述 4 种权利(有关数量及权利的不适合,则无须通知)。但,在标的物交付时,卖主已知其不适合或因重大过失而不知时,则不在其限(同条但书)。然而,损害赔偿请求权还会受到 5 年消灭时效之限制。

三、债务人之债务不履行责任

(一)履行不能或债务不履行的损害赔偿

1. 履行不能(修正民法 412 条之 2、413 条之 2)

(1)履行不能则不能请求履行,但得请求损害赔偿。债务内容"按契约等债务发生原因以及社会一般观念"履行不能时,则不能请求履行。契约成立时,就已不能(原始不能)情况下,亦并非契约当然无效(仍为有效)。但得请求契约不履行损害赔偿(修正民法 412 条之 2)。

(2)履行迟延中/受领迟延中的履行不能:债务人履行迟延中之非归责于双方当事人的事由而履行不能时,则视为因归责债务的事由而履行不能。债权人受领迟延中之非归责于双方当事者的事由履行不能时,即视为因归责于债权人的事由而履行不能(修正民法 413 条之 2)。

2. 损害赔偿义务与其免责事由(修正民法 415 条 1 项)

(1)只要债务人有债务不履行情形,债权人原则上得请求损害赔偿(债务人"归责事由"并非请求赔偿的积极要件)。

(2)例外:但若其非基于债务人的"归责事由",则得由债务人举证免其责任(成为债务人免责之消极要件)。"归责事由"乃按该契约等债务发生原因以及社会交易上一般观念来判断之。

只要债务人有债务不履行情形,则债权人无须对债务人的"归责事由"一一举证,便得向债务人请求损害赔偿;但债务人得举反证证明其非基于自己的"归责事由"而主张免责。因此,今后无"归责性"乃成为债务人的免责事由之"消极要件"。

3. 代履行之损害赔偿要件(修正民法 415 条 2 项)

(1)债务履行不能

(2)债务人拒绝履行

(3)契约解除或因债务不履行解除权之发生

若债务有上述 3 要件之一,债权人便得向债务人请求代替履行之损害赔偿,学理上称之为"填补赔偿"。

4. 损害赔偿之范围(修正民法 416 条)

"通常得发生的损害"以及"基于当事人必可预见特别事由所发生的损害",作为损害赔偿范围的判断标准。

以往通说乃采用相当因果关系说,但修正民法 416 条 2 项还规定"必可预见"特别损害。然,有关预见时期为契约缔结时或债务不履行时,必可预见者为债务人或两当事者等议论,迄今犹无定论。

(二)履行不能或债务不履行之解除契约

按原民法 543 条但书的规定,对于非归责于债务人的事由之债务不履行,债权人不得解除契约。但,修正民法认为,债务不履行的解除制度,亦如上述债务不履行的损害赔偿制度一样,此非对债务人追及责任的制度,而是债权者之想从契约的拘束力解放的制度。因此修正案、不以债务人的归责事由作为债务不履行解除要件。反而规定,归责于债权人事由而履行不能,则不得解除(修正民法 543 条)。

修正民法 541 条"当事人的有债务不履行情形时,对方得定相当期间履行催告,在期间内不履行,则得解除契约",此乃经催告解除的规定。但,修正民法 542 条又规定"有下列情形之一时,则无须经催告,立即得解约:①债务履行不能,②债务人明确表示拒绝债务之履行,③债务一部分履行不能或一部经拒绝履行,而仅剩余部分无法达成契约目的,④按契约性质或当事者的意思表示,非在特定的期日(如订购生日、结婚蛋糕)一定的期间内履行则无法达成契约之目的,而债务已越期,⑤除上述情外,债务不履行,即使经催告亦无望达成契约之目的"。而且,修正民法 542 条 Ⅱ 项又规定,对于契约一部不履行时,亦得如上述的规定作对契约的部分解除。

(三)危险负担之效果

1. 债权人得拒绝对待给付(修正民法 536 条)

修正民法 536 条规定,债务非归责于双方当事者之事由而履行不能时,债权人得拒绝对待给付(采债务人危险负担主义)。而将现行民法 534 条(采债权人危险负担主义)规定消除。但,有归责于债权人的事由履行不能时,则不得拒绝对待给付。此乃法律为公平起见所规定,债权人得拒绝对待给付。"拒绝"并非当然"消灭"之意。因此,债权人亦得解除契约(如上述),以致对待给付债务人之完全消灭(从债权的拘束力解放)。

2. 债权人亦得解除契约

如上述,修正民法对于债务不履行解除契约,不以债务人之归责事由为要件。故,有债务履行不能情形时,债权人便得不经催告解除契约(修正民法 541 条、542 条 I ①)。但,因归责于债权人事由而履行不能时,则不在此限(修正民法 543 条)。上述 1、2 效果,债权人得任选其一来实施。

现代日本家事法的修订
——以与民法其他之修订的比较为中心

大村敦志[*]　解　亘[**]

目　次

一、引言
二、与债权法修订的比较
三、与先行之家事法修订的比较
四、结语

一、引言

修订后的日本债权法于 2020 年 4 月起施行。即使自 2009 年在法制审议会设立民法(债权关系)分委员会的时刻算起,也花费了 12 年时光的债权法修订,自此画上句号。在此期间,如果要说民法没有在其他方面作修订,则并非事实。具体而言,且不论与民法关联的特别法,如与灾害相关的借地借家及区分所有、户籍法、公益信托、标题栏所有人

---

　*　作者:学习院大学教授。
**　译者:南京大学教授。

不明之土地等领域有过修订,即便在家事法领域,2014年修订了亲权,2018年修订了成年年龄和继承法,2019年修订了特别收养。此外,进入今年(2019年)以来,以未来的修订为目标,法制审议会设置了两个分委员会(一个涉及所有人不明之土地,另一个涉及血亲亲子和监护权)。与此同时,还召开了一场研究会,探讨设置分委员会的可能性①。

如上所述,将实现对物权法(所有人不明的土地和非典型担保)和家事法[成年年龄、继承、收养、血亲亲子、监护权(乃至离婚)]的部分修订,并着手作部分的修订。即使在债权法修订结束后,日本民法的修订仍会持续。在本报告中,我将基于最近参加的(以及不久之将来的)家事法修订工作的经验,对比民法其他部分的修订,揭示本立法过程的特点。具体而言,首先,比较、分析债权法修订以及2018年和2019年连续完成的继承法修订和特别收养制度的修订(Ⅰ);再将2009年之前家事法的主要修订(以及修订的尝试)作为探讨的对象(Ⅱ)。不过,虽说是2009年之前,但本报告仅涵盖20世纪80年代后期以后的内容。无论从修订的内容看,还是从作为立法过程背景的诸多情事来看,这样的限定都是有道理的,但这里不作详细的展开。

二、与债权法修订的比较

(一)对三项修订的简介

有关债权法修订以及继承法修订(以及特别收养制度的修订)的立法过程,在近期出版的由大村敦志和窪田充见主编的《民法(继承法)修订要点》一书中,有简要的介绍。在书中我是这样叙述的:

"毋庸多言,债权法修订修改了很多的规定。但是,正如人们经常指出的那样,不得不说,较之于当初的提案,修订内容被大幅度地限定。一言以蔽之,可以认为整个进程就是立法规划当局(借助学说的帮助)所设定的范围广泛的课题不断凝缩的过程(课题缩减型的修订)。若将视线转向继承法修订的进程,就会看到一幅迥异的图景。如果允许作

① 涉及非典型担保的研究已经启动,秋季或许还会召开涉及共同亲权等的研究会(其后,确定以家事法研究会的名称举办。除了共同亲权外,还探讨普通收养和夫妻财产的分割)。

大胆的断言,可以说这是一个立法规划当局所设想的课题退却,而新课题代之而起的过程(问题移转型的修订)。其结果,实现了当初未曾预想之内容的立法。而收养法的修订却留下了不同于前两者的轨迹。当初,立法规划当局作了一定范围(较为广泛)的课题设定,最终仅对燃眉的课题中看起来社会需求更强烈的部分作了回应(课题特定型的修订)。

"至少在表面彼此不同之上述进程的背后,有若干的因素在发力。不妨从立法作业的线索、来自实务(或政治)需求的强弱、立法规划当局的驾驭(控制)力这三个方面作对比。同样,若不惧被误解而作简单化处理,可以用下列表格来表达:

	线索	需求	控制
债权法	学说	整体虚弱	被动
继承法	判例	某些点弱,某些点强	主动
收养法	行政实务	仅特定的点强	被动

"也就是说,在债权法修订中通过与学说的互动而形成的提案,未必反映社会需求,因此,立法规划当局不具备推进这种立法的强大动因。而在继承法修订中,立法规划当局成功地将社会需求虚弱的课题转化为社会需求强烈的课题。因此,才能够在驾驭需求的同时完成立法。但是,在收养法的修订中,最初仅在特定的点上存在强烈的需求。立法规划当局试图驾驭它,但最终难免受到政治上的掣肘。"

请允许我对引用部分作补充说明。2018年的继承法修订,发端于2013年的最高法院大法定裁定。修订的线索,是非婚生子女继承份额平等化的实现,会不会损害配偶的利益。在立法的前半程达成的共识是,没有必要有那么多的顾虑。但是,如果要修订继承法,那么难道就不会出现想要解决、可能(或应该)解决的问题? 这样一种观点就会取而代之地涌到前台。而在2019年收养法修订的背后,则存在着这样一种需求,即应该增加对受虐待儿童的家庭养护,为此就希望能够更广泛地利用特别收养法(更直白地说,就是希望提高限制年龄)。在法制审议会上这种需求并未获得共鸣。结果,围绕立法过程中如何削弱这种需求发生了争执,最终,将导致勉强达成妥协的结果。

(二)比较

上述引用部分之后的叙述是这样的:"从中可以得出什么结论呢?此刻很难作准确的判断。可以肯定的是,对于适当驾驭社会需求之条件和技术,还需要加深对知识和见识的探求。"就是说,仅仅提出"能够得出什么结论"的问题,并不能得出答案。以下是该文的后续内容,尽管不太充分。

首先,最近的立法推进要因(动因),是来自外部的需求。如果不能以外部需求的形态充分发挥推动力的作用,那么立法就不可能顺利。不过,需要注意的是,外部需求并非自明的存在,只有被立法规划当局感知、驾驭后才存在。即,只有在立法规划当局感觉到不得不(在政治上或行政上)对需求作回应的情形,它才成为推动力。即便没有达到不得不回应的程度,如果觉得可以灵活利用,那么推进力将以"有一个××请求"的形态被放大。如此一来,立法规划当局如何把握问题便具有重大的意义。

其次,如果立法的推动要因如此,就有两种方法可以影响到要因:①改变外部的需求,②改变感知和驾驭外部需求的过程。在此应当注意的是,学说的动向本身不足以引起①的变化。另外,就②而言,可以在多个层面施加影响。例如,一般而言,有以下这些措施:充实大学的立法教育,让学生掌握理想的(广义的)立法技术;就个别立法而言,提出能够影响立法规划当局之态势感知的立法状况分析;此外,在组织论的层面,就能够被纳入立法进程的机制努力建言献策;等等。关于这些措施,如果稍后有质疑,我将作更详细的解释。

最后,立法的推动要因便是这样的内涵,这一点在对新法律展开解释论时必须予以考虑。关于这一点,在此不作详细的说明。

三、与先行之家事法修订的比较

(一)对三项修订的简介

对于先行之家事法修订,本文所设想的是以下三项。第一项修订,是1999年的成人监护制度的修订。该修订是为了回应便利利用监护制度的需求。一方面,在成人监护、保佐之外创设了辅助这种类型;另一方面,新设了任意监护契约这种契约类型。虽然有很多的争论,但不管怎样立法本身已经完成。第二项修订,是在 1996 年要纲草案公布阶段中断的婚姻法修订。其核心内容包括:就婚姻适龄和再婚禁止期间问题实现男女平等,在夫妻姓氏问题上导入选择性夫妻别姓制度,认可分居 5 年以上的离婚,就离婚分割财产实现所谓的二分之一规则,实现非婚生子继承份额的平等化等。尽管法制审议会已经作了答申,但执政党内部意见难以协调的状况还在持续,立法至今未完成。第三项修订,是在 2003 年的中间草案公布阶段暂停了的亲子法(有关生殖保护)的修订。该提案涉及利用捐精进行人工授精的父子关系(不认可婚生否认)、利用捐卵出生之情形的母子关系(以分娩者为母)等。终究因执政党内实力派议员的反对,就该草案在法制审议会的审议一直处于停顿状态。

(二)比较

如前文所述,这三项修订中的第一项(成年监护)已经实现,后两项(婚姻、亲子)尚未实现。原因何在? 这同样是不好回答的问题。但大致有以下几点原因。

首先,没有人反对针对被定位为老龄化对策环节之一的成年监护制度的修订,但涉及夫妻、亲子之多样化的婚姻法和亲子法的修订,并没有获得充分的共识。尤其是针对夫妻别姓,存在强烈的反对意见。针对禁止代孕(虽然不属于民法范畴,而是通过厚生劳动省的法律作行为规制层面的问题)的反对意见虽然是少数,却强有力。此外,2011 年的监护制度修订、2019 年的特别收养制度修订之所以最终实现,部分原因是其被定位为防止虐待儿童措施的环节之一,从而容易获得共识。

其次,就夫妻别姓和禁止代孕,有明确的立场(对特定价值的认同)。诚然,就夫妻别姓导入选择制度,并不意味着强制所有的夫妻采用别姓,然而,承认夫妻别姓意味着明确的方向转换,转向重视夫妻作为个人之独立性。在辅助生殖医疗中就精子和卵子的提供,虽然表明了在一定限度认可之立场,但明确宣示了一律禁止代孕的立场。今后,夫妻别姓和代孕将再次成为立法的课题。彼时,只要没有特别情况,就有必要提出包含关注对抗价值(重视夫妻一体性,承认代孕)的立法提案。不过,"妥协"一定是有限度的。

四、结语

最后,陈述三点意见,以代总结。

第一,有必要研究用于民事立法的制度。自战后至20世纪90年代,日本的法制审议会对民事立法一直拥有强大的驾驭能力。然而,如今法制审议会的独立性和自律权正在受到损害。如果认为必须改进,一种可能的措施是确保人员的连续性和自律性(例如,在法务省特别顾问下设立某种立法研究组织等)。为此,必须开展民事立法制度论的研究,其中包括法制审议会和法务省民事局的历史。

第二,是在更广的范围内研究民事立法过程。研究应不限于法制审议会和民事局,还应当将内阁法制局和自民党法务委员会的职能也纳入视野,还应当关注作为压力团体的日本辩护士联合会,以及将各种活动团体和大众媒体的问题框架化的技法等。由于难以即刻构筑出一般理论,当下有必要积累对案例的研究。在此情形,也应该留意研究人员在各种审议会中所发挥的作用(特别要分析高举某个"法理"促成、阻止修订的情形——前者少而后者多吗?),当然,还需要针对外国(如中国)的状况开展比较立法学的研究。

第三,在研究外国法时,不仅要关注具体的法律修订的内容,还要将立法过程纳入思考的范围。这不仅适用于中国对日本法研究,也适用于日本对中国法研究。

对构建特留份制度的管见
——在家族主义与个人主义之间的理念摇摆

朱　晔*

目　次

一、引言

关于被继承人的处分遗产的自由权限,一般认为立法上大致存在以下三种立场。①通过遗赠等方法可以自由处分全部遗产的"遗嘱自由主义",②禁止处分遗产,而直接让继承人取得的"处分禁止主义",以及③以不损害继承人的特留份为前提,认可遗产的处分自由的"特留份

---

*　作者:静冈大学教授。

主义"①。此外,特留份制度作为限制被继承人自由处分遗产的一种制度,旨在为一定的亲属提供财产的保障。追溯该制度的诞生历史,有罗马法及日耳曼法两种渊源,前者后来转为德国的司法制度,后者则成为法国、瑞士司法制度的源头。两者在理念和法制构造等方面存在着很大的差异②,纵观这些历史源流可以看出,围绕遗产处分自由,具体应该采用哪种制度,这与该国家的家族财产继承情况及父母长辈的权限等社会背景密切相关。

除此之外,随着医疗技术的急速发展和老龄化社会的到来,针对限制被继承人自由处分遗产的特留份制度呈现出不少新的见解③。其中,有学者认为即使在现代社会也应该积极承认特留份制度的意义④,也有观点强调有必要在确保共同继承人之间的公平性的同时结合社会新动向展开研究⑤。一种有力观点认为,在平均寿命不断延长的当今社会,被继承人死亡时,作为继承人的子女通常已经能够自立,因此除了对配偶进行保障的部分,不需要特留份这种均一的平等强制制度⑥。甚至还出现了强调老龄化现象,废止特留份制度的见解⑦。

反观我国的状况,由于经历了长期的农耕社会,社会保障并不完善,人们的老年生活保障往往依赖于家人。为了降低老年人失去生活

---

① 中川善之助、加藤永一编辑:《新版·注释民法(28)继承(3)[补订版]》(有斐阁2002年)第436—437页[中川淳]。

② 参见高木多喜男:《特留份制度的研究》(成文堂1981年)第73页以后。

③ 犬伏由子:《各章的主题定位和问题点》,载久贵忠彦编辑代表:《遗嘱与特留份(第2卷)特留份(第2版)》(日本评论社2011年)第1—5页,是围绕特留份制度的意义的对立意见等的整理、分析。

④ 二宫周平:《家族法(第4版)》(新世社2013年)第423页,指出了当今日本社会特留份制度仍具有一定的积极意义。

⑤ 川阪宏子:《特留份制度的研究》(晃洋书房2016年)第133页之后,针对"有关中小企业经营继承的顺利化的法律"以及家族信托等信托法的对应进行了分析。

⑥ 参见水野纪子:《"使其继承"的遗嘱的功与罪》,载久贵忠彦编辑代表:《遗嘱与特留份(第1卷)遗嘱(第2版)》(日本评论社2011年)第211页。

⑦ 参见西希代子:《特留份制度的再讨论(10·完)》,载《法学协会杂志》125卷6号(2008年)第160页。

来源的风险，"同居共财"⑧这种生活共同体受到欢迎。另外，为了实现家人之间的互帮互助，儒学思想发挥了重要的作用⑨。在维持这样的家庭形态时，由于以被继承人死亡为起因的继承制度不发达，作为家庭财产的分割方法，人们习惯利用所谓的"分家"来解决。有学者认为，这种制度至少可以追溯到汉代的"同居共财"现象，一直延续到近代⑩，而与"同居共财"密不可分的"分家"，即家产分割的习惯，仍在农村频繁出现⑪。

进入近代后，我国的继承法制度日趋完善，清朝末期制定的《大清民律草案》以及中华民国民法都对该内容作了规定，至 1985 年制定的继承法，已成为现行继承制度的基本法律。由于我国完善继承法制度的历史较短，加上因现行继承法是从转为社会主义体制之后才制定的，其中包含着独特的立法目的，所以现行制度已经很难对应个人财产显著增加的当今社会了。

此外，随着改革开放的推进，引进了市场经济原理，显著的经济差异也给人们的家庭意识带来了巨大的变化。在此背景下，最近围绕被继承人遗产处分自由的讨论逐步增多，对现行遗嘱制度进行修订的意见也是层出不穷。

我国民法典分则制定的工作正在有序展开，中国人大网于 2019 年 7 月 5 日公布了《民法典继承编（草案）》（二次审议稿），该草案基本延续了现行继承法的核心内容。其中关于必留份制度，草案第九百二十条沿用了现行继承法第 19 条之内容，规定"遗嘱应当为缺乏劳动能力又没有生活来源的继承人保留必要的遗产份额"。

本文将着眼于以上最新动向，在分析跌宕起伏的我国社会现状的

---

⑧　滋贺秀三：《中国家族法原理》（创文社 1967 年）。第 80—81 页使用了"同居共财"这一概念，强调了"共财"与共有的区别。

⑨　参见拙稿"中国"床谷文雄・本山敦编：《亲权法的比较研究》（日本评论社 2014 年）第 304 页。

⑩　参见滋贺・前引（注 8）第 56 页。

⑪　参见郑小川、于晶：《婚姻继承习惯法研究——以我国某些农村调研为基础》，知识产权出版社 2009 年版，第 134 页。

基础上,对传统家产分割习俗及目前的理论状况进行考察的同时,围绕民法典继承编修订之际的理想的价值体系,以及特留份制度构建的方向性进行探讨。

二、现行继承法的状况及问题点

(一)现行继承法的必留份⑫制度

我国实行的是社会主义制度,在法律完善的过程中,经常可以看到这种特色。继承法制度的完善在我国法制发展中历史相对较短,总体而言,继承制度的创设受到了苏联法的重大影响。

1949年新中国成立后,废止了国民党执政以来制定的各种法律,并尝试从同一个阵营的苏联移植各类法律制度。在社会主义国家,由于理念原因,与资产阶级社会有着密切联系的继承法制度并未获得应有的重视。一个极端的例子就是,1918年4月,苏联公布了"废止继承的布告"⑬。在这种社会主义法制的影响下,1985年制定的现行继承法,从某些条文中可以明显地看到该制度深受苏联法的影响。比如,配偶被放在第一顺位继承人的首位就是个典型的例子⑭。另外,现行继承制度的立法目的并不是资本主义国家所说的确保私有财产的继承或者通过债务的继承来确保交易的安全。在并未积累大量私有财产的当时,财产的继承成了维持继承人生活安定的一种手段,而积极提倡尊老爱幼等传统美德,通过继承减轻国家负担则是现行继承法制度的目的之一⑮。

现行继承法为了保障弱势的法定继承人的基本生活设置了必留份制度,该制度虽有限制遗嘱自由的作用,但与外国法所说的特留份制度

---

⑫ 在我国,除了"必留份"之外,还有"必继份""保留份""应继份"等用语也是同样的意思。

⑬ 参见福岛正夫:《社会主义的家族法原理和各项政策》,载福岛正夫编:《家族政策与法(5社会主义国家·新兴国家)》(东京大学出版会1976年)第16页。

⑭ 参见杨立新:《我国继承法修订入典的障碍与期待》,载《河南财经政法大学学报》第157期(2016年)。

⑮ 关于我国继承法的原理、原则,参见铃木贤:《现代中国继承法的原理——传统的克服和继承》(成文堂1992年)。

有着很大的区别。其具有浓厚的中国特色,在理解继承法的原理时极为重要[16]。具体而言,继承法第19条规定,"遗嘱应当对缺乏劳动能力又没有生活来源的继承人保留必要的遗产份额",就是想通过利用部分遗产,保障这些人的生活。可以说,必留份制度的主旨与通过遗产继承,使个人成为社会福利或社会保障的一份力量这一继承法立法目的是一致的。此外,最高人民法院印发的司法解释《关于贯彻执行〈中华人民共和国继承法〉若干问题的意见》[17]第37条规定,"遗嘱人未保留缺乏劳动能力又没有生活来源的继承人的遗产份额,遗产处理时,应当为该继承人留下必要的遗产,所剩余的部分,才可参照遗嘱确定的分配原则处理。继承人是否缺乏劳动能力又没有生活来源,应按遗嘱生效时该继承人的具体情况确定"。

如上所述,围绕遗产处分的自由,我国现行继承法制度并未采取过多限制,只要给欠缺劳动能力需要保护的继承人保留部分财产,被继承人就可以自由分配遗产。因此,有学者指出,我国现行制度过度保障了被继承人的财产处分自由[18],甚至有观点认为,我国是对遗嘱限制最少的国家[19]。

(二)关于现行必留份制度的讨论

我国现行继承法制度虽然广泛认可被继承人的遗产处分自由,在个人财产匮乏的年代,因现行制度引发的问题并不明显。但是,伴随着市场经济的发展,个人财产显著增加,因宽泛的自由引起的问题就逐渐凸显出来。特别是自2000年以来,由于多个案例的报道,对现行必留份制度问题的探讨顿时高涨。

具体而言,以下两个案例特别受到关注。案例①的概要如下:1999

---

[16] 参见:铃木·前引(注15)第232页。

[17] 司法解释是最高司法机构最高法院和最高检察院作出的解释,在法律的适用中具有重要作用。关于制定的详细内容,参考徐行:《现代中国的诉讼和审判规范的动态(1)——以司法解释和指导性案例为中心》,载《北大法学论集》62卷4号(2011年)第98页之后。

[18] 参见杨立新、和丽军:《对我国继承法特留份制度的再思考》,载《国家检察官学院学报》第21卷第4期(2013年)第147页。

[19] 参见张玉敏:《继承法律制度研究》,法律出版社1999年版,第246页。

年,有女儿的老人 A,因女儿 Y 不太照看其生活,立下了一份遗嘱,将个人所有的巨额财产全部赠给照顾其生活约 8 年的保姆 X。2000 年,A 死亡后,其女儿 Y 取出其中部分遗产,对此,X 提出主张遗嘱的效力,要求其返还遗产。一审二审均认可了遗嘱的有效性,支持了 X 的返还请求⑳。该案例受到广泛关注,通过案例评论㉑或比较法进行的立法提案㉒不断增加,大家开始意识到创设特留份制度的重要性。

案例②由于引起了对当前我国社会道德水准下降的恐惧,媒体等社会各界的关注度都很高,其概要如下:被告 Y 女与 A 男结婚后未生子女,A 自 1996 年起开始了与原告 X 的同居生活。2001 年,A 因患癌症住院,X 在此期间对其进行精心照料。A 留下了一份将财产赠与 X 的遗嘱后死亡。由于 Y 拒绝执行遗嘱,X 提起诉讼。一审二审都以 X 与 A 违反社会公德,非法同居,基于该非法关系完成的遗嘱因侵犯了 Y 的遗产继承权无效为由,驳回了 X 的诉讼请求㉓。关于该案例,出现了各种不同的意见,其中,有意见认为,应该重视对遗嘱道德性的判断,据此判断遗嘱的效力㉔。同时,也有另一种批判性的意见认为,本案并未出现违反社会公德的情况,应尊重遗嘱人的意思表示,承认遗嘱的有效性㉕。

纵观以上案例,可以做出如下小结。在进入改革开放以后,我国社会引进了市场经济原理,社会整体变得富有活力。与此同时,个人的财产不断积累,特别是进入 21 世纪以后,受到经济全球化和房地产市场

⑳ http://www.hangzhou.gov.cn/art/2003/1/27/art_806884_134297.html.

㉑ 参见舒广:《杭州百万遗赠案法律评析——兼论我国建立特留份制度的必要性》,载《法学》(2001 年第 2 期)第 73—75 页。

㉒ 参见史浩明:《我国应建立特留份制度》,载《政法论丛》(2003 年第 3 期)第 12—15 页。

㉓ 参见郑小川、于晶编:《亲属法原理·规则·案例》,清华大学出版社 2006 年版,第 203 页。

㉔ 参见任江:《民法典视角下的继承原则重构》,载《北方法学》第 8 卷第 48 期(2014 年)第 147 页。

㉕ 参见沈幼伦、孙霞:《论遗嘱自由与尊重社会公德——兼谈某"第三者"遗赠纠纷案》,载《法学论坛》第 17 卷第 3 期(2002 年)第 74 页。

活跃的影响,部分人获得了巨额的财产。在此期间,人们的家族观呈现多样化,对继承法制度的需求也越来越高,1985年制定的继承法,其原理和规定的内容已无法适应社会的变迁。同时,继承法虽设置了必留份制度,但却给了被继承人高度的自由。本文所举的均为社会广为关注的案例,体现了被继承人财产处分自由的法律制度亟待完善。

以下,本文将在概述继承法修订情况的同时,对特留份制度的最新理论动向进行梳理。

三、新发展和理论状况

(一)继承法制度的修订动向

自2000年起,我国就出现了关于修订现行继承法制度的动向,当时曾试图制定民法典㉖,因此由研究人员小组制作了继承编建议案㉗,但最终并未能提交审议。在制定民法典受挫后,有关修订继承法制度的议论一度偃旗息鼓,其中的一个原因可能是其受到了法官的反对。也就是说,对于继承法的修订,部分法官并未感到其紧迫性,甚至还有人对其修订提出了反对意见㉘,由此推断,修订继承法绝非一件易事。

随着个人财产的递增,学者对继承法修订的呼声越来越高。终于在2011年12月底,全国人民代表大会法律委员会向全国人民代表大会常务委员会提出了将修订继承法列入2012年立法计划的提案㉙。在该提案公布后,学界关于继承法修订的议论活跃起来,出现了新的学者建议案㉚。

但近期情况发生了巨变,为解决我国社会面临的各类问题,中央尝试进行一系列的改革,特别是在2013年的中国共产党第十八届中央委员会第三次全体会议召开以后,司法改革成为实现制度改革的重要部

㉖　参见渠涛:《中国民法典审议草案的成立和学界的议论(上)、(下)》JURIST1249号(2003年)第114—123页、1250号(2003年)第190—197页。

㉗　参见梁慧星主编:《民商法论丛(第23卷)》,金桥文化出版社2002年版,第641—661页。

㉘　参见:杨·前引(注14)第6页。

㉙　http://www.npc.gov.cn/pc/11_5/2012-01/04/content_1686819.htm.

㉚　参见杨立新、刘德权、杨震主编:《继承法的现代化》,人民法院出版社2013年版,第4—20页。

分,备受瞩目[31]。

同时,关于制定民法典的最新动向,2014 年 10 月召开的我国共产党第十八届中央委员会第四次全体会议的决定明确指出编纂民法典的紧迫性[32]。

以下将围绕被继承人继承财产的处分自由,梳理相关理论状况。

(二)理论状况的整理以及议论要点的提取

纵览当前我国继承法的理论现状,不难发现继承法基本原则的方向性尚未明确。例如,针对继承法制度的重新架构,围绕法定继承和遗嘱继承法律制度的排列顺序,出现了激烈的争论。有意见认为,应按照法定继承、遗嘱继承的顺序进行规定[33],但反对意见则认为,这样不仅容易让人产生继承法为强行法的误解,而且伴随着经济社会的发展,可以预测到,通过立遗嘱来处分遗产的情况将越发普遍,因此在修订继承法时,应将有关遗嘱的规定置于法定继承的规定之前[34]。同时,还有学者认为,为尊重民法的意思自治原则,在今后的继承法制度中,应将遗嘱继承的规定放在法定继承之前,并强调这种制度安排是该立法提案的一大特征[35]。有些观点则再三提倡应尊重被继承人的自由意志,批判传统社会中的家族主义,并指出一直以来个人的自由意志极度被轻视,应将遗嘱继承的规定放在法定继承制度的前面[36]。由此可见,学界围绕继承法的基本框架设计尚未形成统一意见。

总体而言,近年拥有丰厚财产的被继承人不断增加,与此同时,继承人对继承财产的期待也越发高涨。因此,随着家族观的变化和个人

---

[31] 参见何帆(朱晔译):《中国法院(裁判所)改革的路径、重点及未来》,载《静冈法务杂志 7 号》(2015 年)第 123 页以下。

[32] http://www.scio.gov.cn/zhzc/8/4/Document/1482020/1482020.htm.

[33] 参见梁慧星主编:《中国民法典草案建议稿附理由 侵权行为篇·继承篇》,法律出版社 2004 年版,第 154 页以后。

[34] 参见王利明:《继承法修改的若干问题》,载《社会科学战线》(2013 年第 7 期)第 177 页。

[35] 参见:杨、刘、杨主编·前引(注 30)第 4 页。

[36] 参见郑倩:《自由价值在我国遗嘱继承制度中的定位与落实》,载《法商研究》第 172 期(2016 年)第 145—147 页。

主义理念的抬头,被继承人生前立遗嘱的做法也逐渐普遍,且该倾向也越来越明显㊲。在这样一个转折点,有关遗嘱效力的纠纷急剧增加,因此如何通过修订现行的必留份制度对被继承人自由处分财产的权利进行限制成了重要的立法课题。为此,参考其他国家㊳、地区㊴的特留份制度,对现行法律制度的修订进行提案的研究逐步增多。

对完善特留份制度的观点进行整理后,笔者认为可以将讨论的焦点分成以下几点:

首先,与制度构建的基础相关联的,是如何处理现行的必留份制度与特留份制度的关系。必留份制度虽然限制了被继承人处分财产的自由,但事实上其立法目的在于通过利用被继承人的个人财产,使其承担部分社会福利。而由于维持继承人之间平等的特留份制度也保障了继承人能够获得部分遗产,因此只要在制度设计时进行探索,同样也可以实现社会保障的目的。目前围绕两种制度是否需要并存,以及应该设置哪种制度,有着激烈的争论,主要存在如下三种观点。

第一种观点得到不少学者的支持,认为应将原先的必留份制度与新设的特留份制度并存㊵。其中部分观点认为虽然设置了特留份制度,但该制度并不一定能确保向所有需要扶养的继承人分配其生活所必需的遗产㊶,而有些观点是基于比较法的㊷。另外还有观点强调应警惕当前我国过度的个人主义,因此提倡采用两种制度㊸。无论采用的理由是什么,采用并存说的观点在优先保障必留份这一点上基本是一致的。

㊲　参见:杨·前引(注 14)第 8 页。

㊳　参见许玥、翁强:《法国民法典中的特留份制度研究——兼评对我国建立特留份制度的启示》,载《河北工业大学学报(社会科学版)》第 6 卷第 3 期(2014 年)第 60 页。

㊴　参见宋豫:《我国四法域特留份制度比较研究》,载《中山大学法学论坛》(2002 年第 2 期)第 66 页。

㊵　参见麻昌华:《论法的民族性与我国继承法的修改》,载《法学评论》(2015 年第 1 期)第 149 页。

㊶　参见:杨、刘、杨主编·前引(注 30)第 270 页。

㊷　参见赵莉:《日本特留份制度的修改及其启示》,载《政治与法律》(2013 年第 3 期)第 142—143 页。

㊸　参见王歌雅:《论继承法的修正》,载《中国法学》(2013 年第 6 期)第 97—99 页。

第二种观点是只新设特留份制度。此类观点中,有的是作为民法典的学者案而提出来的㊹,有的观点认为特留份制度已经能够维护必留份权利人的利益㊺。

第三种观点是调整目前的必留份制度,并只保留该制度。持有该主张的理由并不完全一致,比如,有观点认为,应向个人主义倾斜的同时,修改目前的必留份制度,并将配偶从必留份权利人中排除出去㊻。此外,也有学者认为,随着市场经济制度的推进,民营企业越来越多,采用特留份制度会分散遗产,给企业的经营活动造成障碍,影响企业的顺利继承,因此应只设置必留份制度㊼。

其次,关于特留份权利人的范围和比例,观点也相当不一致,众说纷纭。主流观点认为,特留份权利人应为法定的第一顺位继承人(配偶、子女、父母)和第二顺位继承人(兄弟姐妹、祖父母、外祖父母),其比例为,前者占其法定继承份额的1/2,后者占其法定继承份额的1/3㊽。还有学者指出,特留份权利人应限定为配偶、直系卑亲属、父母,特留份应为积极财产的1/2㊾。更有意见认为,特留份权利人的范围应限定为配偶、子女和父母,特留份的比例应为法定继承份额的1/3㊿。此外,还有观点认为,应将目前制度中只要满足一定的条件,即可成为第一顺位继承人(配偶、子女、父母)的被继承人的儿媳及女婿(51)从特留份权利人中排除,取而代之的是,应将胎儿列入特留份权利人。这些人的特留份

㊹ 参见:梁主编·前引(注33)第179—180页。

㊺ 参见陈苇、罗芳:《特留份制度的比较研究——兼论对我国特留份制度的构建》,载《昆明理工大学学报·社科(法学)版》第8卷第5期(2008年)第24页。

㊻ 参见檀钊:《论我国继承法修订中特留份与必留份的选择》,载《辽宁行政学院学报》第15卷第9期(2013年)第30页。

㊼ 参见张玉敏主编:《中国继承法立法建议稿及立法理由》,人民出版社2006年版,第7—8页。

㊽ 参见:梁主编·前引(注33)第179-181页。

㊾ 参见:麻·前引(注40)第149页。

㊿ 参见夏吟兰:《特留份制度之伦理价值分析》,载《现代法学》第34卷第5期(2012年)第44页。

(51) 现行继承法第12条规定:“丧偶儿媳对公、婆,丧偶女婿对岳父、岳母,尽了主要赡养义务的,作为第一顺序继承人。”

的比例应为1/2(52)。

综合以上整理的讨论情况可知,我国现行的继承法制定于20世纪80年代中期这样一个体制转换的时期,当时的立法宗旨在于如何通过个人遗产减轻国家的福利财政负担。因此,在立法过程中,并未仔细考虑实行市场经济的其他发达国家的立法例和我国分家的习俗等。如今,在关于立法的讨论还不是很充分的情况下,社会经济状况却发生了天翻地覆的变化,以至于围绕继承法改革方向的基本讨论呈现出百家争鸣的状态。最近,由于学者间的家族主义理念与个人主义理念的对立日益鲜明,使得讨论进一步复杂化。

鉴于以上情况,笔者认为,在修订继承法时,首先应重新审视继承法制度的价值体系,然后再具体讨论各制度所具有的意义等。因此,验证既有的传统习惯以及社会现状是不可欠缺的。因为,继承法一旦制定,它将成为一个强大的制度,在运用过程中,将使以往的习惯等逐渐瓦解。通过日本的制度演变即可发现这种倾向。有学者指出(53):在幕藩体制瓦解前,在贵族之间经常采用的是嫡亲长子继承制度,而在平民之间,广为采用的却是长女继承、最幼小的子女继承、分割继承制度。随着民法继承编旧规定的施行,上述习惯渐渐地发生变化、解体。由此可见成文法的强制力超出想象。

以下,笔者将结合我国关于家产分割的传统习惯以及当今的社会状况,重点分析我国特留份制度的理想状态。

四、基于我国传统习惯和现状进行的探讨

(一)基于比较法的概览

如前所述,近年,随着我国市场经济的发展,一部分人先富裕起来,被继承人的遗产不断增加,同时也显现出了现行必留份制度的不足。因此,有人开始摸索限制被继承人自由处分遗产的特留份制度。而围

(52) 参见周禹翔:《从特留份与必留份比较研究谈建立特留份制度》,载《法制与社会》(2012年3月)第33页。

(53) 参见小林三卫:《继承法制的沿革和继承的实态》,载福岛正夫编:《家族　政策与法(6近代日本的家族政策与法)》(东京大学出版会1984年)第107页。

绕特留份制度的设置意义,出现了不同的观点。有的观点强调,特留份制度对于维持家庭成员之间的和睦关系具有重要的意义[54],有的学者认为,其还起到分担社会保障的功能[55]。相对于此,部分观点着眼于被继承人和继承人的特殊关系,认为特留份制度是基于被继承人和继承人之间特殊的身份关系而创设的制度,其目的是维持因亲属的身份关系而产生的伦理价值,因此在设计制度时,除考虑财产法上的规则外,还应考虑亲属的身份关系、伦理和传统习惯等[56]。

另外,从比较法的视角来看,日本法中的特留份制度一般被认为具有维护继承人之间的公平以及保障生活两个功能[57],此外,还有观点强调,特留份的存在理由是社会共同生活的要求[58]。

但需要注意的是,随着时代和法定继承制度的变迁,特留份制度所起的作用是不同的。比如,在日本明治时期的民法中,采用的是家督继承制度,特留份制度起到了限制被继承人肆意制作遗嘱,让被遗赠或被赠与的遗产归属作为家督继承人的特留份权利人的作用,进而达到维持家庭财产的目的。与此相对,现行继承法以均分继承为原则,特留份制度却起到了阻止让财产集中至特定继承人的遗嘱发生效力,保障共同继承人之间公平的作用。

对于日本的特留份制度,虽存在着有力的反对意见[59],但通说却认

---

[54] 参见吴国平:《必继份与特留份制度之异同及其借鉴意义》,载《重庆工商大学学报(社会科学版)》第28卷第2期(2011年)第89页。

[55] 参见:王·前引(注34)第182页。

[56] 参见:夏·前引(注50)第41—42页。

[57] 参见我妻荣、立石芳枝:《亲族法·继承法〈法律学体系评论篇4〉》(日本评论新社1952年)第629页;有地亨:《家族法概论(改订版)》(法律文化社1994年)第282页。

[58] 中川善之助编:《注释继承法(下)》(有斐阁1955年)第208页[药师寺志光]。

[59] 伊藤昌司:《继承法》(有斐阁2002年)第5页中描述:"我认为,家督继承废止后的遗嘱,在我国也恢复了自罗马法以来的本来的作用,承担了家族主义性的遗产继承功能,特留份凸显了法国民法典以来的功能,使遗产继承成为个人主义性的东西。"此外,在该书第363页,进行了如下分析:"稍微慎重观察一下的话,就应该可以看出,遗嘱这种制度,虽然表面上依据个人主义理论,但实质上是一种以被继承人的意志为媒介,防止家产的散逸,最终目的在于优待中意的继承人,有助于维持被继承人在家族、亲属集团内的权威和向心力的家族主义制度。"

为,特留份是对被继承人自由处分继承财产的家族主义的制约(60)。

从日本存在的对立意见可以看出,根据被继承人对继承制度的认识和遗嘱的实际效用的不同,将特留份制度理解为个人主义的产物还是家族主义的产物也会不同。也就是说,在明治时期的民法,法定继承制度的核心在于实现维持“家庭”制度的家督继承,在这种制度下,通过单独继承,家产集中由家督继承人继承。在此制度下,为制约被继承人通过遗嘱肆意减少家产,特留份发挥其作用,从而带有家族主义的色彩。与此相对,现行制度以基于均分继承原则的共同继承为法定继承的基础。日本现在虽然以均分继承制为原则,但是家族意识还根深蒂固,经常会出现被继承人将财产集中给予长子的遗嘱,因此特留份制度起到了制约此类遗嘱,确保继承人之间公平性的作用。鉴于这种现状,可以将特留份制度理解成保障个人主义、平等主义的制度。

从上述日本法的讨论可以看出,特留份制度与法定继承制度和遗嘱的实际功效密切相关,根据法定继承基本原则、遗嘱制作目的的实际情况等不同,对特留份制度的看法也可能不同。

反观我国现状,在对继承法进行根本改革时,从上述比较法的经验出发,首先应充分考虑法定继承制度的原则和特留份制度的意义,再作出最终决定。假如以均分继承为法定继承的原则,那么必须探讨其合理性,此时,以往的传统和习惯等会提供很好的素材。

以下笔者将在确认我国传统习惯的基础上,探讨法定继承的原则和特留份制度应有的方向。

(二)我国的传统习惯

近期,继承法的修订备受关注,有意见强调在立法时应反映民间习俗(61)。在此,首先围绕我国传统的家庭管理和分家等实际情况,整理相关要点。

---

(60) 参见中川善之助、泉久雄:《继承法(第4版)》(有斐阁2000年)第5—6页。

(61) 参见:麻·前引(注40)第144页。

1. 家庭生计运营及父亲的角色

正如本文开篇所说,传统上我国采取的是"同居共财"的形式[62]。有分析认为,与古罗马不同,在我国古代,家产制度并未转化成个人财产制,也未确立个人人格,在分析家产制度时,需要否定"所有权""共有权"这些西方法律概念的引入。而家产制度以通过持有一定的财产维持家庭的存续为目的,家产为家庭共有之物,任何家庭成员都不对家产享有排他性的支配权[63]。

对于这种家产制度中父亲的角色和权限,存在对立的意见。一直以来的权威学说认为,在同居共财的生活模式下,子女的人格为父亲所吸收[64],关于家产,"当着眼于其经济功能时,不用说,家产为大家的财产。但是,另一方面,如果着眼于家产的权利主体是谁这一法律归属问题,那么显然家产是父亲的财产"[65]。对于这种观点,最近有学者基于实证研究提出了否定意见[66]。该否定说认为,在传统上,我国的父亲承担着相当于家产管理人的角色,其职责为恰当地管理家产,原则上不得作出无偿处分,家长如果要赠与家产,则不得侵害其一体性,在处分重要财产时,应获得家庭成员的同意[67]。此外,该否定说着眼于我国传统的家庭整体性,在强调此点的同时,批判了认为我国的父亲具有独立的人格,我国的父亲与古罗马的父亲类似,父亲拥有强大的权限这一观点,认为虽然可以说父亲对家产拥有强大的支配权,但父亲并未将家产作为个人的财产,其本人并不能从家庭的整体性中逃脱,因此应认为其与古罗马的父亲是不同的[68]。

2. 关于家产分割及赠与、遗赠

首先,近期有学者基于清朝的资料,进行了实证性研究,得出了以

---

[62] 参见俞江:《论分家习惯与家的整体性——对滋贺秀三〈中国家族法原理〉的批评》,载《政法论坛》第24卷第1期(2006年)第34页。

[63] 参见俞江:《家产制视野下的遗嘱》,载《法学》(2010年第7期)第112—113页。

[64] 参见:滋贺·前引(注8)第77页。

[65] 参见:滋贺·前引(注8)第208页。

[66] 参见:俞·前引(注62)第52页。

[67] 参见:俞·前引(注62)第46页。

[68] 参见:俞·前引(注62)第56页。

下结论。即除双亲死亡的情况外,家产分割一般由父亲或母亲主持。分家的原因多种多样,有因父母年事已高,无法管理家庭的,有因儿子与父母关系不和的,还有因儿子结婚的,但通常分家都需要经过父母的同意⑩。

在家产分割中,分家的提议人是父母或子女,父母由于受到分家习惯的制约,不能通过遗嘱或赠与的方式,将家产作为其个人财产肆意处分。因此,有学者指出,这意味着父母对家产无自由处分权⑩。而学说对于家产分割中兄弟均分的基本原则,基本没有异议⑪。

其次,在遗赠中,兄弟均分也是一大原则,具体而言,如果家中有子,却违反均分的原则,通过遗嘱,将部分家产超过限度赠送给其他人,那么其将不具有约束力⑫。

此外,通过实证研究可发现,父亲违反习惯通过遗赠自由处分家产的情况非常少见,如果将极少数的财产赠送给亲近的人,或者捐献给公益事业,这种行为是被认可的,但是这不被视为父亲的个人行为,而是整个家庭的行为⑬。也就是说,通过遗赠的方式处分家产的情况并不普遍,如果没有特殊理由,家长基本不会考虑将家产赠与家庭成员以外的人⑭。

在我国传统的家产制度下,用遗嘱继承的概念来分析传统习俗并不妥当,遗嘱的作用并不是处分家产,而是规定幼儿的监护人,或者将家产的管理委托给他人的⑮。

最后,关于传统习俗和继承的关系,相关见解整理如下。即在我国

---

⑩　参见俞江:《继承领域内冲突格局的形成——近代中国的分家习惯与继承法移植》,载《中国社会科学》(2005年第5期)第120—121页。

⑩　参见俞·前引(注69)第124页。

⑪　参见滋贺·前引(注8)第175页,俞·前引(注62)第39页。

⑫　参见滋贺·前引(注8)第194页。

⑬　参见俞·前引(注62)第40—41页。

⑭　参见俞·前引(注62)第45页。

⑮　参见俞·前引(注63)第113—114页。

表示继承的词语是"承继"⑦，人的延续、祭祀及财产的承继受到重视，因此，有学者指出"在中国人的心目中，继承的目的被认为是人、祭祀、财产三者，且三者作为一个不可分割的整体被继承"。并将"承继"定义为"人格延续的效果，而为了保障祭祀义务能得以延续，财产权也将一并继承"。假设需要明确在传统上继承为何物，其可概括为"人的延续为继承的本质。嗣（承继人）的意思是作为已故之人的人格的延伸继续存在于这个世上。其次，祭祀就是通过可视的活动来象征这种人格延续的关系。祭奠故人，其意思就是对自己是这个人的人格延续并现存于此这样一个事实进行确认并公示。最后，至于人格延续的关系的实际效果如何？毫无疑问，就在于原本属于故人的财产权一并由承继人继承这一点上"⑦。该学者进一步说明，有多个儿子时，他们以相互平等的资格成为共同承继人，从广义来说让财产保留在家庭内部是大原则，在此基础上通过兄弟均分来强制分割⑦。

但是，笔者认为不能忽视以下观点，即家产分割的习惯与西方的继承制度之间有重要的区别，比如家产分割有的是在父母死亡之后进行的，但更多场合是在父母活着的时候进行的⑦。

概括以上内容，考虑到我国的传统习俗，在"同居共财"这一习惯下，家族的整体性或一体性受到重视，在日常的家庭生计运营中，家长受到家族一体性带来的限制，起到了家产管理人的作用。为此，家长减少家产的行为，或者将家产给予家人以外的人的行为是被严格限制的。并且，在进行家产分割时，诸子均分是基本原则，至于遗赠，并不允许家长肆意处分家产。

（三）基于现状分析的探讨

综合上述分析，在传统的我国家庭中，虽然家长是一种权威性的存

⑦　参见：俞·前引（注69）第125页，作了如下说明：现行继承法中利用的"继承"这一概念并不是我国固有的词汇，在"大清民律草案"制定前，在民法的译本中使用了"继承"或者"承继"这样的词汇。

⑦　参见：滋贺·前引（注8）第115—120页。

⑦　参见：滋贺·前引（注8）第123—124页。

⑦　参见：俞·前引（注69）第124页。

在,但事实上在维持家族的一体性、整体性的习俗之下,家产的自由处分是被严格控制的。将这样的我国习俗与以家族共同体形态为基础的日耳曼古法相比较可以看出,两者之间存在着不少类似的要素。因此笔者认为在修订我国的继承法制度之际,以日耳曼古法为其重要立法例,并且隶属于该体系的日本制度⑩能够成为重要的参考材料。

此外,以下有关时代背景的分析值得关注。即制定大清明律草案时,立法者受到外国思潮的影响,认为由家族主义演变为个人主义是时代的潮流,因此,当时立法者执着于个人主义理念,对家产制度和以诸子均分为原则的家产分割这一传统习惯持否定态度,并未将其融入当时的民事立法之中⑪。

如前所述,通过遗嘱将多数财产赠与第三人的案例出现后,涌现出诸多对现行继承法制度表示不满的意见。另外,由于传统习惯带来的影响仍深深扎根于当今的我国,近年来,在继承法制度的研究领域中,出现了应当排斥个人主义的观点⑫。此外,也有观点认为,鉴于家产分割这一习惯依旧在我国农村被广泛接受,修订继承法时应将这些习惯反映到法定继承的内容中⑬。

有学者指出"继承法是一种代表一国价值体系的制度"⑭,在修订继承法之际,首先应当明确其价值体系,该步骤不可缺失。鉴于此,以下将针对继承法的总体框架以及特留份制度应有的理想状态进行探讨。

1. 关于法定继承与遗嘱继承的配置

就目前的理论状况而言,意见的对立较为明显。以对意志自治原则的尊重以及对家族主义的批判等为由,修订继承法时应优先遗嘱继承的见解逐步增多。但笔者认为从我国的社会现状来看,在继承法中全面导入个人主义理念,并以此为基础创设遗嘱继承制度优先的设想

---

⑩　中川、加藤编辑·前引(注1)第437—444页[中川淳]。

⑪　参见:俞·前引(注69)第126页。

⑫　参见赵晓伟:《个人主义抑或团体主义——继承制度理念的迷惘》,载《政法论坛》第24卷第4期(2006年)第188页。

⑬　参见:郑、于·前引(注11)第153页。

⑭　参见:水野·前引(注6)第212页。

值得商榷。

的确,当今的我国,持有个人主义理念的人与日俱增,但笔者认为,以下成因不可忽视。首先,回顾1949年后的社会状况,确立社会主义体制之后,我国推进了民营企业的国营化,社会的贫富差距急速缩小。约40年前变更为改革开放体制后,一部分人抓住社会转型期的机会,仅一代人就积累了众多的财富。在这些人看来,他们并不是依靠继承父母的财产,而是通过个人的才智和能力在社会上获得了成功,因此不难想象,他们往往倾向于持有个人主义的理念。其次,我国为了抑制急剧增加的人口,从30多年前采取了独生子女政策,可以说随着这些接触西方文化的年轻人的递增,个人主义理念得到进一步的拓展。

但值得注意的是,由于我国受到宗教的影响较少㉟,在传统上,民众非常重视通过男性血脉来延续扩大同一生命体,鉴于人们的价值观、家庭观等难以在片刻间阻断,所以,家族整体性这一固有观念并不会被简单地摒弃。正由于此,在我国的农村,目前仍会常见到家产分割以及在父母双亡之后由长子继承父母财产的现象㊱。基于以上理由,笔者认为在修订民法典继承编时,立法者应当尊重传统家族整体性的理念,对将遗嘱继承前置的立场保持慎重的态度。

2. 关于特留份制度的构建

在构建特留份制度时,有必要结合与之密切相关的法定继承制度进行探讨。

如上所述,我国的传统习惯中,被继承人通过赠与或遗赠将大部分家产给予第三人是不被认可的,所以即使在个人主义理念盛行的当今,也有必要采取措施使部分家产保留在家族内部,新的特留份制度应体现这一主旨。也就是说,从我国的习俗来看,继承法必须在一定程度上

㉟ 奥尔加·兰格:《中国的家族和社会Ⅰ》,小川修译,(岩波书店1953年)第10页中指出,"儒教虽然其教义确实有着宗教性的特征,但其本质并不是宗教,而是政治以及伦理哲学的一个体系"。

㊱ 麻·前引(注40)第146页作出如下分析,民意调查的结果显示,通常情况下,被继承人死亡后,如有配偶的,则继承财产由配偶管理,如夫妻双方均已死亡的,才由子女继承。

限制被继承人的肆意处分,从而保护法定继承人的继承权,而特留份制度作为法定继承权的最低限度的保障制度,应该发挥其积极的作用。

此外,在我国传统上诸子均分是一项大原则,所以在男女平等理念已然普及的当今,在法定继承中以子女均分遗产为原则是没有异议的。如果仅有直系卑亲属成为继承人的情况下,不存在代袭继承时,特留份将应被均等分配。

关于是否应采用整体(全体)性特留份的制度,并不是没有讨论的余地,但是从比较法的观点来看,日本民法的立法例值得参考,即当仅有直系尊亲属为继承人时,为被继承人财产的1/3,其他情况为被继承人财产的1/2。

随着我国转为市场经济体制,家族经营的民间企业逐渐增加,由于特留份制度的采用会分散遗产,因此有可能会给企业的经营活动造成障碍,不利于企业的顺利继承。所以,在新的特留份制度中,原则上应采用价值返还主义,而不是现物返还主义。

3. 关于必留份制度的废止

在现行继承法中,必留份是制约被继承人自由处分财产的制度,其目的在于确保弱势的继承人的生活。由于该制度实现了通过家庭分担部分社会福利的作用,不少意见认为,在新设特留份制度时,继续维持必留份制度具有积极意义。

然而,笔者认为特留份制度不仅有利于从被继承人的肆意处分中保护法定继承权,对于实现需抚养继承人的救济也是功不可没的。也就是说,特留份是归属所有特留份权利人即共同继承人的遗产,只要在设计如何具体分配整体性特留份的制度时,充分兼顾到需抚养继承人的利益,问题即可解决。因此,为了提高继承制度中各项制度的整合性,法律的可预见性、可视性,通过创设新特留份制度来废止现有的必留份制度是比较恰当的选择。

五、结语——今后的课题

从急剧变化的我国的情况来看,近年个人财产的增加越发显著,为此,现行的继承法已完全不能适应这种时代变迁,继承法制度的修订迫在眉睫。在这样的现状下,个人主义理念逐渐盛行,其与以往的家族主义理念的对立日益明显,由此引发的针对继承法修订,尤其是特留份制度设计的讨论掀起了巨大的波澜。

本文立足于家产分割这一我国传统习俗的最新实证研究,兼顾比较法上的讨论,对当前错综复杂的理论状况进行梳理后,分析了继承法的基本框架以及特留份制度应有的方向。本文得出的结论要约如下:

传统上进行家产分割时,非常重视家族的整体性。虽然作为家长的父亲拥有极高的权威,但并不拥有绝对的处分权。在日常的家庭生计运营中,父亲主要起到了家产管理人的作用,无法肆意处分家产,而通过遗赠将大部分家产转让给第三人的做法几乎是不可能的。此外当家产分割时,均等分配是一项基本原则。这样的传统理念至今仍根深蒂固,在农村,进行家产分割并不是稀奇之事。另外,个人主义理念盛行虽为事实,但不能忽视我国的一些特殊国情所带来的影响。

继承法体现了一国的价值体系,就我国现状而言,传统习俗在一些地区仍被延续,而既有的家族观念不可能简单消除。鉴于此,继承法应以法定继承、均分继承为基本原则,通过新的特留份制度保障最低限度的继承权利及继承人间的平等。

由于篇幅限制,本文仅以构建特留份制度时的方向性为中心进行了考察,对有关特留份权利人的范围以及特留份的具体计算方法等的探讨只能忍痛割爱,这些问题将作为今后的课题继续研究。

2018 年继承法的修改
——配偶的居住环境的保护

石綿 はる美[*] 王冷然[**]

目　　次

一、导言

2018 年,日本的继承法进行了时隔 40 年的大修改,《修改部分民法以及家事事件程序法的法律》(以下简称修改继承法)于 2018 年 7 月 6 日得以成立,同月 13 日得以公布。

继承法的修改内容很多,根据《关于修改民法(继承关系)等的要纲》,继承法的修改内容主要包括以下六点:一是对保护配偶的居住权

---

[*]　作者:东北大学法学部准教授。
[**]　译者:南山大学法学部教授。

进行考虑,二是对分割遗产进行重新审视,三是对亲笔书写遗嘱的方式等有关遗嘱的制度进行重新审视,四是对遗留份制度进行重新审视,五是对通过继承取得的财产对抗第三人的方法等有关继承的效力进行重新审视,六是对继承人之外的人的贡献进行考虑。① 其中,关于保护配偶的居住权的规定将于 2020 年 4 月 1 日开始实施,其他的规定已于 2019 年 7 月 1 日得以实施。②

本报告将介绍在这次修改继承法的过程中一直被提出的保护配偶的居住权的问题。首先,介绍一下修改的经过,在此之上,就为了保护配偶的居住权而导入的两个制度,即配偶的短期居住权和配偶居住权,在与之前的制度进行比较的同时,做一下详细的说明。

二、继承法的修改经过

1898 年公布、实施的日本明治民法里的家族法部分的特征是以"家制度"和具有"家"的中心地位的"户主"掌握很强的权限,但为了对应 1946 年新成立的《日本国宪法》,在 1947 年对代表该特征的内容进行了修改。③ 其后,关于继承法,进行了几次修改,其中修改范围最大的是 1980 年的修改。④

---

① 这些可以整理为 3 个方案,一是为了保护配偶的方案,二是为了推进利用遗嘱的方案,三是为了实现包括继承人在内的所有利害关系人之间的实质上的平等的方案[请参见堂薗幹一郎、野口宣大编:《一问一答·新しい相続法》(商事法务 2019 年)第 1 页]。

② 关于实施日和实施日之前的应对措施的详细情形,请参见堂薗、野口·前引 1 第 195 页以下。作为例外,关于缓和亲笔书写遗嘱的方式的规定(《民法》第 968 条)于 2019 年 1 月 13 日开始实施。

③ 关于该次修改,请参见我妻荣编:《戦後における民法改正の経過》(日本评论社 1956 年)。

④ 包括 1980 年的修改,关于战后的继承法修改,请参见潮见佳男:《詳解相続法》(弘文堂 2018 年)第 7 页以下。另外,1980 年进行修改时,关于保护配偶的居住权,虽然最后没有导入,但进行过讨论。还有,1996 年法制审议会在写《修改民法的一部分的法律纲要》阶段,关于保护配偶的居住权,虽然最终没有将其作为内容提出,但也讨论过[关于两次讨论,请参见法制审议会民法(继承关系)部会第一次参考资料 2·4 页以下。更为详细的请参见高桥朋子:《配偶者居住权的创设》,载《民商法杂志》第 155 卷第 1 号(2019 年)第 30 页以下;松久和彦:《配偶者居住权》,载《金融·商事判例》(2019 年)第 1561 号第 87 页以下]。

自最后的 1980 年的大修改起 40 年,日本人口日渐老龄化,家庭的形态也变得多样化。2018 年日本的人均寿命,男为 81.25 岁,女为 87.32 岁,与 1980 年的统计相比,男女的平均寿命均增长了 7 岁。⑤ 如果考虑到在继承开始时父母的年龄为 80 岁左右,子女的年龄为 50 岁左右的话,继承的目的也从保护子女变为保护生存的配偶。而且,离婚和再婚的增加以及事实婚的存在也逐渐受到重视。⑥ 为了应对社会的变化,修改继承法的必要性也得以增强。⑦

除此之外,这次修改继承法的直接原因是最高裁判所作出了规定非婚生子女的继承份额是婚生子女的 1/2 的《民法》第 900 条第 4 项但书⑧违反宪法的决定。⑨ 以区别对待非婚生子女的继承份额违反《日本国宪法》第 14 条的法律之下人人平等的规定为理由,2013 年 12 月 5 日废除了《民法》第 900 条第 4 项但书前段的规定。伴随着非婚生子女的继承份额的增加,有必要保护在继承上其地位有可能受到损害的配偶,从这样的问题意识出发,修改继承法的活动开始活跃起来。⑩

具体来说,2014 年成立了修改继承法的工作小组,开始讨论修改。⑪ 其后,从 2015 年 4 月到 2018 年 1 月,法制审议会共召开 26 次会议进行审议,最终在 2018 年 7 月公布了新的继承法。

---

⑤ 来自厚生劳动省:《平成 30 年简易生命表》(https://www.mhlw.go.jp/toukei/saikin/hw/life/life18/dl/life18-02.pdf)。

⑥ 这次的修改,在国会审议时,对于事实婚的另一方,应以什么样的方式进行对其保护有过讨论(关于国会的审议概要,请参见堂薗、野口·前引 1 第 7 页)。结果,没有制定相关规定,但众议会和参议会的法务委员会在决定通过修改法案时,作出了附带决议。

⑦ 参见法制审议会(继承关系)部会第一次资料 1·1 页。另外,法制审议会的资料,可以从法务省的网页上阅览到(http://www.moj.go.jp/shingi1/housei02_00294.html)。

⑧ 修改前的《民法》第 900 条第 4 项规定,"子女、直系长辈或兄弟姐妹数人时,各自的继承额同等。但是,非婚生子女的继承法份额为婚生子女的继承份额的 1/2,同父异母或同母异父的兄弟姐妹的继承份额为同一父母的兄弟姐妹的继承份额的 1/2"。

⑨ 最高裁判所决定 2013 年(平成 25)9 月 4 日民集 67 卷 6 号 1320 页。

⑩ 参见堂薗、野口·前引 1 第 2 页。

⑪ 讨论的内容作为《继承法制讨论小组报告书》已公开[请参见法制审议会民法(继承关系)部会第一次参考资料 1]。

三、保护配偶的居住环境

（一）保护的必要性和提出的解决办法

在人口老龄化很高的日本，很多情况下继承开始时生存配偶已超过80岁。在这样的情形下，生存配偶希望在另一方配偶死亡后能在住惯了的住宅内继续得以居住。对于高龄的生存配偶来说，离开住惯了的住宅去找新的住处，然后搬家，这在身体和精神两方面上都是相当大的负担。⑫

作为实现这样的生存配偶的愿望的方法，在法制审议会的讨论过程中，提出了两个方案。⑬

一个方案是赋予生存配偶有权利可以继续居住在原住宅，该权利分为配偶的短期居住权和配偶居住权。

另一个方案是提高生存配偶的法定继承份额。在日本，被继承人的继承人是配偶和子女时，配偶的继承份额是1/2（《民法》第900条第1项）。被继承人留下的财产只有居住不动产的情况下，配偶和子女对居住不动产进行遗产共有，协议决定不动产的归属，如果协议不成立，就把不动产卖掉，然后对所卖款项进行分割，这样就无法保护配偶的居住环境。因此，可以考虑通过提高配偶的法定继承份额来改变这种状况。具体来说，有方案提出在夫妇的婚姻期间较长（如20年或30年），继承人只有配偶和子女时，将配偶的法定继承份额从1/2提高到2/3。⑭其理由是，配偶对被继承人（对方配偶）的财产积累有所贡献。⑮

---

⑫ 参见法制审议会民法（继承关系）部会第一次参考资料1·1页。

⑬ 在《继承法制讨论小组报告书》和"关于修改民法（继承关系）等的中间试案"里，都各自提出了自己的方案。

⑭ 中间试案里的乙-1方案、乙-2方案所提出的见解就属于这种方案[请参见"关于修改民法（继承关系）等的中间试案"第5页以下]。与此不同的甲方案也被提出，两个方案都写入了中间试案里[关于甲方案，请参见"关于修改民法（继承关系）等的中间试案"]。以从继承法制讨论小组的讨论情况起至中间试案为止的法制审议会的讨论为前提，对该问题进行探讨的文献，请参见西希代子：《配偶者相続权》，载水野纪子编：《相続法の立法の课题》（有斐阁2016年）第57页。

⑮ 参见"关于修改民法（继承关系）等的中间试案补充说明"第16页。

在征求意见时,对于提高法定继承份额的方案,有意见批评没有修改的必要,结果该方案没有得到采纳,配偶的居住环境的保护,最终通过两种居住权得以实现。

(二)引入的制度

通过修改继承法新设立的配偶居住权,是指对于被继承人所有的房屋,在继承开始时配偶无偿居住着的情况下,配偶可以取得配偶的短期居住权(《民法》第1037条以下)和配偶居住权(《民法》第1028条以下)。只有配偶可以取得这样的权利的理由是,夫妇相互间负有同居、协力、扶助的义务(《民法》第752条),在法律上有着最为密切的关系。[16]

1. 配偶的短期居住权

配偶的短期居住权,是指生存配偶在继承时无偿居住着被继承人所有的房屋时,在被继承人死亡后也有权利在一定的期间(继承开始时起最低6个月)[17]"无偿地"在该房屋内居住(《民法》第1037条)。这是为了防止在继承开始后不久,高龄的生存配偶的居住环境就被剥夺的制度。

该制度是在参考判例[18]之上而创设的。以前的判例法理也认可,继承人的一人在得到被继承人的许可在继承开始时继续居住在被继承人所有的房屋里的情况下,只要没有特殊事情,可以推认在被继承人与该继承人之间成立了至分割遗产结束时止的使用租赁合同,继承人可以无偿地继续居住在该房屋里。不过,判例法理只不过是推认成立了使用租赁合同,所以当被继承人将该房屋遗赠给第三人等被继承人做出了不同的意思表示的情况下,无法推认成立了使用租赁合同,生存配偶的居住无法得到认可。

---

⑯ 参见"关于修改民法(继承关系)等的中间试案补充说明"第3页。

⑰ 更详细的内容是,在生存配偶对该居住房屋持有遗产共有份额的情形下,通过分割遗产确定下房屋的归属之日或者从继承开始时起超过6个月,两个里以哪一个晚为准(《民法》第1037条第1款第1项);其他的情形,从取得居住房屋的所有权者提出申请终止配偶的短期居住权时起经过6个月为止,生存配偶都可以利用该房屋。

⑱ 最高裁判所判决1996年(平成8)12月17日民集50卷10号2778页。

因此,修改继承法扩大了生存配偶受保护的范围,与被继承人的意思无关,为了使生存配偶可以一定期间、无偿地继续居住在被继承人所有的房屋里,新设立了配偶的短期居住权。修改法与1996年的判例法理相比,有三点不同,一是扩大了配偶的短期居住权得到认可的范围,二是居住可能期间不同(以前的判例是到分割遗产时,修改法是最低6个月),三是权利的成立无须被继承人与继承人同居。

配偶的短期居住权,其财产上的价值不从配偶的具体的继承份额里扣除,[19]与其他的继承人相比,是优待生存配偶的制度。把这样的优待地位赋予配偶的根据,被解释为夫妇相互间负有同居、协力、扶助义务(《民法》第752条),所以可以要求被继承人负有义务关照在自己死后也不使配偶立即失去住处,生活陷入窘境。[20]

2. 配偶居住权

配偶居住权是为了保障生存配偶可以更长期地继续居住在居住房屋里的制度。[21]

为了保护配偶的居住环境,也可以考虑让生存配偶取得居住房屋的所有权。但问题是,居住房屋的财产价值很高时,很难在法定继承份额内取得该房屋。例如,继承人是配偶和一名子女时,被继承人的财产包括市场价格3000万日元的居住房屋和1000万日元存款的情况下,依照法定继承份额进行分割的话,配偶很难单独取得该居住房屋的所有权。

因此,新设立了只承认配偶享有该居住房屋的使用、收益的权利,而没有处分权利的配偶居住权(《民法》第1028条第1款本文)。生存配偶在自己的具体的继承份额内可以取得配偶居住权,但取得配偶居住权的生存配偶无须向继承了该居住房屋的其他继承人支付使用该房屋的费用而进行使用。因为配偶居住权限制为只是使用、收益的权利,所以与取得房屋整体的所有权相比其财产价值较低,生存配偶在维持

---

⑲ 条文上没有规定,但是被这样解释的(请参见堂蘭、野口·前引1第45页)。

⑳ 参见堂蘭、野口·前引1第45页。

㉑ 作为保护生存配偶的居住环境,配偶居住权以外的方法,请参见潮见·前引4第335页。

居住环境的同时,可以从遗产里获取生活资金。

　　配偶居住权是只赋予生存配偶的一身专属权,禁止让与(《民法》第1032条第2款)。[22] 同时,也不属于强制执行的对象财产。[23]

　　配偶居住权的成立要件与配偶的短期居住权一样,要求配偶在继承开始时居住在被继承人所有的房屋里(《民法》第1028条第1款);并且,①通过分割遗产协议、调解、审判[24]取得(《民法1028》条第1款第1项),②被继承人通过遗赠、死亡赠与表明生存配偶可以取得配偶居住权的意思表示[25](《民法》第1028条第1款第2项)的情况下,配偶居住权也成立。以前,像①那样通过分割遗产成立配偶居住权与被继承人的意思无关,而是通过继承人之间的协商,取得居住房屋的其他继承人和配偶之间设定租赁合同等的利用权而得以实现的。不过,这样的合同的成立没有任何保障。[26] 像②那样的通过被继承人的意思表示把利用权授予配偶的方法,在修改前也是通过遗嘱把利用权授予配偶,或者

---

　　[22] 禁止让与义务是在法制审议会的最后阶段才决定下来的。至法制审议会第25次会议为止,认为"得到居住房屋的所有权人的承诺的情况下,可以进行让与",但从保护配偶的居住环境这一制度宗旨来看,没有必要允许让与,所以决定禁止让与[请参见法制审议会民法(继承关系)部会第26次部会资料26-2·2页]。不过,在得到居住房屋的所有权人的承诺的情况下,配偶可以让第三人对该房屋进行使用、收益(《民法》第1032条第3款)。据此,可以谋求收回"投下的资金"。具体来说,配偶已达高龄需要入住老人院,要从居住房屋里搬出来时,可以把居住房屋租出去收取租金,这样配偶居住权的价值可以谋求得以回收(请参见堂蘭、野口·前引1第23页)。

　　[23] 其结果是,以被继承人的财产作为回收对象的继承人的债权人以欺诈行为为理由把配偶作为被告,提起撤销配偶居住权的设定行为的请求(《民法》第424条),这也可以想象得到[请参见法制审议会民法(继承关系)部会第26次会议记录3页至5页;潮见·前引4第341页]。

　　[24] 关于通过审判取得配偶居住权,也请参见《民法》第1029条。

　　[25] 通过特定承继遗嘱(《民法》第1014条第2项,所谓的"使其继承的遗嘱")进行的取得不被认可。关于其理由,请参见堂蘭、野口·前引1第14页;潮见·前引4第332页。

　　[26] 至于这一点,在修改法上情形也没有改变,即使配偶希望能取得配偶居住权,但在其他继承人反对的情况下,并不一定能够取得配偶居住权(明确指出该点的是,窪田充见:《相続法改正(上)》,载《法学教室》第460号(2019年)第61页)。所以,在这种情况下,配偶居住权在多大程度上能得以利用,有必要关注今后的运用情况。

也可以通过对配偶进行附解除条件、附终了期限的遗赠,同时对其他继承人进行附停止条件、附开始时期的遗赠的方式将利用权授予配偶[27]。不过关于这样的方法,作为有效的遗嘱事项是否真能得到认可,从以前的判例和学说的讨论来看还不是很明确,修改法明确了可以通过遗嘱对配偶设定配偶居住权,在这一点上是有意义的。

配偶居住权的财产价值包含在具体的继承份额里,所以对其进行财产评价的方法成为关键点。关于财产评价的方法,民法并没有规定。[28] 配偶居住权的一个特征是,与取得居住房屋的所有权相比,其财产价值变低,如果价格很高的话制度有可能不被利用。不过,如果估价过低的话,又会在生存配偶与其他继承人之间产生不平等。关于价格评价,还需关注实务上的动向。

四、结语

以上,简单介绍了配偶的短期居住权和配偶居住权,最后,指出以下三点问题作为结语。

第一点,关于这次的修改,并不是所有的配偶的居住环境都得到了保护。例如,配偶的短期居住权和配偶居住权都属于对生存配偶在继承开始时居住着的"属于被继承人的财产的"房屋(居住房屋)可以继续居住的权利,因此,在被继承人居住的是租赁房屋的情况下,这些权利无法得到认可。

第二点,以前对于是否可以利用遗嘱在自己所有的不动产上设立

㉗　关于与以前的制度的对比,请参见潮见佳男等编著:《Before/After 相続法改正》(弘文堂 2019 年)第 80 页以下(阿部裕介执笔)。

㉘　不动产鉴定人员等专家进行参与时,要遵从专家的判断;但经过共同继承人全体的同意,通过分割遗产协议取得配偶居住权的情况下,需要简易的评价方法。所提出的简易评价方案是,"配偶居住权的价值=房屋和宅基地的现在的价值-附有负担的所有权的价值"这样的计算公式。附有负担的所有权的价值可以通过以下的计算方式算出,即,固定资产税评价额×[法定耐用年数-(使用过的年数+存续年数)]÷(法定耐用年数-使用过的年数)×莱布尼茨系数[详细的说明,请参见堂薗、野口·前引 1 第 27 页以下;法制审议会民法(继承关系)部会第 19 次部会资料 19-2·2 页]。另外,也可以参考继承税所计算的配偶居住权的评价额。

利用权还不是很明确,在这样的情况下,这次的修改法新设立了配偶居住权,使得通过遗嘱对配偶设立利用权成为可能。这是对作为遗嘱事项针对配偶可以设立利用权作出了明文规定,对于配偶之外的人是否能通过遗嘱设立利用权,或者作为遗嘱事项不能被认可,因为这只是为了保护配偶特别认可的制度。对此,今后还需从理论上进行探讨。

第三点,这次的修改并没有从根本上解决问题。生存配偶希望在被继承人死后也能继续住在同一住宅内,这一愿望通过配偶的短期居住权和配偶居住权可能在一定程度上得以实现。但是,保护生存配偶只依靠继承法,结果对于夫妇财产制,却没有进行重新讨论。㉙ 毕竟,问题不止限定于继承上,有必要从家庭的财产这一更广的视点来讨论。㉚

今后,对于修改后的继承法会得到怎样的灵活使用要予以关注,在此之上,对于即使利用修改后的继承法也得不到充分保护的情形有哪些,以及为了解决这一问题,什么制度是必要的等进行探讨,有必要根据需要进行适当的修改。

㉙ 关于此点,请参见潮见·前引4第5页注10。

㉚ 参见冲野真已、堂薗幹一郎、道垣内弘人:《对谈·相続法の改正をめぐって》,载《论究ジュリスト》第1526号(2018年)第34页(冲野发言)。

基因技术医疗应用中的人格权益保护问题探讨
——兼评民法典草案人格权编三审稿中的相关规定

李一娴*

目　次

一、引言

随着生命科学的发展,人类社会进入基因技术时代。基因技术在医疗领域的应用日益发挥重要作用,也衍生出一系列伦理与法律问题。2018年11月,南方科技大学贺建奎团队宣布通过基因医疗技术应用诞

---

　* 作者:云南大学法学院讲师,意大利圣安娜高等研究学院博士。

　本文为2021年度国家社科基金一般项目《基因信息主体权益保护模式研究》(21BFX032)的阶段性成果。

生世界首例基因编辑婴儿,引起社会各界,尤其是法学界对相关法律问题的关注。在当前的技术发展条件下,基因编辑技术的医疗应用不仅涉及对自然人体细胞的遗传密码进行修改与调整,还可能对生殖细胞、配子以及胎儿等法律性质尚待进一步确定的相关利益产生重大影响。因此,基因技术的应用既涉及生物技术在科研与医疗层面的准入、审批与责任等行政法、刑法问题,更因该技术的应用直接对自然人的重大人格利益产生直接影响,而引发一系列私法领域内权益保护的相关问题。

2019年4月,我国民法典草案人格权编二审稿在第七百八十九条增加两款与人体基因、人体胚胎以及人体试验等有关的医学与科研活动的法律规范。虽然该条规定尚属于基础性与原则性的规定,但具有重大的意义,这是首次在我国民法典草案中对人体基因、人体胚胎作出相关规定,体现了民法典草案立法中的时代特色;2019年8月22日,民法典草案人格权编三审稿对基因技术应用的准入条件以及隐私权的界定等相关法律问题作出进一步规定,基因技术应用中的权益保护已成为我国人格权法研究中不可忽视的重大问题。

二、对基因技术医疗应用的法律研究现状

基因医疗技术,指通过应用生物基因技术为自然人提供诊断、预防、治疗和改善等医疗服务。基因治疗,指应用基因工程技术将外源正常基因导入患者靶细胞,以达到治疗目的。2012年CRISPR-Cas9技术的问世,使基因编辑技术的发展突飞猛进。通过瞄准目标基因进行精准操作,基因编辑技术对原有基因组进行修改和编辑,以纠正或补偿缺陷和异常基因引起的疾病,实现改变生物特定基因的目的。目前我国的基因编辑技术多处于初期临床试验和应用阶段。但不可否认的是,随着我国基因技术与医疗诊断立法的发展,基因编辑技术必将成为医疗活动中的重要内容,不可避免的是对患者的人格权也将产生重大影响。

针对基因技术的研究,法学界体现出以下主要阶段性研究的特征:(1)学者首先关注对基因这一新型"法益"的法律性质作出研究。针对基因的法律性质,有学者认为基因是特定人格利益,应设立专门的基因

权对其加以保护①,有学者认为基因兼具人身与财产双重属性,应当从两方面对其权利性质作出界定②,还有学者认为特定族群所携带的基因不属于个人权利③。总体来说,针对基因这一特殊法益的性质,学界普遍认可基因所携带的利益主要为人格性利益,但未达成共识认为应当设定专门的基因权在宪法及民法领域提供保护。(2)随着基因技术应用的开展,针对基因人格权益的经济性利用问题成为学术界进一步研究的重点,对于基因信息所蕴含的知识产权如何设定保护模式成为关注的焦点。(3)近年来基因编辑技术在医学临床领域的广泛应用,使学术界逐渐将关注重点转移到基因医疗技术应用所引发的人格权益保护问题上,主要包括对基因信息所蕴含的人格利益、基因治疗中的知情权与同意权以及对生殖细胞、胚胎与胎儿进行基因技术治疗所涉及的人格权益的保护等问题。到目前为止,针对基因技术医疗应用所引起的人格权损害救济的研究,主要围绕现实案例中的具体问题展开个案分析,对技术应用引起的人格权损害整体救济机制,尚存在进一步深入研究的空间。

三、基因技术医疗应用的相关立法规定

1997年,世界卫生组织发布了《世界人类基因组与人权宣言》,各国也纷纷制定国内单行法,针对基因技术应用作出规范,如法国的《生命伦理法》、英国的《人类受精与胚胎研究法》、德国的《胚胎保护法》和日本的《规范基因技术法》等。我国目前针对基因医疗技术应用相关的立法主要集中于行政法与刑法层面,相关规定散见于原卫生部1993年公布的《人体的细胞治疗及基因治疗临床研究质控要点》、国务院1998年公布的《人类遗传资源管理暂行办法》及原药监局1999年公布的《新生物制品审批办法》(已失效)及后来的补充规定等处。整体而言,我国

---

① 参见张小罗:《基因权利初论》,载《法学评论》2010年第3期;王康:《基因权的私法证成和价值分析》,载《法律科学(西北政法大学学报)》2011年。

② 刘红臻:《人体基因财产权研究——"人格性财产权"的证成与施用》,载《法制与社会发展》2010年第2期。

③ 易继明:《基因隐私权的法律保护》,载《私法》2003年第2辑。

对人类基因技术问题尚未形成全面、系统的法律规范体系,在基因医学技术领域还不存在具有法律(狭义)效力的规范性规定,在法律责任配置上刚性不强,实效不够,现行有关基因技术应用的规范主要集中于行政管理与刑事责任方面。

行政与刑事立法配置的不足不利于预防和控制基因治疗等尖端医疗技术的滥用,无法达到有效控制基因技术医疗应用的目的,从而导致在我国医疗领域出现"基因编辑婴儿"事件,也进一步引发在民事领域的人格权益损害问题。在民法领域,我国的民法总则以及侵权法均未对基因技术应用引起的损害赔偿问题作出明确规定。当基因技术应用引起相关人格权益损害时,难以在现有的立法体系下对受害人提供全面且适当的保护。

四、民法典草案人格权编的更新性规定

随着基因技术应用范围的日渐扩大,我国民法学界逐渐重视对相关问题的立法。2019 年 4 月,我国民法典草案人格权编的二审稿在第二章"生命权、身体权和健康权"增加了与基因医疗技术应用相关的两条规定,并在 2019 年 8 月 22 日提交的民法典草案人格权编三审稿中,对相关内容作出了进一步补充性规定。具体内容如下:

(一)确定在研制医药制品及医疗方法而进行临床试验时,受试验者或其监护人的知情权与同意权。草案在第七百八十九条规定,为研制新药、医疗器械或者发展新的预防和治疗方法,需要进行临床试验的,应当依法经相关主管部门批准并经伦理委员会审查同意,向接受试验者或者其监护人告知试验目的、用途和可能产生的风险等详细情况,经书面同意,并不得损害公共利益。为符合医疗科技发展的实际需求,二审稿将临床试验的范围扩大至"研制新药、医疗器械或者发展新的预防治疗方法",以便更好地推动医学科学发展,也保障医疗科技能够更加安全地应用于临床。为进一步增加对基因技术应用的限制,三审稿进一步将"不得损害公共利益"加入基因技术应用的条件之中。

民法典草案人格权编第七百八十九条的出现具有特定原因。近年来,我国一些医疗机构、科研机构和人员贸然从事的有关人体基因和人

体胚胎方面的科研活动,对社会整体道德和伦理观造成冲击,更对接受试验的当事人造成难以弥补的严重权益损害。因此,有必要通过立法予以规制,使这些科研活动在科学、伦理的指引下健康有序发展,完善医疗人体试验相关规定,确保进行以人体为对象的医疗试验活动的规范与有序展开。草案的规定主要强调在进行医药及医疗临床试验时,应符合以下四个条件:(1)临床试验应经相关主管部门的批准;(2)应经伦理委员会审查同意;(3)向接受试验者或其监护人履行告知义务,并经过其书面同意;(4)不得损害公共利益。该规定明确了在进行人体基因与胚胎的科研与医疗活动时,应当对受试人履行告知义务,并取得其同意。

(二)增加对从事与人体基因、人体胚胎有关的医学活动的限制。民法典草案人格权编第七百八十九条第二款规定:"从事与人体基因、人体胚胎等有关的医学和科研活动的,应当遵守法律、行政法规和国家有关规定,不得危害人体健康,不得违背伦理道德。"这条规定是对民法总则关于"自然人的人身自由、人格尊严受法律保护"价值判断的延展和重申。在未来法律实施过程中,对于从事相关科研医学活动危害人体健康、违背伦理道德的,应根据情节轻重,让其依法承担民事责任,并追究行政与刑事责任。

具体而言,民法典草案内容增加的两个规定具有以下特征:

首先,立足于从原则性的角度,以一般人格权的保护途径来对基因技术应用引发的权利损害问题作出基础性的规定。通过对草案立法新动态的观察,可以得出的结论是,我国民事立法倾向于将基因技术应用引发的权利损害问题纳入人格权编中进行规范。基于对基因技术应用所引发的利益性质界定尚不明确,我国立法将基因技术应用引发的相关问题纳入一般人格权保护的范围之内,并通过"个人自由与尊严"原则的适用对其提供保护,体现了我国民法典立法层面对基因技术应用问题的关注,对于我国未来民法领域相关立法与司法活动具有重大的指导意义。

其次,为解决基因技术应用引起的权利损害问题,民法典草案人格权编着重从技术应用的准入与审查方面对其作出一定程度的规制,并从知情权与同意权的角度增加对相关当事人的权利保护力度,明确为研制新药、医疗器械或者发展新的预防和治疗方法时,当事人必须对接受试验者或者其监护人告知试验目的、用途和可能产生的风险等详细情况,并经书面同意,体现了对当事人民事权益的尊重与保护。但对于知情权与同意权的规定仅作为技术应用与准入阶段的必备条件出现,对于基因技术医疗应用中所引起的人格权益损害问题并无其他具体规定作出规范。

五、基因医疗技术应用涉及的人格权损害问题

我国当前的立法动态显示,在基因技术应用引发的民事责任与权利保护方面,立法者主要关注纲领性与原则性的规定,在未来的立法中,尚需通过一系列具体的法律规范来明确对基因技术应用可能涉及的人格权损害问题提供补充性的规定。随着基因编辑技术近年来突飞猛进的发展,基因医疗技术已经体现出从临床试验阶段逐步走向广泛应用阶段的趋势。针对基因医疗技术应用引发的一系列私法权益保护问题,已经具有现实的急迫性。在司法实践中所涉及的人格权损害范围并不限于一般人格权的个人自由与尊严问题,还往往涉及很多已经确定以及尚待确认的人格权益保护问题。

(一)基因信息的权益性质及保护

在基因技术应用引发的民法问题中,最先引起关注的就是基因信息的收集与利用中的权益保护问题。基因信息(Gene Information)是存储在由 DNA(少数 RNA)分子片段组成的基因中的生物遗传信息。基因是遗传的基本单元,携带有遗传信息的 DNA 或 RNA 序列,通过复制把遗传信息传递给下一代,指导蛋白质的合成来表达自己所携带的遗传信息,从而控制生物个体的性状表达。自然人接受基因技术治疗的前提条件是通过基因检测是获得基因信息。基因检测通过血液、其他体液或细胞对 DNA 进行检测的技术,通过特定设备对被检测者细胞中的 DNA 分子信息作检测,分析它所含有的基因类型和基因缺陷及其表达功能是否正常的一种方法,从而使人们能了解自己的基因信息,明确病因或预知身体患某种疾病的风险。基因检测是新生儿遗传性疾病的

检测、遗传疾病的诊断和某些常见病的辅助诊断,可以检测引起遗传性疾病的突变基因,也可以用于疾病风险的预测。通过基因检测将获得自然人独有的遗传信息,在对基因组信息的保存、传递及应用中将对自然人人格权益产生重大影响。同时,基因信息在医疗领域的广泛应用也引发与患者利益密切相关的权益保护问题。

自然人的基因信息全面反映生物个体的性状表达,对基因信息的泄露、不法应用对当事人个体权益产生重大影响,应当在权益保护范围的区域内获得保护。在基因信息的民法保护问题上,首先应当解决的是对基因信息的权益定位问题:基因信息到底属于自然人的隐私还是个人信息,在个人信息的范畴内又应作出何种定位,都是值得法学界探讨的问题。

我国近年来的相关立法已经逐渐明确并建立了在人格权体系下对个人信息作出私法保护的相关规定与制度。2017年的《民法总则》第111条对个人信息的保护规则作出了规定,肯定了个人信息的人格利益属性,为个人信息的保护提供了民事基本法依据,并明确任何组织和个人需要获取他人个人信息的,应当依法取得并确保信息安全,不得非法收集、使用、加工、传输他人个人信息,不得非法买卖、提供或者公开他人个人信息。民法典人格权编草案也在肯定个人信息的具体人格权地位的基础上,明确个人信息的内涵以及合法收集、利用个人信息的标准,并对信息保护规则以及个人信息权的限制等作出规定,体现了大数据时代对于公民个人信息全面保护的趋势。

通常而言,对个人信息范围的界定并无明确共识,包括个人身份、工作、家庭、财产、健康等各方面的信息均可列为公民的个人信息。民法典人格权编草案规定个人信息是"以电子或者其他方式记录的能够单独或者与其他信息结合识别自然人个人身份的各种信息,包括自然人的姓名、出生日期、身份证件号码、个人生物识别信息、住址、电话号码等"。从该角度出发,个人信息的范围相当广泛,仅仅通过列举式的立法方式,难以涵盖完全的个人信息的范畴。更合理的做法是通过对相关信息作出特征性分析,从而来确定是否属于我国民法个人信息保护的范畴。

通过对个人信息基本概念的界定,可以认定与特定个人相关、反映个体特征并具有可识别性是界定是否属于个人信息的重要标准。从此意义出发,生物基因信息属于个人信息的一种。从性质上分析,生物基因信息又与自然人的一般个人信息具有重大差别。一般个人信息的内容主要涉及识别自然人身份的意义,而生物基因信息则包括与个人的健康、生命、家庭、遗传及人格尊严都有密切联系,本身具有特殊性,在某些程度上属于个人隐私的范围。生物基因信息的特殊性包括:(1)生物基因信息与重大人格权益具有密切相关性。自然人的生物基因信息与一般的个人信息的最大不同,在于生物基因信息与自然人的健康、生命、隐私与人格尊严有密切联系。(2)生物基因信息与婚姻家庭关系有密切相关性。生物基因信息不仅涉及自然人自身的生物体信息,还携带遗传信息,直接影响到婚姻家庭关系。(3)生物基因信息还携带种族利益与主权问题。(4)生物基因信息具有重大商业与科研应用价值,对基因信息的商业化应用和权利个体的权益保护之间的平衡已经成为法学界关注的重点。(5)生物基因信息的采集与获取可与劳动合同、保险合同等产生密切联系。在我国司法实践中曾经出现的"基因歧视案"中④,当事人也是以隐私权受到侵犯为由提起相关诉讼。

针对个人隐私与信息的保护问题,有学者提出应当通过"三分法"的方式在隐私与信息的二元制保护体系下对其进行保护。所谓三分法,即应将隐私与信息区分为纯粹的个人隐私、隐私性信息与纯粹的个人信息。其中,隐私性信息指的是隐私与纯粹的个人信息交叉的部分。与纯粹的个人信息不同,隐私性信息与个人的人格尊严有密切联系,包括个人的医疗信息、银行存款信息与其他的财产性信息。从性质上看,生物基因信息应当属于隐私性信息的范畴,对其应通过隐私权途径进行保护,还是应当通过个人私密信息这一新兴权益的方式获得保护,属于人格权保护应当解决的疑难问题。

---

④ 2010年,三位当事人因在佛山市公务员考试体检中被查出"携带地中海贫血基因"而遭拒录,三人不满人事部门的健康歧视,将佛山市人力资源和社会保障局告上法庭。当事人在一审败诉后又向法院提出了上诉。最后,佛山中院对该起被誉为"中国基因歧视第一案"的案件作出终审判决,驳回上诉,维持原判。

值得注意的是,2019 年 8 月 22 日的民法典草案三审稿中将隐私权的定义重新界定为"自然人不愿为他人知晓的私密空间、私密活动和私密信息等"。此处的私密信息范围应当如何确定,以及是否应当包括自然人的生物基因信息,再次让基因信息的权益性质问题成为亟待立法者解决的现实问题之一。

(二)基因治疗中的知情权与同意权

自然人对其身体享有保持完整权,基因编辑技术直接对自然人身体组成部分的细胞进行基因修改,因此在接受基因编辑技术对体细胞和生殖细胞进行诊疗时,涉及对身体的处分权、自决权以及身体处分的知情权与同意权。在贺建奎团队的基因编辑婴儿事件中,备受关注的问题之一即为贺建奎利用当事人的身体细胞进行基因编辑技术时,是否尊重了当事人对身体的处分权、知情权与同意权。如果基因编辑生出婴儿的父母与贺建奎所在的医疗机构确实形成了医疗合同关系,婴儿的父母就有相应的知情同意权。

针对医疗技术应用中患者的知情权与同意权问题,我国已有相应法律法规对其作出了规定。原卫计委 2016 年发布的《涉及人的生物医学研究伦理审查办法》规定,项目研究者开展研究,应当获得受试者自愿签署的知情同意书。民法典人格权编草案的二审稿明确规定,为研制新药、医疗器械或者发展新的预防和治疗方法,需要进行临床试验的,除经过相关主管部门批准、审查和同意外,还应向接受试验者或者其监护人告知试验目的、用途和可能产生的风险等详细情况,并经书面同意。该条规定明确提出在进行基因医疗技术应用中,应当通过明确告知与书面同意的方式实现受试验人的知情权与同意权,对于基因医疗技术应用中当事人权益的保护具有重大的积极意义。

当基因医疗技术的对象是自然人的生殖细胞、胚胎细胞与胎儿时,还涉及供体双方主体的共同处分权、知情权与同意权问题。当基因编辑技术应用的当事人是未成年人时,不仅应考虑其监护人的知情同意权,还涉及未成年人对自己身体处分的知情权与同意权的问题。因此,对于基因技术医疗应用中的知情权与同意权的规定还应当在立法中进一步深入与细化。

(三)基因治疗中的重大人格权益保护问题

1. 体细胞基因编辑治疗中的人格权益保护

针对自然人体细胞的基因编辑技术仅涉及对患者个人的治疗,不会引发遗传与代际传递问题,在各国医疗领域都处于高速发展期。我国医疗领域针对体细胞的基因编辑技术已经进入临床试验阶段,特别是 CRISPR 疗法在治疗癌症、单基因遗传病、艾滋病、其他病毒和细菌感染等领域具有重大突破性效果。自 1991 年我国科学家进行世界上首例血友病 B 的基因治疗临床试验取得了有效的治疗效果后,我国目前已有多个基因编辑治疗方案进入或即将进入临床试验。作为医疗领域的新技术,体细胞的基因编辑疗法也可能对患者的生命、身体和健康权造成损害,从而引发人身损害赔偿问题。在体细胞的基因治疗活动中,主要涉及对自然人的身体权、健康权的处分与保护,引起的相关法律问题可通过侵权法与人格权法的现有规定得到妥善解决。

2. 产前基因治疗中的胎儿权益

随着医学技术的发展,产前基因治疗在生殖医学中的作用日益受到重视。许多遗传性疾病导致胎儿在出生前就受到不可逆的损害,在这些情况下,子宫内基因治疗(胎儿基因治疗)可能将是一种有效的治疗方法。目前,实验动物中子宫内基因治疗的研究已取得了一定的成功。胎儿的特有生理特征,包括体内干细胞的多项分化潜能、胎儿体积小及其免疫系统不健全等为基因治疗提供了独特的条件。利用产前基因治疗可以使许多疾病在发病前得以治愈。近年来,医学界已经开始针对特殊疾病在胎儿阶段进行全新基因疗法的实验。如在"安格尔曼综合征"的罕见脑部疾病治疗中,美国医生通过将无害病毒注射进胎儿的大脑,达到感染神经元并发送出一套能修正基因缺陷的分子的目标。阶段测试表明,在胎儿的大脑还在发育早期的孕中期,该种治疗可获得最佳效果。

新技术治疗的良好前景,使胎儿的产前基因治疗普遍获得医学界的积极认可与评价。但新技术的应用难免存在一定的风险,产前基因治疗也引发了一系列的伦理争议与法律问题。当产前基因治疗对胎儿健康造成损害时,将引发人格权益的保护问题。我国民法总则的规定对胎儿权益提供的保护主要集中于对胎儿继承权的保护,在胎儿阶段出现的健康损害问题上尚未在立法层面上获得确定。在此前提下,引入胎儿的产前基因治疗,将引发对胎儿身体与健康的权益保护问题。

3. 生殖细胞与胚胎的基因编辑治疗

人类基因编辑存在一系列技术、伦理、社会风险,涉及安全性、伦理学、公平性等多个方面。考虑到诸多风险情况,我国对人类基因编辑试验采取了以下基本政策:可以进行医疗或研究目的的体细胞基因编辑基础研究、临床前试验或临床应用,可以进行生殖细胞(或胚胎)基因编辑基础研究,但禁止进行生殖细胞(或胚胎)基因编辑临床试验和应用,禁止培养人与其他生物的嵌合体胚胎,禁止克隆人。与体细胞不同,自然人生殖细胞的基因编辑治疗以精子、卵子和早期胚胎细胞(受精卵)作为治疗对象。由于涉及一系列伦理学问题,生殖细胞的基因编辑技术仍属禁区,不能用于临床和实验。

2018年11月26日,我国南方科技大学贺建奎团队宣布通过基因医疗技术应用诞生世界首例基因编辑婴儿。在基因编辑技术的安全性和有效性未得到证实的基础上,开展针对人类健康受精卵和胚胎基因修饰的编辑研究引起医学及法学界的强烈质疑和反对。自然人生殖细胞的基因编辑治疗将引发一系列的法律问题,我国现行法律(狭义)并无人类基因编辑人体试验的专门规范,在整体法秩序上存在明显的法律漏洞。行政规章中规定了一些行政责任,但处罚力度相对较轻,对个人私自进行非法试验行为的针对性不足。在刑法上没有直接应对基因编辑、人体试验等生物技术犯罪的条款,不能在解释上把"基因编辑婴儿"人体试验纳入"情节严重"的"非法行医"的范畴。在民事责任方面,不能通过现行法律规定明确"基因编辑婴儿"享有的损害赔偿请求权基础,对生殖细胞、胚胎与胎儿的主体地位与权益保护程度认定存在较大争议,损害程度的认定与判断标准也存在着规范上的困难。

综上所述,基因技术的飞速发展,已经使基因检测与诊断和体细胞基因治疗在治疗癌症、单基因遗传病、其他病毒和细菌感染等领域具有重大突破性效果,在医疗临床阶段得到广泛应用,胎儿的产前基因治疗也开始逐渐在各国获得认可与推广,近年来针对生殖细胞和胚胎的基因编辑治疗更成为医学、法学与社会伦理学共同关注的焦点。同时,人类基因医疗技术也存在着一系列技术、伦理与社会风险:在安全性方面,人类基因编辑技术目前存在着不确定性,当该技术适用于生殖细胞与胚胎时,可能对受试者产生不可逆的风险后果;在伦理性方面,对人类基因编辑技术的生殖性不当应用可能损害民事个体的人格尊严和生存价值;在公平性方面,人类胚胎基因编辑技术的生殖性不当应用可能导致未来社会的分裂和不平等。基因技术医疗应用所引发的一系列人格权益保护问题成为民法界不得不面对的问题。我国民法典草案人格权编第七百八十九条,是以一般人格权的保护途径对基因技术应用引发的权利损害问题作出基础性的规定,是首次在我国民事立法层面提出对基因医疗与科研活动提供的私法保护途径,为进一步立法提供上位法依据,在司法实践处理相关案件时发挥指导作用,体现了生物技术发展下民法规范更新的时代性。但基因技术医疗应用的快速发展,让很多具体的人格权益保护问题进入民法领域人格权保护的视野,包括基因信息的界定与保护途径、不同的基因治疗阶段的知情权与同意权、产前基因治疗中的胎儿健康与生命权益以及对生殖细胞进行基因编辑技术所引发的民事责任等问题都开始引起学术界的关注,成为新技术时代下民法发展所面临的新问题与新挑战。

中日民商法研究（第十九卷）

民法解释论

从"个人"到"分人"

——从强尼·哈里戴案件引发的思考

大村 敦志[*]　渠　涛[**]

目　次

一、引言——所谓"强尼·哈里戴案"

中国《民法典》在总则中设有关于"住所"的规定。本文试图通过强尼·哈里戴(Johnny Hallyday)案来探讨"住所"制度上的问题，因为这一案件就是直接围绕"住所"引发的。

日本在 2017 年对民法进行了大规模修改，一般称之为"债权法改正"，但这次修改没有涉及关于"住所"的规定。日本民法关于"住所"

---

[*]　作者:学习院大学教授。
[**]　译者:中国社会科学院法学研究所研究员(退休)。

的规定比较简单,即第 22 条规定:"每人以各自生活的根本场所为其住所。"法国民法的规定也与此相似。法国民法典第 102 条第 1 款规定:"所有法国人的住所,在其行使私权上,为其主要的居住场所(son principal établissement)。"

在日本,对于"住所"的规定一般被斥为民法中最无聊的规定,与此相关的判例和学说也不多。在法国关于这方面的讨论也一直比较沉静。但是,当强尼·哈里戴案出来之后,人们却发现"住所"具有重要的意义。这里设这个"从'个人'到'分人'"的题目的目的正是通过对这一案件的抽象总结,去探讨"住所"制度的意义。

强尼·哈里戴案的基本案情如下。

强尼·哈里戴是一位法国的歌手和演员,2017 年死亡,享年 74 岁,曾经是法国演艺界的巨星。这颗"星"的高度和热度可以从以下几个事例感知。第一,麦当娜当年在巴黎郊外的一座城堡剧场演出时曾聚集了 10 多万观众,强尼在同一剧场开演唱会时聚集的观众人数也达到了同样规模。第二,强尼的葬礼更是聚集了数十万的粉丝前来吊唁。第三,警方为此动用了与国葬相同的警戒体制。第四,强尼的死亡以及葬礼在新闻节目上的报道规模空前,而且还出现了很多专题节目。第五,更值得注意的是,从强尼刚刚过世的时候开始,关于他的报道就因另一个因素而不断升温。这就是,围绕他留下的巨额遗产在他的长子大卫德·哈里戴(David Hallyday)与他的第 5 任夫人蕾缇沙·哈里戴(Laeticia Hallyday)之间展开的继承份额纠纷。

大卫德·哈里戴,是强尼·哈里戴与第一任夫人、当红歌手希尔薇·乌尔坦(Sylvie Vartin)的儿子。他也从事音乐事业,并曾参与强尼的作曲。

用法眼看这个案子似乎有下面的问题值得重视。这就是,强尼的遗嘱上显示,已经将自己的全部财产办理了信托,而受益人设定的是蕾缇沙。也就是说,如果这份遗嘱有效,其全部财产实质上就是蕾缇沙的了。但是,法国法上有一种叫作"特留份"的制度,作为强尼的继承人,大卫德取得一部分财产是可以得到保障的。在这种情况下,法国法上的"特留份"制度是否可以适用于该案便成为遗产纠纷的焦点(争点)。

讨论该案,需要厘清几个概念,然后确认强尼的住所,最后再从该案将会促进"法人学说"重新转换的角度探讨。

二、可作为出发点的基本概念

(一)人与个人

在法国法和日本法上,作为法主体(权利主体)的称谓一般用"人"(Personne)这个词。这个词,本来指的是自然人,后因 19 世纪"法人"得到承认,一般将广义的"人"理解为:狭义的"人"加上"法人"。这种狭义的"人"在德国法上使用"自然人"一词,而日本民法上一直没有使用这个词。进入 20 世纪中叶,日本引进了"个人"这个概念以用于代指"自然人"。"个人"在英语上译为"Individual",法语译为"Individuel"。众所周知,"Individual"和"Individuel"这两个词源都是"不可能再分割"的意思。

(二)住所

个人,是"不可能再分割"的单位。这个作为"单位"的"个人"要有"住所",并在住所营造自己的法生活;弃住所而去者则为"不在者(中国的'下落不明')"。对于"不在者",会启动财产管理制度和失踪制度。当然,某人不在日本的住所而在其他地方的住所生活,这个地方便是他/她的新住所,因此并不影响他/她在那个地方营造自己的法生活。但是,如果并不清楚某人正在其他地方生活,在日本,他就是"不在者",根据情况不同也可能成为失踪宣告的对象。

(三)财产与继承

一个人(个人)与某一住所之间,从结果上最可能发生涉法关系的是,有一定的财产(一笔财产)的存在。进言之,在一个人与一笔财产的归属关系上,"住所"发挥着联络主体与客体的作用。当财产的所有权主体死亡,继承开始,财产将会转移到继承人。

三、强尼的住所是哪里?

(一)"住所"的意义

"住所"在继承上究竟具有怎样的意义呢? 强尼·哈里戴案中的焦

点正在于此。如果是国内案件,住所并不具有更大的意义,但在跨国案件中,住所便会成为确定适用于该案的法(准据法)的连接点。在日本法上也好,在法国法上也好,在加利福尼亚法上应该也是一样,在继承上要适用被继承人住所地的法。

如此一来,在结果上就会出现巨大偏差。如果可以认定强尼的住所是法国国内,对他的继承就应该适用法国法;其结果就是大卫德可以主张特留份。然而,强尼的妻子蕾缇沙住在美国的加利福尼亚,如果强尼的住所确定在加利福尼亚,那么蕾缇沙的继承所应该适用的法律便是加利福尼亚法。而加利福尼亚法上不承认特留份。这就是说,大卫德将会无法主张特留份。

因此,在强尼的遗产分割这一问题上,如果认定他的住所在法国则对大卫德有利,若认定他的住所不是法国而是加利福尼亚则对蕾缇沙有利。由此,本案的争点便集中到了强尼的住所究竟在哪里这一问题上。

(二)住所的确定方法

强尼的住所,从日本法的角度就要看他生活的"根本场所",即"家"在哪里。对于一般人会来说,"家=住所"可以简单地确定,但强尼是巨星,有多处"家"供他在世界各地游居。从这样的"家"的角度说,强尼生前主要居住地是巴黎和加利福尼亚的"家",而在巴黎的家中和在加利福尼亚的家中居住的天数基本相同。

在这种情况下,可以想象的是,妻子蕾缇沙会主张:强尼与自己和两个养子住在加利福尼亚,因此,强尼的住所在加利福尼亚;而对此作为儿子的大卫德则会主张:强尼的工作地在巴黎,强尼的工作取得的财产的大部分也在法国国内,因此,强尼的住所应该是法国。

(三)从单数说到复数说

如果严格以住所只有一个(住所单数说)为前提,法国法院要认定强尼的住所将会面临相当大的困难。从强尼的财产大部分在法国这一点出发,从接受交付的角度看,最理想的应该是法国法院的判决(财产所在地),所以,可能性最大的应该不是加利福尼亚法院,而是法国法院。

同样的案件在日本的法院又会怎样处理呢？也许会确定一个住所。但是，对于强尼的住所来说，也并不是没有作出确定其为复数的判断的可能性（住所复数说）。这是因为，在日本学界存在支持复数说的观点。

那么，住所复数说的意义何在呢？这就是，如果说强尼的家庭生活的根本在加利福尼亚，那么，就为其维系家庭生活、现存于加利福尼亚的财产——房屋和存款——适用加利福尼亚法。但是，强尼的职业生活的根本在法国，那么，就为其维系职业生活、现存于法国的财产——住宅、存款以及其他与其事业相关的债权债务等——适用法国法。

诚然，个人理应是"不可再行分割"的单位。然而，住所复数说的观点为将个人再行分割开启了可能的途径。这时，"个人"将会变成"分人"（dividuel）。最初提出"分人"这一概念的是出身于法律专业的日本作家平野启一郎，现在，法学者中也有人在关注这一概念。在当代社会，人不可能定住在一个场所，他们会在各个所在的场所（甚至是场面）中发挥不同的作用，扮演着不同的角色。由此，可以想象的是"分人"概念有一定的说服力。

四、代结语——法人学说的重新转换？

需要指出的是，这种分割"个人"的思考方法，其实并不是什么新东西。因为，"法人""信托"本就是为了分割"个人"财产的一种法技术。比如，如果强尼生前设立公司时将其在法国的经营用财产作为公司财产的话，就不会出现前述的问题。因为那些在法国的财产属于公司（法人）的财产，不属于强尼个人的被继承财产。也就是说，强尼通过设立公司可以将其财产自然分割为现存于加利福尼亚的个人财产与现存于法国的公司财产。

在日本，"法人"的这种（分割——译者）作用，在20世纪70年代曾经受到重视。当时是从财产分割这一作为法技术的侧面得到关注的。但是，进入21世纪后开始变为强调团体活动，即法人的实体和目的。然而，可以预测的是，今后对于法人的法技术侧面的关注将会再次得到提升。例如，当下就有人在将动物作为法人，进而将AI（机器人）作为法人来讨论。

　　住所复数说的作用并不在于法人的设立,而是在于将个人财产分割创造,如法人财产。从这个角度说,住所的问题实在有重新审视之必要。

"机会丧失论"在比较法上的差异

中原 太郎* 渠 遥**

目 次

一、引言

将受害人丧失某种结果的发生可能性(机会)视为损失,对应这份可能性(按比例)索求赔偿,而并非针对最坏的最终结果(发生无法获取利益的情况或发生了不利),这样的思维方式,即应否采用"机会丧失"理论的问题,是民事责任法上的一个重要论点。该理论的潜在射程范

* 作者:东京大学副教授。
** 译者:东京大学大学院法学政治学研究科博士研究生。

围很广,法国①对此讨论最为活跃,被广泛应用在各类事例中②:如医疗事故案例(在医生失当的医疗行为与患者的死亡或损伤之间无法证明因果关系时,能否视其为丧失了回避死亡或损伤的可能性,并就此索赔);法律专家案例(公证人或律师等在职务履行上存在失当的行为,受害人能否将丧失了保护自己权利的可能性视为损失,并就此索赔);竞赛案例(事故的受害人在失去参加竞赛的机会以及由此获利的可能性时,能否将其视为损失,并就此索赔);等等。

　　反观日本。虽然在分析医疗事故案例中最高裁判所采纳"相当程度的可能性"法理③时,会多少意识"机会丧失"理论,但是如果超出这个特殊语境或情形,在一般法理上去认定"机会丧失"理论的论调就显得相对低调④。与其他国家,尤其是一些欧洲国家正处于法律统一化的

---

　　① 国际上讨论"机会丧失"也会使用英文标记"loss of (a) chance",但法语标记"perte d'une chance"仍占据多数,因此法国法是"机会丧失"理论的代表性存在。最新的法国文献有 O. Sabard (dir.),*Colloque. La perte de chance*,LPA 31 octobre 2013,n° spéc.,p. 1;P. Jourdain,*La perte d'une chance en droit français*,in Travaux de l'Association Henri Capitant des amis de la culture juridique française,Le préjudice:entre tradition et modernité,Bruylant -LB2V,2015,p. 107.

　　② G. Viney,P. Jourdain et S. *Carval,Traité de droit civil. Les conditions de la responsabilité*,4e édition,LGDJ,2013,nos280 et s.,pp. 130 et s.

　　③ 最高裁判所平成12年(2000)9月22日,载《民集》54卷7号2574页(针对"如果实施符合医疗水准的医疗行为则患者于死亡时点能够存活下来的相当程度的可能性"是否受到侵害肯定损害赔偿);最高裁判所平成15年(2003)11月11日,载《民集》57卷10号1466页(针对"如果适时送往恰当的医疗机构,并在该医疗机构接受恰当的检查治疗等医疗行为,则患者免于遭留上述重大后遗症的相当程度的可能性"是否受到侵害肯定损害赔偿)等。

　　④ 关于讨论的详情,参见拙稿《机会の丧失论の现状と课题》(机会丧失论的现状及课题),载《法律时报》82卷11号第95页以下、12号第112页以下(2010年)。

时机之中,需要留心本国法未来走向⑤的情况相比较,日本的讨论情况有着鲜明的反差。关于这方面各个国家的相关讨论是助益于观察"机会丧失论"价值的珍贵的素材,同时能够起到填补日本问题意识空缺的作用。

接下来,我将在第一章整理"机会丧失"理论在各个国家(欧洲各国限于大陆法系国家)的反响之后,在第二章对讨论内容予以分析。

二、对于"机会丧失"理论的反应

一般而言,法国法系国家对"机会丧失"理论较为友好,德国法系国家相较之下显得冷淡。而近来两个法系国家之间却又在相互接近。以下我会将各个国家分为两种类型,即 A 类(对"机会丧失"理论上迎合却有踌躇的国家)和 B 类(有反感却也有共鸣的国家)去做整理。

(一)A 类:对"机会丧失"理论的迎合和踌躇

1. 法国、比利时、意大利

法国判例上第一次认定赔偿"机会丧失"早在 130 年前⑥,嗣后被广

⑤ 除法国、德国(以及英国)等在传统上对此有较多讨论的国家以外,近来还可以看到在其他国家也有积极的讨论。如:R. Cardona Ferreira, *The Loss of Chance in Civil Law Countries: A Comparative and Critical Analysis*, 20 MJ 1 (2013), p. 56; Th. Kadner Graziano, *La 《perte d'une chance》 en droit privé européen:《tout ou rien》 ou réparation partielle du dommage en cas de causalité incertaine*, in Ch. Cappuis / B. Winiger (eds.), Les causes du dommage, Schultess, 2007, p. 279; Th. Kadner Graziano, Ersatz für 'entgangene Chancen' im europäischen und schweizerischen Recht, HAVE/REAS 2008, p. 61; Th. Kadner Graziano, 'Alles oder nichts' oder anteilige Haftung bei Verursachungszweiflen? -Zur Haftung für perte d'une chance / loss of a chance und eine Alternative, ZEuP 2011, p. 171; Th. Kadner Graziano, Comparative Tort Law, Routledge, 2018, p. 277; E. Lange, Perte d'une chance - loss of chance - Haftung für den Verlust einer Chance, GRIN, 2009; Ch. Müller, La perte d'une chance, Staempfli Editions, 2002; Ch. Müller,《La perte d'une chance》, in B. Foëx et F. Werro (eds.), La réforme du droit de la responsabilité civile, Schulthess, 2004, p. 143; L. Thénvenoz, La perte d'une chance et sa réparation, in Ch. Chappuis et al., Quelques questions fondamentales du droit de la responsabilité civile: actualités et perspectives, Stämpfli, 2002, p. 237. 另外,虽在本报告中无法援引,据说中国、韩国等东亚国家和中国台湾地区也有积极的讨论。

⑥ Req., 17 juillet 1889, S. 1891. 1. 399[法律专家事例-胜诉可能性丧失]。医疗事故事例中,Civ. 1re, 14 décembre 1965, JCP 1966. II. 14753, note R. Savatier 为第一案。

泛认定在各类案例之中。通过将"机会丧失"划入"损害",即使加害人的过错(faute)与受害人一方所产生的最坏的最终结果之间难以认定因果关系,也可以根据其中的可能性的程度去认定赔偿。之所以能够采取这样灵活的态度,前提是民法典上的侵权行为规定对可赔偿的"损害"并没有设"前置性"(apriori)限定⑦。虽然要求有"损害"确实存在,但由于可能性的丧失本身就是一个确定的客体,"机会的丧失"也就自然符合了"损害"的要求⑧。

　　相较之下,继受法国民法典的比利时虽然较为乐观地看待基于"机会丧失"的赔偿,其中也有一些迂回曲折。"机会丧失"中有(1)丧失获取利益的机会(赢得竞赛的可能性;在竞拍中中标的可能性;胜诉可能性等),和(2)丧失回避不利的机会(公司破产的可能性;生存、治愈的可能性等)。其中前者(丧失获取利益的机会)于受害人一方有着明显的"机会"丧失,只是在计算方法上不好操作而已,与其相比,后者意图缓和的是事实因果关系证明难,因此对于后者的赔偿还会散见有抵触性意见。判例在1984年首次对医疗事故的案件认定了基于"机会丧失"的赔偿⑨后,2004年态度转为否定⑩,2008年态度又再次转为肯定⑪。立场转变的背景有着学说之间的对立,传统上受法国学说影响,认为关于(2)"机会丧失"的援引无外乎是混淆了损害和因果关系(既然受害人最终受到的不利业已具体化,其他的一切就不能再作为损害界定;且

---

　　⑦　法国民法典第1240条(旧法典第1382条)作为一般侵权行为责任,规定"无论致他人损害的行为为何种形态,由因过错致人损害者,负赔偿之责"。

　　⑧　民事责任法修改中,也有计划明文规定"机会丧失"赔偿。根据最新的司法部草案(Ministère de la Justice, Projet de réforme de la responsabilité civile, 13 mars 2017)明确,"可能发生的有利情况确定且现实地消失,方可构成可补救的机会失去"(第1238条第1款),"对机会失去的赔偿应该根据失去的机会来确定,它不能等同于机会如一旦实现可获得的利益"(同条第2款)。

　　⑨　Cass. 19 janvier 1984, Arr. Cass. , 1983-1984, p. 585.

　　⑩　Cass. , 1er avril 2004, R. W. 2004-2005, p. 106 ; Cass. , 12 octobre 2005, Pas. 2005, p. 193 ; Cass. , 12 mai 2006, J. L. M. B. 2006, p. 1170.

　　⑪　Cass. , 5 juin 2008, J. T. 2009, p. 28, note A. Pütz ; Cass. , 17 décembre 2009, N. J. W. 2010, p. 660, note de I. Boone ; Cass. , 15 mars 2010, N. J. W. 2010, p. 660, note de I. Boone ; Cass. , 22 mars 2012, R. G. A. R. 2012, n°14. 913.

此种情况的本质在于如何认定因果关系,而不容以操作损害概念的方法来解决)。但现在更多学者以(1)、(2)之间难做区别为由,更为乐观看待基于"机会丧失"的赔偿。对于其中的理论依据依旧有所争执,最新的民事责任法修改草案(2018年)⑫就将普遍认定"机会丧失"赔偿的条文⑬置于因果关系(多个原因)相关规定之中⑭。

意大利作为同样受法国民法典影响的国家,在侵权行为责任规定上有着相同构造⑮。意大利的判决同样面临是否采取"机会丧失"的困境。长期以来判例所采取的立场是,针对上述(1)情形,将丧失获取利益机会单独认定为财产损害,根据可能性的程度,部分认定赔偿⑯,而相对在医疗事故案件等上述(2)情形所采的立场是,如果不能证明加害人的故意或过失与受害人的最坏的最终结果之间的因果关系,就驳回诉讼请求。当然,法院需要面对的是如何解决因果关系证明难这一问题,而降低证明程度的做法又无法切实落实⑰,最后也就只能采取以"机会丧失"认定部分赔偿的方式解决⑱。

---

⑫ Cabinet au Ministre de la Justice, Avant-projet de loi portant insertion des dispositions relatives à la responsabilité extracontractuelle dans le nouveau Code civil, 2018.

⑬ 第5.168条规定:"如果引起赔偿责任的行为是可能造成损害的原因,而如果没有此行为则损害确实有不现实发生的可能,受害人有权根据损害因该项行为而发生的可能性,按比例请求赔偿损害。"

⑭ Cabinet au Ministre de la Justice, Exposé des motifs de l'avant-projet de loi portant insertion des dispositions relatives à la responsabilité extracontractuelle dans le nouveau Code civil, 2018, pp. 124-126 [此种做法在受害人的最终损害结果尚未发生(只是风险有所增加)时,有利于否定基于"机会丧失"的赔偿]。

⑮ 意大利民法典第2043条规定,"一切因故意或过失导致他人蒙受不当损害的行为,由其主体负损害赔偿义务",与法国民法典第1240条一同采用统一要件主义。

⑯ Cass., 19.11.1983, 1 GC(1984), p. 1841 [丧失晋升的可能]; Cass., 19.12. 1985, Foro it. 1986. I. 383 [丧失晋升的可能]。

⑰ 1991年曾有过以降低责任证明度要求来认定医师和医院因未实施妥当的医疗行为负刑事责任的判决,但在民事判决中则维持了严格的因果关系的判定。

⑱ Cass., 4.3.2004, No.4400 [基于手续上的理由驳回请求]; Cass., 18.9.2008, No.23846。

2. 葡萄牙、瑞士

也有非法国法系的国家引进该理论。其一是葡萄牙。葡萄牙旧时民法典(1868年)受很强的法国民法典的影响,取而代之的新民法典(1966年)则以德国民法典为典范。其中的一般侵权行为责任规定,虽不列举所保护的法益(只限于要求有违法的权利侵害),但在规定的结构上采取与德国相同的构造⑲。由于一直以来受德国民法学的影响,葡萄牙传统上对"机会丧失"的关注度较弱,而判例突然在2010年明确表示了承认此类赔偿的立场⑳。然而,在医疗事故类的案件中则仍持拒绝的态度㉑。

瑞士同样是受德国法影响较强的国家。其中的一般侵权行为法规定还是没有列举保护法益(只限于要求有违法的权利侵害),但同样采取与德国民法典相同的规定构造㉒。瑞士判例无论针对获取利益机会还是回避不利机会,都不承认基于"机会丧失"的赔偿(仅止于州法院级别有几部例外性判决㉓)。因果关系是"或有或全无"的问题,瑞士的做法是通过降低证明度来作应对[有加害行为作为损害原因的"优越盖然性(probabilité prépondérante)"即可]㉔。

学说中,期待引进"机会丧失"理论的主张比较强烈㉕。这一呼声

---

⑲ 葡萄牙新民法典第483条第1款规定,"因故意或过失违法侵害他人权利或违反任何以保护他人利益为目的的规定者,对其所产生的损害向受害人承担赔偿义务"。这个规定与德国民法典第823条第1款及第2款相对应。

⑳ Supreme Court of Justice, 28 September 2010(Proceedings 171/02)[法律专家事例];Supreme Court of Justice, 16 December 2010(Proceedings 4948/07)[丧失晋升的可能]。

㉑ Supreme Court of Justice, 15 October 2010(Proceedings 08B1800);Supreme Court of Justice, 22 October 2010(Proceedings 409/09).

㉒ 瑞士民法典第41条规定,"无论因故意或因懈怠或不注意,违法对他人造成损害者,负赔偿义务"(同条第1款),"故意违反良俗而导致他人损害者,负赔偿义务"(同条第2款)。前者对应德国民法典第823条,后者对应第826条。

㉓ Obersgericht Zürich SJZ 1989, 119.

㉔ Bundesgeriicht, 12.12.1961, BGE 87 II 364;Bundesgericht, 13.06.2007, ATF 133 III 462.

㉕ 如,V. Roverto, Schadensrecht, Helbing & Lichtenhahn, 1997, S.158ff。

最终在立法提案中得到实现。根据民事责任法修改草案（2000 年）㉖，"损害以及因果关系的证明，归于请求赔偿者的负担"（第 56d 条 1 款），但是"在法院不能确凿地证明或要求负担者履行有所不妥时，可以只要求有说服性盖然性（vraisemblance convaincante），且法院有权根据盖然性的程度，按比例认定赔偿金额"（同条第 2 款）。第 2 款前段是在降低证明度，后段则包含"机会丧失"因素。根据起草说明，在"责任原因与损害的发生频率之间存在统计学上的因果关系，但因为一定的事由，无法证明其间的因果关系"（如医疗事故等案例）时，也可以启动本条后段所规定的法院权限。对应了法国法、英美法中的"机会丧失"㉗。

（二）B 类：对于"机会丧失"理论的反感与共鸣

1. 德国、奥地利

德国判例无疑对"机会丧失"赔偿态度消极㉘。至今为止无论是（1）丧失获取利益的机会还是（2）丧失回避不利的机会，都没有予以认定的先例。态度之所以冷淡，第一是因为侵权行为法上已经对保护法益（民法典第 823 条 1 款㉙）的范围进行了限定，而不在其中的"机会丧失"则不受直接保护，第二是因为（即使"机会丧失"从法益侵害中衍生而出）作为赔偿对象的损害原则上被限制在财产损害（参考同法第 249 条、第 253 条），且必须是"可以以一定盖然性期待的利益"（同法第 252 条）。因此只要不具备单独的经济价值，"机会"就不符合要求。然而，即使受害人欠缺保护法益或不存在损害，法院也不会自动拒绝当事人的请求。在判例上有一些倾向于全额赔偿的变通。例如，针对上述（1）

㉖　P. Widmer et P. Wessner, Révision et unification du droit de la responsabilité civile. Avant-projet de loi fédérale, 1999. 本草案已于 2009 年废止。

㉗　P. Widmer et P. Wessner, Révision et unification du droit de la responsabilité civile. Rapport explicatif, 1999, pp. 245-246.

㉘　初期判例有 RG 9. 6. 1936, JW 1937, S. 2466。

㉙　德国民法典第 823 条第 1 款规定，"因故意或过失侵害他人的生命、身体、健康、自由、所有权或其他利益者，对他人负有赔偿因此造成的损害之义务"。另外，本条第 2 款规定违反保护性规定的赔偿责任，第 826 条规定因故意违反公序良俗的行为的赔偿责任。此三条被视为侵权行为的基本构成要件。

以缓和"盖然性"(同法第 252 条)解释的方法,针对(2)医疗事故案件则以医生一方有重大过失时推断因果关系的方法去解决(同法第 630h 条作明文规定)。

另外,由于这样"或有或全无"(Alles-oder-Nichts)的解决过于僵化,学说中从早期开始就散见一些赞成"机会丧失"理论的意见㉚。比如,H. Stoll 则通过引用英国法,批判德国判例对获取利益机会所采取的方法,并通过援引法国法、英国法主张应当在医疗事故案件中采纳"机会丧失"理论㉛。E. Deutsch 以医疗事故案件中的法国判例、瑞典判例(该州法院判决例外认定了"机会丧失"的赔偿)的解决方式为前提,主张应该在实体法层面吸纳损害的不确定性㉜,而非程序法层面。N. Jansen 同样论证"机会丧失"理论的实际合理性,认为事情的本质不在于事实评价而是在于如何制定规则。进而对于视"机会"为保护法益而非作因果关系处理的方法表示同感㉝。

奥地利㉞与德国同样采实体性前提,不承认赔偿"机会丧失"。而在一部分关于医疗事故案件的判决㉟中,采用择取式因果关系的规范(有多个原因存在足以导致损害产生时,对应致使损害产生的盖然性按

㉚　除本文所列举之外,对"机会丧失"论采积极看法的有 H. -J. Mertens, Der Begriff des Vermögensschadens im Bürgerlchen Recht, W. Kohlhammer, 1967, S. 151ff. 有关医疗事故事例的反论有 H. Fleischer, Schadensersatz für verlorene Chancen im Vertrags- und Deliktsrecht, JZ 1999, S. 766(支持因果关系推定)。

㉛　H. Stoll, Haftungsfolgen im bürgerlichen Recht, C. F. Müller, 1993, S. 41f. ; ders., Schadensersatz für verlorene Heilungschancen vor englischen Gerichten in rechtsvergleichender Sicht, in Festschrift E. Steffen, Walter de Gruyter, 1995, S. 465.

㉜　E. Deutsch, Allgemeines Haftungsrecht, 2 Aufl., Carl Heyamanns, 1996, Rdnr. 852, S. 542.

㉝　N. Jansen, The Idea of Lost Chance, OJLS, 1999, 271.

㉞　奥地利普通民法典将"损害"定义为"针对任何人的财产、权利或人格造成的任何损害"(该法第 1293 条),在列举"违法行为"为其发生原因之后(该法第 1294 条),规定"任何人,可以对侵害人,请求赔偿其因过失所造成的损害之赔偿"(该法第 1295 条第 1 款)。这些规定对应德国民法典第 824 条第 1 款。同时也规定了与德国法第 826 条相对应的故意违反公序良俗的行为的赔偿责任(奥地利普通民法典第 1295 条第 2 款)。

㉟　Oberster Gerichtshof, 07. 11. 1995, JBl. 1996, S. 181.

比例认定部分责任）。这种倾向的理论根据来自 H. Koziol[36]：从德国法的前提（财产损害概念）出发，我们即使不能采纳"机会丧失"理论本身，但至少应通过择取式因果关系或受害人的风险负担（受害人自身可控的风险实际发生时应该由受害人承担）的法理达到与"机会丧失"理论相同的结论。

2. 欧洲侵权行为法原则、欧洲私法共同参照框架学术草案

观察国际上的模范法，UNIDROIT 国际商事合同通则在契约不履行的损害赔偿中承认基于"机会丧失"的赔偿[37]。而有关侵权行为的欧洲模范法态度倾向消极，但可以从中提炼出一些前提情况。具体如下：

《欧洲侵权行为法基本原则（2005 年）》中不存在有关"机会丧失"的条文，但是它的说明稿中以医疗事故（损害）案例为题材有下列说明[38]：（1）无法判断医生的过失行为与患者最坏的最终结果之间存在因果关系［以条件公式判断（同法第 3:301 条）］。（2）"损害"代表的是"针对法律所保护的利益存在的物理或非物理性损害"（同法第 2:101条），而"法律所保护的利益"限定在生命、身体或精神上的完整性、自由以及所有权等（同法第 2:102 条），所以"机会丧失"仍然无法界定为"损害"。（3）不适用缓和条件公式所要求的盖然性，也不适用转换因果关系的证明责任。（4）（i）存在多个行为足以导致损害发生而无法认定哪一个行为产生损害时，每一行为根据其产生损害的可能性程度视为构成损害的原因［同法第 3:103（1）条］。（ii）因受害人自己可控的事由致使损害发生时，也要根据它的确定性程度承担部分损失（同法第 3:106

㊱ 另参见：H. Koziol, Schadensersatz für den Verlust einer Chance?, in Festschrift H. Stoll, Mohr Siebeck, 2001, S. 233 ; ders., Schadensersatz für verlorene Chance ?, ZBJV 2001, S. 889. F. Bydlinski, Aktuelle Streitfragen um die alternative Kausalität, in Festschrift G. Beitzke, Walter de Gruyter, 1979, S. 3。

㊲ UNIDROIT 国际商事合同通则（2016 年版）第 7·4·3 条（2）规定，"针对机会丧失，也可以根据该机会所可能发生的可能性，按比例认定赔偿责任"。

㊳ B. Winiger / H. Koziol / B. Koch / B. Zimmermann (eds.), Digest of European Tort Law, Vol. 1 ：Essential Cases on Natural Causation, 2007, nos10/28/1ff. (by Th. Kadner Graziano)

条)。根据这些规律,就可以根据治愈可能性认定赔偿部分性损害㉟。丧失获取利益机会的案件(律师案件)亦同。这些都无非是前述奥地利学说的实践。

在《欧洲私法共同参考框架草案(DCFR)》中也不存在有关"机会丧失"的条文。值得注意的是,有关受侵害利益的条文[第 Ⅵ-2:101 条(法律值得保护的利益受到侵害后衍生出的损害同样构成损害赔偿的对象)],由于在理解上会产生肯定与否定的分歧,因此虽然回避了以明确的形式规定的做法,然而给"机会丧失"可作为独立的损害形态却留下了一定空间㊵。质言之,该草案是将"机会丧失"放在受侵害的法益以及损害程度这一维度去把握的。

三、"机会丧失"理论的实质

各国的讨论前提自不相同。以下我将尝试分两种类型去整理现有的讨论:其一是讨论"机会丧失"理论本身是否正当的学说(A 型),其二是讨论该理论如何投影于民事责任体系的学说(B 型)。

(一)"机会丧失"理论本身正当与否(A 型)

1."机会丧失"理论的实际合理性

"机会丧失"理论帮助损害得到部分性赔偿,支撑该理论实际合理性的论据㊶有:(1)在个别案件之中,是可以在事情经过尚不明确时(还不能妄断如果没有失当的加害行为,受害人就能够直接获取利益或回避不利时),也可以视个别情况合理分担损失,而不是采取"或有或全无"等极端的解决方式。(2)同类案件如果出于同一加害人之手,且牵扯多个受害人时(如医疗事故案件等),"机会丧失"理论可以回避某些

㉟ 失当的医疗行为构成损害的部分原因(该原因是指"直接的加害行为"还是指"直接的加害行为+失当的医疗行为"哪一方尚不明确),因此满足了(ⅰ)的条件,且即使施加恰当的医疗行为受害人仍无法治愈的,该可能性属于受害人自身的特有情况,因此也满足了(ⅱ)的条件。

㊵ Ch. von Bar / E. Clive (eds.), Principles, Definitions and Model Rules of European Private Law – Draft Collon Frame of Reference (DCFR). Full Edition, Vol. 4, 2009, p. 3144, 3195, 3570.

㊶ 参见注释 5 所列举文献。

不合理的结果,既可以部分性填补所有受害人的损害,且也不至于让加害人回避一切责任。(3)可以通过部分认定加害人的责任,以求潜在加害人做出合理行为。

另外,也有否定论据⑫,如:(4)我们应当重视的无非是受害人身上所产生的最坏的最终结果,如果去关注"机会"则有投机取巧之嫌(当然也可以想到会有对此否定的意见认为,只有正视这种事态变化的不确定性才是最为重要的)。(5)针对可能性程度去算定损害有所困难(否定意见或许认为,算定上的困难并不限于"机会丧失",这类问题完全可以通过灵活运用统计学得出具有说服力的、非恣意性的算定结果)。(6)对统计学的依附,不仅会造成其与司法鉴定的对立,而且还会使对个别因果关系的探求失去根据(否定意见或许认为:较之"或有或全无"原则的解决,导致前者所关切的问题发生的可能性比较薄弱,且统计无非只是一个标准,亦可以根据个别情形作具体修正,因此后者的批判也有失妥当)。

或许我们还需要更缜密的验证程序。但是,我们既然看到这么多的国家采纳"机会丧失"理论或与其同等的解决方式,那么至少在说明,有更多的法学家对于部分性赔偿有所共鸣,且有更多人认为,情非得已的不合理(俗话讲的"没办法")其实是可以克服的。

2."机会丧失"理论与民事责任法体系的相互协调

更重要的问题在于如何协调各国的民事责任法体系。需要"机会丧失"论来解决的事例中,如医疗事故案件,需要将"机会"本身看作法益,针对该侵害去追问赔偿。而另一个层面,一些国家在普通侵权行为规定上存在保护法益的限制,就要求"机会"本身需要构成法益。这一点正是德国法系各国难以承认赔偿"机会丧失"的第一个理由。然而问题在于如何限定保护法益之上。在不借鉴德国法或奥地利法的国家,也即,不采取列举保护法益的方式而是概括性地以违法性或"法律需要保护的利益"等形式去限定的国家中,这样的问题也是仍有办法克服的

---

⑫ 参见注释5所列举文献。

(参照葡萄牙、瑞士、欧洲私法共同参考框架草案)⑬。

另外,丧失获取利益机会的案件中,也有一些是受侵害的利益本身属于侵权行为法上的保护对象,但是具体的损害发生只能以"可能性"的维度去规定(如失去赢得竞赛的可能性等)。在此我们需要考虑"损害"概念是否可以包含"机会丧失"。在德国法或奥地利法上"损害"仅限于财产损害,且要求其发生具有一定盖然性(亦即,要求有现实的财产性价值),由此排除对单纯的"机会"的赔偿,而且从缓和盖然性程度所得到的结果又会归结到全额赔偿。"损害"概念之间的冲突以及是否允许部分赔偿等问题在其他国家并没有受到更多的关注(要让"机会"作为受保护的法益,其前提应该是作部分性赔偿界定),是否对这一点存有问题意识,分歧的原因归结于该国受德国法损害理论的影响与否。

而与因果关系要件之间的紧张关系体现在以下两点。第一,将"机会"作为受保护法益的国家,虽然对加害行为与法益侵害之间的因果关系容易认定,但这也只意味着它是通过有别于最坏的最终结果的法益界定,进而缓和事实因果关系的举证负担(代之以仅限于部分赔偿)。问题在于我们是否应该积极评价这类做法。如比利时有段时间曾经对医疗事故案件作此种解决持否定态度。然这些讨论不会因为否定了因果关系就不作赔偿,它的本意只是在于希望通过推断因果关系认定全额赔偿以扩大受害人救济范围。反观意大利或瑞士则认为"机会损失"论较之降低证明度的方法更为妥当,因此缓和因果关系举证负担之必要性已经成为一个共同认知。第二,有一些学说主张应该运用奥地利法(以及欧洲侵权法原则)的择取性因果关系。对于无法将"机会"作为保护法益的国家而言,这一观点可以让"因果关系"成为一种可操作的概念,进而得出与"机会丧失"理论同样的结论(不禁让人想起曾经的"相当因果关系"理论)。对比两种言辞,即"在损害产生的盖然性限度

---

⑬　法国虽然传统上不限定保护法益,现今却普遍要求受侵害利益具有正当性,民事责任法修改中也计划将对其作明文规定(注释8所列司法部草案第1235条规定"由侵害所产生的,损害合法利益而导致的任何确定的损害,无论其为财产或非财产,均可得到赔偿"),但是一般认为这与"机会丧失"的赔偿不相矛盾。

内构成损害的原因"和"机会丧失作为赔偿对象",二者或许只剩下表述上的区别了。而无论前述第一点还是第二点都可以总结为,在维持事实性因果关系(条件公式)的理解之上进行了外观上的修改(在这个语境下,因果关系中掺入了规范性考量)。

(二)"机会丧失"理论的具体化(B型)

1."机会丧失"理论的刹车阀

包含"机会丧失"的案件数不胜数,构筑一个界定赔偿情形的框架是其中一个重要课题。但在引进"机会丧失"理论时日尚短的国家,并没有充分积攒相关的讨论。相对而言,法国法作为参照母体有着深厚的经验,我们可以看出来自法国判例有两点要求:

第一,获得赔偿的需要是现实且重大的"机会"[44]。(1)如果在有加害行为时,受害人已经处于追求该"机会"的过程之中(例如,已经购买马票、已经请到了法律专家展开手续、已经开始交易谈判等),就可以认定它具有现实性,同时需要确认它是否满足重大性要件("机会"是不是仍处在不明确的状态)。(2)如果在有加害行为时,受害人没有开始追求该"机会"(比如,只是单纯地在期待就职或者晋升、父母单纯期待孩子能够赡养他们、在没有任何婚约的前提下单纯期待婚姻等),此时去判断是否存在现实性,需要严格把握加害行为的时间点和当事人可以开始追求该"机会"的时点是否临近。再加上如果这个可能性小之又小,甚至微不足道,也有学说主张要求应该满足"重大性"要件(作为否定赔偿的理由)[45]。

第二,还要意识到对类似情况的区分。这就是"制造风险"和"接触风险"[46]。相对于"机会丧失"是失去业已存在的获取利益可能性或回避不利的可能性而言,后二者是指制造出今后可能成为现实的损害发生的风险额通过接触而导致的风险(如,接触某种在一定概率下引发某个疾患的有害物质等)。这里,所赔偿的是最终产生于受害人一方的不利(难以证明因果关系时以推定因果关系的方式解决),而并非根据可

---

[44] G. Viney, P. Jourdain et S. Carval, supra note 2, n°283, pp. 142-146.

[45] G. Viney, P. Jourdain et S. Carval, supra note 2, n°283, p. 146.

[46] G. Viney, P. Jourdain et S. Carval, supra note 2, n°278, pp. 127-129.

能性作部分性赔偿。但也有人认为这与"机会丧失"之间时而难以区别[47]。

以上框架以法国传统的民事责任法体系作为前提。这一点需要引起我们注意。尤其第一点,法益的保护要求(在法国直到近期才开始受到正面关注)需要还原到一般侵权行为责任上的制约中去定位(任何"机会"都不会先天地构成受保护的对象)。这样看来,对某种"机会"的赔偿予以正当化的前提上还需要讨论的是,是否需要有关于保护"机会"为目的的规范存在(并且违反了这个规范)(抑或说搭建一个与责任原因相互挂钩的框架)[48]。

2."机会丧失"理论的替代方案

无法将"机会"涵盖在保护法益之中的国家,一直在尝试各种手段去取代"机会丧失"理论。其中最主流的诉讼法上的手法是(1)降低证明程度与(2)事实上的推定。此类主张的实质意图是,在难以举证事实因果关系时,在为加害人保留一定反驳的余地的同时实现对受害人的救济,而非过度机械地适用诉讼法原则导致赔偿被全盘否定。但是通过这样的手法最终达成的却是全额赔偿,所以还是没能打破"或有或无"的解决方式的弊端。

除却德国,上述各种手法其实都处在过渡性阶段(意大利、瑞士和奥地利)。理由是,事实因果关系的"举证难"往往由特定的情由产生:比如,在医疗事故案件中,有时并不是因为"证据偏在"等具体事由,而是因为某种治疗方法本来就不能确保有效性(自然科学的证明上甚至都有极限)所导致。这种时候,通过上述(1)或(2)去强迫加害人承担全额损失,不能说是一项合情合理的解决方法。如果认为"机会丧失"

---

[47] D. Sindres, Exposition à un risque et perte de chance : un couple mal assorti?, RTD civ. 2016, p. 25.

[48] 德国学说中出于此种观点的有 N. Jansen, supra note 33,和 G. Mäsch, Chance und Schaden, Mohr Siebeck, 2004. 分析日本法的相关情况请参见:拙稿,前引注④所列论文,以及陶坤法国民事责任法的变革过程的拙稿「不法行為責任における利益の階層性-フランス法主義の行方(不法行为责任中的利益阶层性——法国法主义的去向)」,载《日佛法学》29 号(2017 年)65 页以下。

理论引导出的结论是正确的,单靠诉讼法方面的处理远远不够,就需要有一个在损害赔偿的实体性要件中能够正面承认部分性赔偿的方案。

基于以上认知去操作"因果关系"的手法常见于奥地利法(以及欧洲侵权行为原则),也就是(3)假设性因果关系,或者(4)受害人自身管辖范围内的风险承担法理。这里也存在勉强之处。因为(3)或(4)的前提,是将患者的治疗之前的状态与其他主体的行为(加害人不明的共同侵权行为)以及受害人的体质原因等作同等对待。然而,医生实施医疗行为所针对的就是如何治疗患者以前的状态,将它与后二者视作等同,理论上存在相当大的困难。且这样的思维往往会被理解为是将广泛的原因竞合以部分因果关系的构思进行处理,因此还需要慎重考虑对其他论点产生的副作用。这样一个"因果关系路径",与将"机会"视为法益的"法益路径"相比,孰优孰劣,需要综合判断二者对于整个民事责任法体系带来的意义。但至少有一个现状应该引起我们重视,就是在一些国家明明将"机会"认定为法益之上不存在障碍,其中多数却仍采用了前者的路径。

四、结语

此稿的本意并不在于向大家展示"机会丧失"理论在欧洲大陆法系国家的存在感达到了不容忽视的程度。但是,如果我们通过现代德、法两国的民事责任法乃至其周边诸国的法律体系,重新界定日本法的定位的话,至少在比较法的语境中可以总结出:"机会丧失"理论已不再是天方夜谭(在日本它受到的关心之所以薄弱,是因为历史偶然因素导致我们在民事责任法学的研究上先行参照了德国法),然而我们应当从日本法的实体法前提出发,重新捋清"机会丧失"理论的定位与框架(虽然本报告中没有提及,但还需要分析损害算定手法),且在日本的类似法理的定位或评论之上,它仍然具有很高的参考价值。

意思表示真实的神话可以休矣

解　亘[*]

目　　次

一、问题的提起

(一)本文关注的对象

《民法总则》就法律行为的有效要件设置了一般性的规范(第143条),规定了三项要件:(1)行为人具有相应的民事行为能力;(2)意思表示真实;(3)不违反法律、行政法规的强制性规定,不违背公序良俗。

其中颇耐人寻味的,是将意思表示真实作为法律行为有效性要件。这

---

[*]　作者:南京大学教授。
本文原载于《苏州大学学报(法学版)》2018年第2期。

样的制度设计,在我国法上却已有不算短的历史了。第 143 条脱胎于《民法通则》第 55 条。若以 1986 年《民法通则》的颁行作为新中国民事立法的起点,可以说,意思表示真实这一规范的历史就伴随着新中国民法的整个发展史。至少从字面上看,该规范似乎是法律行为有效性要件的一般条款。以意思表示的真实作为法律行为的有效要件,似乎更符合意思自治的理念。

本文之所以聚焦于有关意思表示真实的这一规范,首先是因为这样的规范表述在比较法上相当罕见,在法律行为法领域被我国民法学界奉为本宗的德国民法以及对我国法律行为法产生巨大影响的、同属德国流的日本民法以及中国台湾地区民法上,均无类似的规则。比较法上的简单一瞥,足以让人心生疑虑:这样的规则是否妥当?

同时,是因为司法现场一个普遍存在的有趣现象,即在涉及合同纠纷的裁判文书中在"本院认为"部分常常可见到类似的套话:本案所涉合同系当事人的真实意思表示,不违反法律、行政法规的强制性规定,合法有效。这样的表述,显然是因为《民法通则》第 55 条。意思表示真实是法律行为的有效要件之一这一命题,俨然已经成为一句不容置疑的教义。将其教义化的最直白表述便是:"意思表示真实是意思自治的必然要求"。[①]

但问题在于,法官根据什么作出上述套话式的判断呢? 自然不可能要求原告自证其意思表示真实,事实上亦无法自证。[②] 假定案件事实足以显示"意思表示不真实",但当事人却不提出相应的救济主张,如撤销或者主张无效,法院该如何应对呢? 明明意思表示不真实,但还要认可合同的效力吗? 在此情形,如果依照《民法通则》第 55 条或者《民法总则》第 143 条的规定,不认可法律行为的有效,是否又有违程序法上的当事人主义和处分权主义呢? 在诉讼当事人并未主张意思表示不真实的情形,法官何以能主动作出意思表示真实的判断?

(二)学界的理解

究竟什么才是意思表示真实呢? 如下的定义估计能为大家所接

---

① 《〈中华人民共和国民法总则〉条文理解与适用(下)》,人民法院出版社 2017 年版,第 960 页。

② 参见李宇:《民法总则要义》,法律出版社 2017 年版,第 519 页。

受:"所谓意思表示真实,是指行为人表现于外部的意思与其内在意志相一致"③,或者"系指行为人表示于外的意思与其内心真意相一致"④。如果说意思表示真实是指行为人表现于外部的意思与其"内在意志"或者"内心真意"相一致,那么,意思表示不真实自然就应当是指行为人表现于外部的意思与其"内在意志"或者"内心真意"不一致了。然而,细想一下,"内在意志"或者"内心真意"却是一个含义不甚明了的概念。究竟是指动机、效果意思,还是指意思决定自由?

学界倾向于从反面来界定什么是意思表示不真实。主流的观点将意思表示不真实,或者说不相一致理解为在学术共同体内具有共识的"意思表示瑕疵",即将意思表示不真实等同于法律行为法中的意思表示瑕疵制度。⑤ 其中,有人采狭义的理解,认为"意思表示真实,系指行为人表示于外的意思与其内心真意相一致,简言之,意思表示与意思相一致"。⑥ 也有人采广义的理解,认为意思表示不真实既包括了意思与表示不一致,也包括了意思表示不自由。⑦

至于如何评价这一规则,学界的看法并不统一。

持肯定意见者认为,"在裁判实务中,遇法律对待决案无特别规定时,法庭可以引用本条作为裁判依据。法律行为的生效要件体现了民

---

③ 王利明主编:《〈中华人民共和国民法总则〉条文释义》,人民法院出版社2017年版,第320页(冉克平执笔)。

④ 《〈中华人民共和国民法总则〉条文理解与适用(下)》,人民法院出版社2017年版,第960页。

⑤ 参见龙卫球、刘保玉主编:《中华人民共和国民法总则释义与适用指导》,中国法制出版社2017年版,第506页(王崎执笔)。王利明主编:《〈中华人民共和国民法总则〉条文释义》,人民法院出版社2017年版,第321页(冉克平执笔)。该页亦持相同观点,且该文献引用了【德】布洛克斯、瓦尔克:《德国民法总论(第33版)》,张艳译,中国人民大学出版社2014年版,第233-234页。然而,有意思的是,原书中作者并未将意思表示不真实或者意思与内在意志的不一致称为意思表示瑕疵,原书中仅仅直接给出了德国民法典下意思表示瑕疵的类型。

⑥ 《〈中华人民共和国民法总则〉条文理解与适用(下)》,人民法院出版社2017年版,第960页。

⑦ 王利明主编:《〈中华人民共和国民法总则〉条文释义》,人民法院出版社2017年版,第321页(冉克平执笔)。李宇,第521页。

法对私法自治内容的控制,体现现代民法本身的要求,较好地处理了国家强制与私法自治的关系,经长期实践有其适用价值"⑧。持否定性意见者则认为该规则设置不当。"民法只须从反面规定法律行为效力瑕疵事由即可,无须从正面规定法律行为的有效要件。"⑨"真想表达的毋宁是,用来创设法律行为的意思表示并未发生意思瑕疵,这时可以确认,不会有意思瑕疵的介入,对法律行为的生效可按照通常流程进行。反而言之,如果出现意思瑕疵,则应当优先适用民总中的意思瑕疵规定。"⑩

（三）疑问

学界的理解会引发进一步的疑问。

首先,这里所说的意思表示瑕疵,究竟是指学理上的意思表示瑕疵——德国流之法律行为法所要介入的意思表示瑕疵,还是指我国现行法上法定的意思表示瑕疵? 之所以要发出这样的追问,是因为前后两者之间存在着一些差异。例如,《民法总则》就没有规定心中保留⑪和戏谑行为⑫。如果认为是前者,是否就意味着第143条授权法官可以超越《民法总则》的具体规定去发现戏谑行为或者心中保留? 如果认为应当限于法定的意思表示瑕疵,自然会产生疑问:作如此确认性规定的意义究竟何在? 此外,由于《民法通则》所规定的法定情形少于《民法总则》所规定的法定情形,那是否意味着在《民法总则》施行前后,对于意思表示不真实情形会有所不同? 我国法在意思表示瑕疵制度中没有规定戏谑行为,那么法官是否可以根据第143条演绎出来? 如果意思表示不真实限于意思与表示不一致,那么为何将意思表示不自由弃之不顾? 仅仅为意思与表示的不一致设置一般条款的正当性何在?

---

⑧　梁慧星:《读条文 学民法》,人民法院出版社 2014 年版,第 27 页。

⑨　李宇:《民法总则要义》,法律出版社 2017 年版,第 517 页。

⑩　龙卫球、刘保玉主编:《中华人民共和国民法总则释义与适用指导》,中国法制出版社 2017 年版,第 506 页(王崎执笔)。

⑪　有力说质疑心中保留制度的独立性,认为可以通过意思表示的规范性解释来应对。参见纪海龙:《真意保留与意思表示解释规则》,载《法律科学》2018 年第 3 期。

⑫　关于戏谑行为,有观点主张其不过是意思表示错误的一种。参见纪海龙:《走下神坛的"意思"——论意思表示与风险归责》,载《中外法学》2016 年第 3 期。

然而,上述疑问还不是最根本的。如果说"意思表示不真实=意思表示瑕疵"这个命题成立,则意味着对意思表示不真实之文义作大幅度的限缩解释。解释所产生的后果,已经远远超出了意思表示真实之规范的妥当性范围的划定本身,它直接导致了有关意思表示之原则与例外的颠倒。从该规范的语义上看,法律行为仅仅在意思表示真实之时方为有效,而学界的限缩解释却意味着,即便意思表示不真实,也仅在例外的情形——达到意思表示瑕疵的程度时,才会影响法律行为的效力。

如果唯有作颠倒原则与例外的解释,方能使得该规范维持正当性,那么该规范的正当性和必要性本身就相当令人怀疑了。不同于学界和判例从解释论角度维护该规范的立场,本文试图从根本上否定这一规范的合理性。以下,本文将分别从其在司法中的作用、法律效果、含义三个方面论证这样一个观点:意思表示真实是一则虚无缥缈的神话。

二、司法实践中的理解及其评价

要评价"意思表示真实"之教义的功罪,自然离不开法院对这一规范的理解和运用。

(一)司法实践中的运用

如前文所述,只要是涉及合同的纠纷,如果法院不打算否定合同的效力,都会在"本院认为"部分,以诸如"涉案合同系双方当事人真实意思表示,不违反法律法规的强制性规定,合法有效"之类的套话作为开场白。然而,这样的正面适用并不能帮助我们理解该教义的本质。唯有从对法院认定意思表示不真实之情形的处置,才有可能揭示出该教义的意涵以及可能存在的问题。

本文以"意思表示不真实""虚伪表示""心中保留""戏谑行为"以及《民法通则》第55条"分别作为关键词搜索到若干裁判文书。之所以将"虚伪表示""心中保留""戏谑行为"也作为关键词,是因为在《民法总则》施行前,我国法上并未正面规定过虚伪表示、心中保留和戏谑行为这三种意思表示的瑕疵类型。透过法院应对这几类意思表示瑕疵的手法,可以发现意思表示真实之规范在司法实践中实际发挥的作用。

从所搜集的裁判文书看,存在大量针对虚伪表示作出意思表示无效的裁判文书,而认定戏谑行为的裁判文书仅检索到一件。

1. 以意思表示不真实为理由的裁判例

针对某借名购房中发生的纠纷,法院认为:"由于涉案房产系雷某志和京某旅业借用谭某兴名义购买,谭某兴并无购买涉案房产的真实意思,谭某兴与海某王公司签订的房屋买卖合同因当事人的意思表示不真实而非合法有效。"该裁判例依据的实定法是《民法通则》第55条。⑬ 尽管对于借名行为,真正能够站得住脚的理由却是不动产买卖合同的法律效果不归属于被借名人,而不是似是而非的意思表示不真实,但从裁判理由看,这里意思表示真实的规范发挥了一般条款的作用。

2. 关于虚伪表示的裁判例

依裁判的实定法依据为何,可以将涉及虚伪表示的裁判例分为如下两种类型。

(1)依意思表示真实规范的类型

有的裁判例援引《民法通则》第55条认定意思表示无效:"双方在签订本案所涉股权转让协议时所作意思表示构成虚伪表示。根据《民法通则》第55条的规定,本案所涉股权转让协议因缺乏真实意思表示而应认定为无效"⑭;"案涉票据活动是各方通谋虚伪行为,所涉相关民事行为应属无效,民某银行南昌分行依法不享有票据权利;本案应按虚假意思表示所隐藏的真实法律关系处理。……根据《中华人民共和国民法通则》第五十五条规定及2017年10月1日起施行的《中华人民共和国民法总则》第一百四十六条规定,民事法律行为应当意思表示真实,行为人与相对人以虚假的意思表示实施的民事法律行为无效"⑮;

---

⑬ 谭某兴与雷某志等房屋确权纠纷案,深圳市中级人民法院(2007)深中法民五初字第209号民事判决(【法宝引证码】CLI. C. 1801033)。

⑭ 石某春等与新疆盈某投资集团有限公司等股权转让纠纷上诉案,最高人民法院(2013)民二终字第40号民事判决(【法宝引证码】CLI. C. 2227487)。

⑮ 中国民某银行股份有限公司南昌分行等与江西省地方某色金属材料有限公司等票据追索权纠纷上诉案,中华人民共和国最高人民法院(2017)最高法民终41号民事判决(【法宝引证码】CLI. C. 10790461)。

"双方在签订本案所涉股权转让协议时所作意思表示构成虚伪表示。根据《民法通则》第55条的规定,本案所涉股权转让协议因缺乏真实意思表示而应认定为无效"⑯。

在此,意思表示真实的规范发挥了一般条款的作用,以应对意思表示瑕疵之制度的供给不足。

(2)依民法理论的类型

也有的裁判例绕过了意思表示真实的规范,直接以民法理论作为裁判依据。例如,"因日某港运销部、山西焦某公司、肇某公司之间所签订的《煤炭购销合同》均欠缺真实的买卖意思表示,属于当事人共同而为的虚伪意思表示,故均应认定为无效"⑰;"根据民法基本原理,双方当事人通谋所为的虚伪意思表示,在当事人之间发生绝对无效的法律后果"⑱。

尽管我国法从未正式承认过法理可以作为法源,但至少我们可以发现,有些裁判有意或者无意地忽略了《民法通则》第55条的存在。

3. 关于心中保留的裁判例

关于心中保留,与虚伪表示的情形相同,存在两种不同的做法。

(1)依意思表示真实规范的类型

一种以《民法通则》第55条作为实定法的依据,例如,"被告古某双在运输合同上同意签署本人姓名的行为与其真实意思并不相符,构成了单独虚伪表示,且其真实意思已对原告明示且取得了原告的配合,因此,其委托被告古某在运输合同上承运人处签署姓名的行为,不能产生相应的法律效力,该份运输合同对被告古某双并无合同约束力,其并非本案运输合同的承运人,原告依据该份运输合同对被告古某双所提起

---

⑯ 石某春等与新疆盈某投资集团有限公司等股权转让纠纷上诉案,最高人民法院(2013)民二终字第40号民事判决(【法宝引证码】CLI. C. 2227487)。

⑰ 日某港集团有限公司煤炭运销部与山西焦某公司集团国际发展股份有限公司借款合同纠纷案,最高人民法院(2015)民提字第74号判决。

⑱ 珠海华某银行股份有限公司等诉江西省电某燃料有限公司合同纠纷再审案,最高人民法院(2017)最高法民再164号民事判决(【法宝引证码】CLI. C. 10781839)。将虚伪表示之法律行为认定为绝对无效的立场,似不正确。只要不涉及公共秩序,都应解释为相对无效。

的违约债权请求权,没有相应的请求权基础,本院依法不予支持"⑲。

(2)依民法理论的类型

另一种类型则直接以法理作为依据,例如:"该案中被告栾某在借款合同、抵押合同中的意思表示属于民法理论中的'真意保留'行为。所谓真意保留,又称心中保留或单独虚伪表示,指表意人故意隐瞒其内心的真实意思,而表示与其真意不同之意思的意思表示。该案中银行并不知晓栾某的真实想法,且其亦未向银行做明确的真意表示。从保护交易安全和信赖保护的法理出发,亦应当认定该案中借款合同有效。"⑳

4. 关于戏谑行为的裁判例

笔者仅搜索到一份关于戏谑行为的判决,该判决认为:"即使短信号码发送人系案外人王某来,但自短信内容而言,属于意思保留的戏谑行为,换言之,此承诺内容不具备法律上的约束力。"㉑

(二)简单的分析

从上述裁判例的简单梳理可以看出,针对在案件出现的不属于《民法通则》所规定的意思表示瑕疵类型,有的裁判例以法理作为依据,直接无视《民法通则》第 55 条的存在,也有的裁判例在按照学理将其作具体定性(例如,定性为虚伪表示)的基础上,仍然以《民法通则》第 55 条作为实定法依据。这就意味着意思表示真实规范有时的确在发挥着一

---

⑲ 沈阳吉某原物流有限公司诉古某双等运输合同纠纷案,沈阳市于洪区人民法院(2013)于民三初字第 01752 号民事判决书(【法宝引证码】CLI. C. 5622704)。

⑳ 某甲银行股份有限公司武汉省直支行诉栾某等借款合同纠纷案,湖北省武汉市武昌区人民法院(2013)鄂武昌民商初字第 00127 号民事判决书(【法宝引证码】CLI. C. 6614319)。此外,在张某成与伍某抵押合同纠纷上诉,一审苏州市吴江区人民法院(2003)吴民一初字第 1089 号,二审(2004)苏州市中级人民法院(2004)苏中民一终字第 568 号的评析中,包括一审主审法官在内的法官认为,此案中的出具承诺书的行为属于心中保留,因我国法无明文规定,故应当依据法理判断承诺书的效力。参见高为民、金美珍、陈静英:《案例研究 利害关系人代位清偿后追偿权的正确行使》,载《人民司法》2008 年第 6 期。

㉑ 绍兴经济开发区兴某物资有限公司诉山西能某产业集团物资有限公司买卖合同纠纷案,浙江省绍兴市越城区人民法院(2009)绍越商初字第 199 号民事判决(【法宝引证码】CLI. C. 1624502)。

般条款的作用，但有时则完全被忽视。不过，法院即便突破了法定的意思表示瑕疵类型，也基本遵循了民法理论上的意思表示瑕疵制度。从这一点来看，意思表示真实的规范至多也只发挥了限制性的一般条款作用。

如此限定性的理解虽然可以确保我国的法律行为法不至于偏离德国流法律行为法的轨道，但却也过分脱离了"意思表示（不）真实"的文义。需要注意的是，民法在作为裁判规范发挥作用的同时，也作为行为规范指引着市民的行为。未接受过民法学训练的普通市民看到《民法总则》第143条时，估计不会有专业法律人那样的认知。如此一来，司法裁判不得不面对如何说服民众的现实难题。

实际上，意思表示真实规范作为法律行为有效性的一般条款，无论在法律效果上还是在意思表示（不）真实之内涵上，都存在严重的问题。

三、意思表示不真实的法律效果

（一）学术共同体所理解的有效性

按照民法学的一般理解，法律行为的效力问题被区分为成立、生效和有效性三个阶段。

所谓成立，"指的应该是一个法律行为可以为效力判断最基础的部分"[22]。对于单方法律行为，意思表示一经生效，则法律行为成立；对于契约，两个相反的意思表示合致，则契约成立；而对于多方法律行为，超过法定数量的多个内容相同的意思表示生效，则该法律行为成立。如果属于要式法律行为，还需要满足特定的形式要求，法律行为才成立。

至于法律行为的生效，一般而言，法律行为一经成立便发生效力，除非该法律行为附了停止条件或者附了生效期限。

法律行为的有效性，则是从法律秩序的角度对法律行为效力所作的审视。这里的法律秩序，要么是契约正义（给付均衡），要么是公共秩序。

（二）意思表示真实之规范中的有效性

《民法通则》第55条和《民法总则》第143条将行为能力、意思表示

㉒　苏永钦：《私法自治中的国家强制》，载《中外法学》2001年第1期，第99页。

真实和不违反法律法规的强制性规定并列作为法律行为有效的要件。仅就不违反法律法规的强制性规定这一点看，这里的有效性似乎与学界的一般理解一致。而欠缺行为能力的效果问题和意思表示不真实的效果，显然需要另作解释。[23]

意思表示真实之规范所言之"有效性"，显然不同于上文之"有效性"。首先，若按照学界目前的理解将意思表示不真实直接限定为意思表示的瑕疵，这里"有效性"的真实含义，应该是指意思表示的效力，而非法律行为的效力。由于立法技术上的不足，关于意思表示瑕疵的规则在我国一直被设计成了法律行为瑕疵的规则，无效或者可撤销的对象被规定为了法律行为，而不是意思表示。其次，在最终的效果上，欠缺"有效性"要件的效果，并非无效这一唯一的效果，而是包括了可撤销（针对错误、欺诈和胁迫）。即便无效，意思表示不真实（通谋虚伪表示、心中保留和戏谑行为）导致的无效应当解释为相对无效，唯经主张权人主张，法院才可认定意思表示无效，而违反强制性规定的无效，当属于绝对无效。若再考虑到限制行为能力人所为之法律行为的效果为效力待定，便可知，意思表示真实之规范在法律效果上的表述——"有效性"，不仅与法律共同体约定俗成的理解不相一致，而且在内涵上也不具有唯一的确定性。《民法通则》第55条和《民法总则》第143条这样的大一统规范，在法律效果上也无法给法律适用者以正确的指引。

四、意思表示真实的含义

（一）意思表示瑕疵制度的门槛

即便是具有固定内涵的意思表示瑕疵制度，也分别有各自的要件。若要件不满足，即便意思表示不那么真实，意思表示的效力也不会受到挑战。

1. 心中保留

从上文的介绍可知，尽管在《民法总则》施行前，我国法上没有针对

---

[23] 关于限制行为能力人所为之法律行为的效力问题，《民法通则》采取的是无效的立场（《民法通则》第58条），但自合同法颁行起，立场已经变为效力待定（《合同法》第47条，《民法总则》第145条）。

心中保留的规则,但无论是学理上还是司法实践均承认心中保留属于标准的意思表示瑕疵类型。但恰恰是心中保留这种意思表示不真实,意思表示也仅仅在相对人明知的情形才归于无效。这似乎不大符合意思表示真实的教义。

2. 错误

而关于错误,"意思表示不真实=法律行为欠缺有效性"的公式依然不能百分之一百的成立。

从常理上判断,在发生动机错误的情形,尽管表意人的表示行为与其效果意思一致,但毕竟与其更深层的意志不一致。然而,围绕着动机发生错误的意思表示是否允许撤销,历来存在着争议。按照有力说,在动机未表示出来且成为内容之一部分,则不允许撤销,那么这就意味着明明表示行为与表意人的内在意志或者内心真意不一致,但法律行为却有可能依然有效。意思表示真实的教义在此又一次遭遇挫折。

至于表示错误,上述等式依然不见得总是成立的。首先,按照有力说,也并非只要构成要素的错误就一定可以撤销,错误撤销还必须兼顾相对人的信赖。只有在相对人对于表意人的错误有认识可能性的情形,才可以撤销。[24] 其次,在表意人有重大过失的情形,表意人不可以撤销。

3. 欺诈

欺诈中主要的例外,是第三人欺诈。即便表意人受到欺诈,也并不是都能够获得救济的。针对第三人引起的欺诈,一般认为只有在相对人明知或者因重大过失不知的情形,表意人才可以撤销。

4. 胁迫

即便是对意思自由伤害最强烈的胁迫,也要求胁迫行为本身具有不法性。换言之,如果影响表意人决定自由的行为达不到超出社会通常观念的不法程度,不构成胁迫。

可见,即便是具有固定内涵的意思表示瑕疵制度,也有各自的要件,在要件不满足的情形,即便表意人的意思不真实,法律行为的效力

㉔　川島武宜『民法総則』(有斐閣 1965 年)289 頁,幾代通『民法総則』(青林書院,第 2 版,1984 年)273 頁。

也不会遭遇挑战。

（二）对缔约过程的不当干涉

针对不当干涉表意人意思决定自由的行为，传统的法律行为法预备了欺诈、胁迫和乘人之危（暴利行为）三种救济制度。但对表意人意思决定自由的干涉绝不止上述三种情形。例如，不当的劝诱、过失的误导等，对于这种程度的意思表示不真实，法律行为法采取了不干涉的立场。这显然也可以看作是对意思表示真实之教义的否定。

当然，对于意思表示过程中所受到的不当干涉，表意人于一定的情形可以通过缔约过失制度获得救济。当初德国判例法上所确立的缔约过失制度，就被定为确保实质的合同自由免受误导损害的救济手段。⑤可以说，缔约过失制度是德国法院对意思表示瑕疵制度之于合同自由的消极立场而为之法律续造。至少就我国法而言，尽管可以将缔约过失制度看作对意思表示真实之教义的一个积极回应，可在一定程度上弥补意思表示瑕疵制度所留下的巨大空白，但由于合同法将缔约过失责任限定为损害赔偿（《合同法》第42条），因此这种弥补并不涉及法律行为（契约）的效力。这样的效果与法律行为的"有效性"相隔千里之遥。

（三）消费者契约法的意义

在有消费者契约法的立法例中，为了应对消费者与经营者在交涉能力上的不对称，往往会设计一套独特的意思表示瑕疵制度，以降低传统民法上法律行为法的门槛。日本消费者契约法上就规定有误认（日本消费者契约法第4条第1款、第2款，相当于要件被缓和了的欺诈）、困惑（日本消费者契约法第4条第3款，相当于要件被缓和了的胁迫）两大类制度。如果意思表示真实的教义具有普世意义，通过立法创设误认和困惑制度的日本消费者契约法岂不成为多余？

（四）真实的程度

围绕意思表示真实之教义，无论是学界的讨论还是法院的理解，都

---

⑤ 【德】卡拉里斯：《债务合同法的变化——即债务合同法的"具体化"趋势》，张双根译，载《中外法学》2001年第1期。

暗含了一个前提:意思表示真实与否的问题,答案仅有是与非两种。然而,真实情况却是,表示行为对表意人内在意志或者内心真意的反应在更多的情形,其实是一个程度的问题。

例如,错误撤销的前提,是表意人就意思表示的要素发生了错误,即发生了重大误解。这就意味着,如果发生的是非要素错误,或者说非重大的误解,则意思表示有效,表意人只能甘受这种意思表示不太真实的结果。

再如,对于通过格式条款方式订立的合同,很难说接受格式条款方的表示行为——承诺,与其内在意志或者内心真意完全一致。正因为如此,针对格式条款才会分别就条款的提示说明、解释和内容之正当性设计出特别的制度来(《合同法》第39-41条)。如果奉行意思表示真实的教义,格式条款这样一种交易形态就不可能得到法律秩序的认可。

(五)他律性成分的不可避免性

如果严格要求表示与内在意志或者内心真意的一致性,那么关于意思表示的解释就应当尽最大可能探究当事人的真意,即采取意思主义的解释立场。然而,在意思表示的解释问题上,意思主义始终受到表示主义的牵制。这是因为,对于需要受领的意思表示,意思自治和信赖保护这两个原理同时具有妥当性,均需要服从最优化的命令。

与此同时,由于受到有限理性以及交易成本的客观限制,在作意思表示时,表意人显然不可能将所有的事项事无巨细地全部表示出来,无可避免地需要通过任意规范、交易习惯对意思表示进行填补。任意规范只是对常态下标准人意思的推定,不见得就一定符合表意人的真意。任意规范之所以具有填补当事人意思的资格,除了因为它是标准人之意思的推定,更重要的是对非标准人的一种意思强制。既然人都是各种共同体的成员,就不得不在一定程度上服从他律。有时,甚至还会通过补充性解释直接矫正意思表示的内容。法官在解释法律行为时,未必需要无限地探究表意人的真意。从这个意义上看,意思自治,或者说法律行为的自由、契约自由,在本质上不过是一种制度性自由,意思在其中固然扮演重要的角色,但并非唯一。

五、结语

从上文的分析可知,意思表示真实的规范,绝不是对一个真理的重复,它从根本上颠倒了法律行为制度的真实图景。意思表示不那么真实,其实才是交易的常态、法律行为的实然。只有在法定的有限几种的情形,并且经过严格的要件筛选,法律秩序才会例外地否定意思表示的效力。"意思表示不真实=无效、可撤销"这样的命题,仅仅在例外的情形才成立。

意思表示真实之教义的荒谬在于,在原本是多个原理(例如,交易安全的原理、信赖原理、实质自由的原理、给付均衡的原理、归责原理等)与意思原理共同具有正当性,因相互间之紧张关系而不得不就彼此掣肘的法律行为领域,完全无视其他原理的制衡作用,独尊意思原理,将其教义化、神圣化。

在制定《民法通则》的当初,我国经济社会尚处于计划经济刚刚开始调整的时期。在那个时刻,《民法通则》第55条所确立的意思表示真实之规范,或许具有非凡的启蒙意义。然而,意思表示真实之规范经过大幅度的限缩解释后,其意义仍不过是对意思表示瑕疵制度的确认。可见,意思表示真实之规范的作用应当止步于启蒙。当下,我国的市场经济早已形成洋洋大观之势,法律行为法的制度、理论和实践日臻成熟。在这样的背景下,仍然以意思表示真实之规范统领法律行为法,不仅画蛇添足,而且容易误导民众。不可否认,民法规范首先是裁判规范,但同时也兼具行为规范的性质,会指引民众的行动。一般民众看到该规范,绝不会像专业的民法学者那样作颠覆性的解释。如此一来,法官势必要做额外的说服工作,徒增司法的成本。

可见,与其针对该规范作颠覆性的解释,倒不如从根本上否定其正当性,以便达到拨乱反正的功效。

未成年人利益最大化视角下的
监护与收养制度改革问题研究

白　纶[*]

目　次

一、引言

　　我国 2001 年的《婚姻法》是婚姻家庭法民事立法上的一个重大进步，但作为一个过渡性、阶段性的立法，也存在制度缺失、过于简化和操作性差等问题。其中，有关亲子关系的规范尤其不完备，既没有规定监

------

　　[*]　作者：云南大学法学院副教授。

护制度,也没有规定收养制度。目前我国正在制定民法典,借此机会迎来了婚姻法进一步改革的重大契机。新的立法应该更具科学性、前瞻性和可操作性,以更为精细的条文和规则,充分体现家庭观念的变迁和儿童保护制度的当代发展。为此,新的立法不应当仅仅是对过去《婚姻法》《收养法》的简单整合,而应当在进一步完善婚姻家庭法的基础上,将收养制度有机地、符合逻辑地整合到婚姻家庭编中。而这一整合过程应尤其重视监护与收养之间理念、制度和规则的衔接关系。

二、我国作为民事主体制度的"大监护"制度

在未成年人照顾问题上,欧洲大陆法系的民法传统严格区分亲权和监护。亲权系父母基于其亲属身份,对未成年子女以教养和保护为目的的权利义务的集合。而监护所针对的主要是不在亲权之下的未成年人、行为能力欠缺者或禁治产人人身和财产的保护。1986年的《民法通则》改变了大陆法区分亲权和监护的传统,采用了广义上的大监护的概念,未针对父母对未成年子女的亲权(父母照顾)作专门规定,而是将亲权所涉及的问题放入了监护制度之下。此外,受原苏联民事立法的影响,《民法通则》将监护规定在主体制度之下,而并未将其归入婚姻家庭法。这表明立法者更倾向于将监护理解为一种补足自然人行为能力之欠缺的主体制度,而刻意淡化了监护制度的家庭法属性。《民法通则》颁布后,随着我国家庭法研究的深入,学者们承认监护制度功能的实现在根本上还是依托于亲属身份关系,与传统上的亲权制度有极深的关联,因此很多学者认为应当区分父母照顾与其他监护,并应在婚姻家庭法中对父母照顾和监护分别作出规定。

在制定《民法总则》的过程中,学者们针对父母照顾和监护问题形成了不同的观点:第一种观点认为,应当区分父母照顾和其他人对未成年人的监护,在总则中只规定对未成年人的监护;第二种观点认为,应区分父母照顾和父母照顾之外的监护,总则部分只规定父母照顾之外的监护;第三种观点认为,不应区分父母照顾和监护,仍应采用大监护概念,并统一规定在总则中。最终,2017年的《民法总则》采用了第三

种观点,仍不加区分地将父母照顾和脱离父母照顾的未成年人监护统一放入了一个大的监护概念,规定在总则部分。在此基础上,总则所规定的监护制度整合了《未成年人保护法》《老年人权益保障法》《婚姻家庭法》有关监护制度的内容,并且一定程度吸收了近年来未成年人和老年人保护的成果,法律规则更为详细,可操作性更强,相比《民法通则》还是有较大进步的。

但这一立法模式确实存在两个比较大的争议:其一,到底是否还应该在婚姻家庭编中规定监护制度;其二,是否有必要在监护制度之下进一步区分父母照顾和脱离父母照顾的未成年人监护。

三、监护制度的法律属性:主体制度 vs 家庭制度

民法典的编纂,要按照一定的逻辑结构,将成百上千的规则分门别类地安排在一起,用以调整纷繁芜杂的民事生活。监护制度与未成年人等行为能力欠缺者的保护相关,虽然以主体制度为出发点,但却和各种民法制度相互衔接、相互影响,如法律行为(合同)、亲子关系、代理、民事责任等。其中,与监护制度关联最深的制度包括:民事主体能力制度和家庭制度。因此,欧陆大部分国家均在家庭法中规定监护制度,但也有部分国家在总则主体能力部分规定监护制度。

从20世纪90年代开始,我国学者就开始呼吁将来的立法要对监护和亲权(父母照顾)作出区分。近年来未成年人保护制度的迅猛发展,更是加深了改革监护制度的迫切需求。《民法总则》的监护制度改革虽然是一个进步,但却未能对《民法通则》所确立的监护制度的整体结构作出实质性的革新,这激起了民法学界深入变革婚姻家庭法的强烈愿望。学者们的一个争议就是:到底应不应该把监护放在民法总则部分来规定。例如,梁慧星教授就主张让监护制度回归婚姻家庭法。客观来说,将监护制度放在民法总则还是婚姻家庭法编,更多是个立法技术问题,两种做法各有其优势。

在婚姻家庭编中规定监护制度,更符合监护制度发展的历史传统和逻辑,而且也有利于监护制度与婚姻家庭法其他制度之间的相互衔接。一方面,无论在理念和制度上对传统作出怎样重大的革新,家庭仍

然是照顾和保护未成年人的核心,包含父母照顾在内的大监护制度的设计仍然要以父母子女间的自然亲情为基础,也要重视子女在成长过程中原生家庭的重要作用,因此必须尊重家庭的价值,保障充分的家庭自治,并把国家的干预限制在必要与合理的限度之内。与此相对应,对脱离父母照顾的未成年人的监护只是父母照顾在法律制度上的延伸和扩展。因此,脱离婚姻家庭制度和家庭关系状况的社会现实,单从法律主体的自治能力角度是不可能构建有效的监护制度的。这是在婚姻家庭法之下规定监护制度的一个重要理由。此外,在家庭法的体系中,与亲子关系相关的收养制度、寄养制度等都和监护有密切关系,在同一体系下规定监护制度,更有利于婚姻家庭制度内部的和谐与统一。

但是,将监护视为亲权及亲权的延伸,仅从婚姻家庭法角度来理解未成年人监护,是有很大缺陷的。传统的未成年人保护虽然以家庭为核心,体现的主要是家庭职能,但不可忽略的是:未成年人保护关系到个体的社会化过程,影响小到一个家庭或家族、大到整个国家乃至人类整体的延续,因此未成年人监护首先是国家的一项职责。现代国家承担着保护未成年人基本权利的重要责任,只不过这一责任在很大程度上是通过家庭来完成的。某种意义上,家庭或其他监护人只不过是国家监护义务和责任的具体实施者。因此,国家的监护责任才是监护制度最根本的基础。由于国家机构自身的结构以及国家权力运作的单向性特征,国家监护责任的履行往往需要借助社会和家庭的力量,尤其在当代的未成年人监护制度的实践中,从事未成年人保护事业的社会工作者,以及形形色色的社会机构发挥着国家无法替代的重要作用。因此,未成年人监护不单是国家的责任,也是社会的责任。有关儿童的当代法律,除了体现儿童与家庭的关系外,也永远包括国家与家庭的关系。为此,我国学者提出了监护制度公法化的观点,认为监护制度的法律基础不应局限于私法(更不用说婚姻家庭法),而应该具有更为显著的公法属性。据此,将监护制度局限于婚姻家庭法,可能是一种过时而又狭隘的做法。当然,这并不排斥在其他法律领域规定与国家监护相关的内容的同时,也在婚姻家庭法中规定与监护相关的内容。

在民法典总则部分规定监护制度最大的优点是:有利于针对未成年人保护建立超出传统家庭范畴的、更为完整的法律保护体系。1986年的《民法通则》已经规定了机构监护制度,在法定监护人缺失的情况下,可以由居民委员会、村民委员会或民政部门等机构担任监护人。《民法总则》则进一步明确了国家民政部门的监护责任,规定没有依法具有监护资格的人的,监护人由民政部门担任,也可以由具备履行监护职责条件的被监护人住所地的居民委员会、村民委员会担任。相关规定尽管不够完善,操作性较差,但在立法层面上为我国未成年人国家监护和社会监护制度的发展奠定了基础,有利于将来在监护制度的改革过程中,突破未成年人监护过度依赖家庭的传统模式,建立国家兜底、社会和市场共同参与的未成年人保护制度。但遗憾的是,《民法总则》并没有充分规定国家在监护制度中应当承担的职责,对于国家权力究竟应该在哪些方面以及应当如何介入未成年人的家庭监护,还有待新的立法予以明确。如果国家监护和社会监护不能在改革后的监护制度中有充分体现,就无法充分体现在总则中规定监护制度的意义。

如果同时在民法典总则编和婚姻家庭编中规定监护制度,那么婚姻家庭编中的监护应该主要集中在父母照顾和家庭监护上,而将国家监护与社会监护放在总则部分。但这一设计要求在立法和学理上区分两种不同的监护:婚姻家庭编中的监护体现的更多的是家庭的职能,而总则中的监护体现得更多的应该是与监护制度相衔接的法定代理人制度以及国家的监护职责,并为监护制度的公法化留下必要的接口。

有学者指出,我国宜采用大监护概念,且将监护从婚姻家庭法中分离出来,体现了我国当代的监护理念有意识地消除监护的宗法血缘家长制传统,体现了监护制度社会化的发展方向。这当然是学者一种理想的期待。但实际上,从我国监护制度的设计来看,我们仍然在相当程度上保留了宗法血缘家长制的社会传统。例如:

《民法总则》有关监护人资格的规定①，优先让未成年人有监护能力的近亲属无偿承担监护这一费时费力费钱的重大责任。尤其值得注意的是，法律并没有明确规定什么情况下构成"有监护能力"。按照《民通意见》第11条的规定，"认定监护人监护能力，应当根据监护人的身体健康状况、经济条件，以及与被监护人在生活上的联系状况等因素确定"。该司法解释对监护能力的界定十分模糊，而且并没有明确被监护人利益最大化原则，也未区分对父母与第三人监护能力的判断。从反面来看，根据《民法总则》第36条及《关于依法处理监护人侵害未成年人权益行为若干问题的意见》的规定，存在七种特定情形时，法院可剥夺监护人监护权。② 如果将父母没有监护能力和其他人有监护能力作出同一解释，那么可以认为现行法认为只要没有上述七种情况，均可认为有监护能力。③。

《日本民法典》第840条第3款明确规定："选任未成年监护人时，

①　《民法总则》第27条规定：父母是未成年子女的监护人。未成年人的父母已经死亡或者没有监护能力的，由下列有监护能力的人按顺序担任监护人：（1）祖父母、外祖父母；（2）兄、姐；（3）其他愿意担任监护人的个人或者组织，但是须经未成年人住所地的居民委员会、村民委员会或者民政部门同意。第32条规定：没有依法具有监护资格的人的，监护人由民政部门担任，也可以由具备履行监护职责条件的被监护人住所地的居民委员会、村民委员会担任。

②　七种情形包括：（1）性侵害、出卖、遗弃、虐待、暴力伤害未成年人，严重损害未成年人身心健康的；（2）将未成年人置于无人监管和照看的状态，导致未成年人面临死亡或者严重伤害危险，经教育不改的；（3）拒不履行监护职责长达六个月，导致未成年人流离失所或者生活无着的；（4）有吸毒、赌博、长期酗酒等恶习无法正确履行监护职责或者因服刑等原因无法履行监护职责，且拒绝将监护职责部分或者全部委托给他人，致使未成年人处于困境或者危险状态的；（5）胁迫、诱骗、利用未成年人乞讨，经公安机关和未成年人救助保护机构等部门三次以上批评教育拒不改正，严重影响未成年人正常生活和学习的；（6）教唆、利用未成年人实施违法犯罪行为，情节恶劣的；（7）有其他严重侵害未成年人合法权益行为的。

③　按理来说，剥夺（父母）监护权与确认监护人资格的标准应该有所区别。这既是出于对原生家庭的保护，也是对业已形成的稳定的社会生活关系的保护。据此，不能认为只要不存在可以剥夺监护权的情形的，就可认为具备监护人资格。确认监护人资格，还是要以未成年人利益最大化为标准。我国《家庭寄养管理办法》就对确认寄养人资格与解除寄养关系的法定条件作出了不同的规定，值得赞同。

应考虑未成年被监护人之年龄、身心状况以及生活及财产状况、成为未成年监护人者之职业及经历以及与未成年被监护人间利害关系之有无（成为未成年监护人者为法人时其营业种类及内容以及其法人及其代表人与未成年被监护人间利害关系之有无）、未成年被监护人之意见及一切情事。"《德国民法典》规定,在选择监护人时,首先要考虑被监护人的父母在遗嘱中指定的监护人。否则法院应按照适宜原则选择监护人。在选择时应考虑的因素包括:父母的意愿、被监护人的个人联系、和被监护人的血缘关系或姻亲关系、被监护人的宗教信仰等。父母在遗嘱中排除的人不能被选任为监护人。监护人应当具有执行监护所必要的知识和适当的投入。在无法找到适当的人担任监护人时,可以任命青少年局为监护人。此外,如果不符合被监护人最佳利益时,则不应被选任为监护人。上述国家立法均强调未成年人利益的保护,并力图实现父母利益和未成年人保护之间的平衡。

与日本、德国的法律相比较,可以发现中国法在制度设计时,并未特别重视未成年人近亲属是否有足够的知识和经济能力完成监护责任,也不特别重视让近亲属监护是否真的符合未成年人利益最大化的原则,考虑得更多的是与未成年人的血缘关系以及监护人的主观过错因素。实践中,往往只有在没有可以承担监护责任的近亲属时,才会设立国家监护或机构监护。一定程度上,中国的监护制度仍然是以血缘和对过错行为的惩罚为核心建立的,而不是以未成年人保护为核心。制度设计的出发点不是儿童利益最大化,而是以血缘制的家长权为核心解决未成年人监护问题。此外,这一制度设计也有国家财政上的考量,因为由近亲属等个人承担监护责任的,国家并不对其给予必要的补偿,监护责任的承担完全是无偿的。这样的制度设计,在很大程度上排除了国家的监护责任以及国家对困难家庭进行必要帮助和扶持的责任。

梅仲协先生早在1943年就对中国监护制度有如下评价:"监护制度为个人之私事,国家不加干涉,乃我国民法之短处。按儿童为民族将来命脉之所系,心神丧失或精神耗弱不能处理事务者,亦为社会之损失。被以个人主义、自由主义为骨干之法国民法,视监护制度为人民之私事,一任个人之任意处置、固不足责,乃中国以民族主义为立国之本者,而亦以监护事宜,委诸个人或亲属会议之自由措施,殊所不解。"陈惠馨教授亦认为:"民法所规定之未成年人之监护制度,由于建立在过去传统社会中家族及亲属关系密切的社会基础上,因此将监护监督机关均委由与受监护人有密切关系之亲属或亲属会议来执行或监督。这样的制度来保护传统社会中未受亲权保护之未成年人或许绰绰有余,但是在现代社会中,人际关系日渐淡薄,亲属间不再如传统社会般同财共居或密切往来之情况下,仍将监护制度赋予家族及亲属制度之下,任凭其任意自由措施,不以公权力介入监督始有问题。"同一评论,当可用于评价我国大陆地区现行之监护制度。

综上,我们可以看到我国现行监护制度立法在基本理念和制度定位上的逻辑混乱。一方面,制度设计明显保留有宗法血缘家长制特征,基本上是以血缘亲属关系和家长过错为核心构建监护制度,对国家或机构监护只是略有涉及,对国家在监护制度中的责任规定既简单又不全面;另一方面则刻意淡化监护制度与婚姻家庭法的体系关联。这不能不说是现行立法的一大缺陷。值得注意的是,民政部颁布施行的《家庭寄养管理办法》,对寄养的条件、程序、寄养家庭的职责以及国家的监督责任等都作出了较为完善的规定,在理念和立法技术上均优于《民法总则》的监护制度。④ 其原因可能是因为家庭寄养是国家监护的一种实践方式,此时国家已经无法回避其对困境儿童的照管责任,寄养制度也

---

④ 例如,《家庭寄养管理办法》十分详尽地规定了寄养人的条件:(1)有儿童福利机构所在地的常住户口和固定住所。寄养儿童入住后,人均居住面积不低于当地人均居住水平;(2)有稳定的经济收入,家庭成员人均收入在当地处于中等水平以上;(3)家庭成员未患有传染病或者精神疾病,以及其他不利于寄养儿童抚育、成长的疾病;(4)家庭成员无犯罪记录,无不良生活嗜好,关系和睦,与邻里关系融洽;(5)主要照料人的年龄在三十周岁以上六十五周岁以下,身体健康,具有照料儿童的能力、经验,初中以上文化程度。具有社会工作、医疗康复、心理健康、文化教育等专业知识的家庭和自愿无偿奉献爱心的家庭,同等条件下优先考虑。此外,每个寄养家庭寄养儿童的人数不得超过二人,且该家庭无未满六周岁的儿童;寄养残疾儿童,应当优先在具备医疗、特殊教育、康复训练条件的社区中为其选择寄养家庭;寄养年满十周岁以上儿童的,应当征得寄养儿童的同意。以上规定较好地保护了未成年被监护人的利益。

真正较为彻底地脱离了宗法血缘家长制传统。我们完全可以以《家庭寄养管理办法》为参照，进一步完善我国的监护制度，尽力消除监护的宗法血缘家长制因素，强化国家责任，保护未成年人利益。

四、父母照顾与监护

我国民法为未成年人保护设置了两种不同的制度：一是监护，二是收养。两种制度都涉及三方主体间的法律关系：原生家庭父母、未成年人和第三方监护人（或收养家庭父母）。法律制度的设计需要在三方利益间寻求平衡。我国《民法总则》在监护制度的设计上确立了未成年人利益最大化和尊重未成年人意愿的基本原则，这意味着在三方利益无法协调一致的情况下，应优先保护未成年人利益，而在判断未成年人利益是否最大化时，则仍然奉行意思自治原则，尊重未成年人真实意愿。

优先保护未成年人利益，并不否定原生家庭父母的权利也需要得到保护；尤其考虑到未成年人和原生家庭之间的血缘关系和自然亲情，对原生家庭的保护与未成年人保护是密不可分的。《儿童权利公约》明确规定缔约国应确保不违背儿童父母的意愿使儿童与父母分离，除非主管当局按照适用的法律和程序，经法院审查，判定这样的分离符合儿童的最大利益而确有必要。当代儿童保护制度设计也都十分强调对家庭的扶持和帮助，不轻易剥夺原生父母的监护权或亲权。从国家干预的角度，对原生家庭的父母，国家推定他们会合理照顾未成年人利益，所以基本采取不干预主义，只有在出现严重侵害未成年利益的极端情况时，国家才有必要介入。可见，原生父母的法律地位不同于父母之外的监护人（尤其是非亲属关系的监护人），不仅受监护制度调整，也受有关亲子关系和保护家庭的法律的调整。《儿童权利公约》在儿童保护问题上采用的是一种新的方法：既不是用孩子的权利替代亲权，也不是对抗亲权，而是把儿童权利纳入了人权的视角。保护孩子的人权，就是把孩子视为成人一样的主体进行保护。这个义务不仅是家庭的，也是国家和所有人的。目标不仅是儿童保护，还是创造一个对成人而言也更美好的世界。可见，如果孤立地对待对未成年人利益的保护，认为对儿童权利的保护的逻辑就是对不尽责的父母进行惩罚，这样的制度将会实质性损害儿童权益,危害家庭的价值。

非父母的监护人以及其他承担实际监护职能的主体构成未成年人保护的第三方主体,这一主体的构成较为多元化,包括未成年人的亲属或其他愿意承担监护责任的个人,特定机构(如村委会、居委会)、作为国家代表的民政机构,以及实际承担监护职责的福利机构或第三方寄养家庭。这一方主体参与到未成年人的监护活动中,其职权的行使理应受到法律更严格的监督和限制,同时因其监护他人之子女需要耗费大量的人力和物力,其经济利益也应得到应有的补偿。

按照以上分析,完整的监护制度,应该能够有效区分和识别上述三方主体的利益,关注三方利益的一致性和冲突,以灵活的制度安排协调相互冲突又密切关联的利益。因此,明确区分原生父母的权利和一般意义上的监护权,可以说是监护制度的重要基础。我国采用的大监护概念完全不区分父母照顾和对脱离父母照顾的未成年人的监护,忽视了对亲子关系的特殊保护。这不仅导致无法确定丧失监护权的父母的法律地位,而且导致监护制度和收养制度的混淆和混乱。

五、监护制度与收养制度的衔接

监护和收养都是在未成年人脱离原生父母照顾时,对未成年人进行保护的重要制度,因此二者都以未成年人利益最大化、尊重未成年人本人意愿为根本原则。二者的区别主要在于:收养从法律上完全解除被收养人与原生父母间的父母子女关系,在收养人与被收养人之间建立新的父母子女关系——这一法律关系的变动意味着收养具有监护所没有的稳定性和长期性,但也可能对未成年人造成难以避免的心理伤害。相比之下,监护并不实质性切断未成年人与原生家庭的联系,丧失监护权的父母仍然可以与子女相互联系,当父母恢复监护能力时,仍然可以申请恢复监护权。与收养相比,监护更像是一种保护未成年人的临时性措施,它不像收养关系那么稳定,但也没有让未成年人完全脱离原生家庭。

只有明确收养与监护的上述区别,在制度设计上才能保证二者的合理衔接:对于没有必要完全脱离原生家庭的未成年人,通过监护制度予以保护,其代价是监护关系/寄养关系的不稳定性;而对于不得不完全脱离原生家庭的未成年人才适用收养制度,这时虽然可能产生难以避免的伤害,但同时也让未成年人获得稳定的生活关系。前者剥夺的是原生父母的监护权,而后者则完全剥夺原生家庭父母的亲属身份。可见,如果法律不区分父母照顾和监护,不明确父母子女关系与监护关系的差异,就难以从功能角度对监护和收养制度作出有效的区分。一个对监护关系和亲子关系的区别含混不清的未成年人保护法律体系,其效力一定会大打折扣。

从收养制度来看,收养涉及以下六大方面的要素。

(一)收养条件:收养当事人的同意

我国《收养法》和《婚姻家庭编草案(二审稿)》(以下简称新法草案)对收养的条件是这样规定的:(1)从被收养人角度,限定为孤儿、查找不到生父母的未成年人以及生父母有特殊困难无力抚养的子女。但实际上无法得到父母妥善照顾的未成年人远远超过这个范围。笔者认为,所有困境儿童在有必要为其建立稳定的家庭关系时,都应该适用收养制度。(2)从送养人角度,法律规定只有孤儿的监护人、儿童福利机构与有特殊困难无力抚养子女的生父母才有资格送养未成年人。这一规定同样使大量困境儿童得不到收养制度的救济。此外,《收养法》和新法草案原则上禁止原生父母按自己意愿送养子女,除非收养的是三代以内同辈旁系血亲的子女(过继)。这虽然考虑到对传统伦理观念的维护,但既没有考虑到社会现实条件的巨大变化和传统宗法家族的解体,也没有考虑到原生家庭父母的自治和未成年人利益最大化。对送养人的限制并不是以未成年人利益保护为出发点,而是以限制父母的自治为出发点,其立法目的是将收养尽可能限制在宗法血缘家庭之内。这虽然在一定程度上限制了儿童脱离原生家庭的可能性,但却未对确实需要脱离原生家庭的未成年人得到他人收养留下余地。其他相关规则,如未成年人的父母均不具备完全民事行为能力的,该未成年人的监护人不得将其送养,但是父母对该未成年人有严重危害可能的除外的规则,尽管考虑到了对未成年父母的保护,但是忽略了被收养的未成年人有获得稳定的家庭关系的需求。显然,我国对被收养人和送养人资格的规定,完全无法与监护制度衔接:并非所有脱离了父母监护的未成年人都有资格被收养,这导致大量困境儿童丧失重新建立稳定家庭关系的机会。

从收养人角度,新法草案第 877 条规定收养人应当同时具备下列条件:(1)无子女或者只有一名子女;(2)有抚养、教育和保护被收养人的能力;(3)未患有在医学上认为不应当收养子女的疾病;(4)无不利于被收养人健康成长的违法犯罪记录;(5)年满三十周岁。对比《家庭寄养管理条例》对寄养人资格的要求,我们会发现现行法对寄养人作出了更为详尽、严格的要求,这会造成收养和寄养制度的不平衡发展。不仅如此,新法草案对收养程序的规定十分简陋,仅仅规定要在民政部门登记;相比之下,《家庭寄养管理条例》对寄养的申请、评估、审核、培训和签约都作出了较为详尽的规定,可以较为充分地维护未成年人的合法权益。在已经有了《家庭寄养管理条例》对寄养程序和条件等较为全面的规定的基础上,新法草案对收养程序的规定仍然停留在 20 多年前《收养法》的水准上,这是令人感到遗憾的。实际上,收养法的改革有很多内容都可以借鉴寄养制度。

按照德国法,收养首先是一个发生于原生父母、被收养人和收养人之间的三方合同关系。因此,收养的首要条件是三方当事人的同意。为保障被收养人能够良好地融入收养人家庭,西方各国的立法往往规定在收养合同签订后,还需要对收养家庭有一个必要的适应期,适应期届满,认为被收养人能良好地融入收养人家庭、建立父母子女关系的,才能由有关权力机构宣告收养关系成立。收养宣告程序是围绕对收养人申请的评估和审核来设计的。在收养合同订立到宣告收养关系成立之间,被收养人的原生父母将完全丧失孩子的抚养权,并在收养人和被收养人之间形成一种非常类似于寄养关系的照料关系,此时子女的监护权既不属于原生父母,也不属于收养人,而是由国家机构来承担。国家机构作为监护人,同时承担监督和评估收养人的职权。德国法的制度设计很好地衔接了监护制度和收养制度,可以保证未成年人在脱离父母照顾后,能在国家临时监护制度的框架下,经过一定的适应期,顺利地过渡到收养家庭。这样的制度设计值得我们借鉴。

与收养条件相关的一个十分重要的问题是各方当事人的同意。子女的同意常常被我国忽略,其实未成年人权益中理应包括其自治权。《儿童权利公约》主张将儿童保护纳入人权保护范畴,以保护成人的方法来保护儿童,其中尤其强调儿童的自治权利的保护。因此,收养关系的建立,理应得到被收养人的同意。在未成年人完全缺乏行为能力时,这一同意可以由其法定代理人进行;当儿童具备必要的行为能力或达到一定年龄后,就应该取得其本人的同意,而不能强制其与收养人建立父母子女关系。当事人同意问题上最复杂的是父母的同意,但由于我国《收养法》和新法草案均将收养限制于孤儿、查找不到父母的儿童以及有特殊困难无力抚养子女的生父母,父母的同意几乎成为一个不需要考虑的要素。相比较之下,德国和日本的法律对父母同意问题都作出了十分详细的规定,在确保父母的意愿不会构成对儿童利益保护的实质性障碍的基础上,最大限度平衡生父母的利益。如果我国将来的民法典能突破《收养法》对被收养人和送养人范围的不合理限制,则可借鉴德、日等国的立法,完善收养的同意相关规则。

(二)被收养未成年人利益最大化

被收养人利益最大化原则体现在收养制度的各个方面,在评估其利益时,应充分考虑其本人意愿。这是监护制度和收养制度相互衔接的理念基础。在对收养人资格进行评估时,应重点考虑设计具体、可操作的评估标准,以实现未成年人利益的最大化。这就要求在收养之前,无论是父母直接送养还是国家或机构送养,都要规定一个必要的适应期,并在适应期结束时对被收养人是否能够与收养人建立良好的父母子女关系进行评估。我国现行法既没有规定收养需要有一个适应期,也没有规定对被收养人适应状况的评估机制,只是针对收养人自身的资格和条件作了十分笼统的规定。似乎被收养人对收养家庭的适应性完全不需要考虑,潜在的逻辑就是:没爹没妈或被遗弃的孩子,有人要就不错了,难道还要挑肥拣瘦?这样的收养制度更像是国家为转移甚至摆脱自己的监护责任而为自己提供的一个退出机制。收养立法的粗糙与寄养制度立法的科学性形成鲜明对比,更突出地反映出我国法律对家庭关系保护的不足。当然,收养制度的设计不仅要有利于被收养人,还要有利于潜在的被收养人,应尽量扩大困境未成年人被收养的概率。但扩大收养概率不能以降低对收养人的要求为实现方式,相反,应该尽量消除阻碍收养的各种不合理障碍,如消除给予宗教、民族、文化、地区和国籍的歧视,鼓励跨种族和民族的收养,或加强对收养家庭的培训和国家扶持,帮助其为被收养人提供更好的家庭条件,以便其更好地适应新的家庭。

(三)收养的无偿性与非父母监护的有偿性

收养之所以必须是无偿的,一方面是为了防止儿童贩卖行为(因此原生父母不得索取报酬),另一方面也是因为收养所针对的父母子女关系具有强烈的人身属性,因收养而成为被收养人的父母的收养人理应对被收养人进行照顾,不能因其承担了父母责任而索取报酬,否则将严重损害父母子女之间的家庭伦理。

相比之下,非父母的监护人和被监护人之间却没有父母子女关系,从婚姻家庭法角度,未成年人非父母的近亲属本来并没有抚养未成年人的法定义务,仅仅因原生父母无法行使父母职责或照顾不当,就要让其近亲属来承担责任,实际上是扩大了现代家庭的外延,采取了"大家庭——家族"的概念,把父母和国家的责任转嫁到近亲属身上。这样的制度设计对近亲属监护人并不公允,尤其考虑到现代社会家族解体、亲属关系转为淡薄的趋势,固守宗族伦理已经完全无法与社会发展相适应。更何况监护人也有可能是与未成年人无任何血缘关系的第三人。显然,如果没有适当的经济补偿,承担对他人子女的监护责任会给监护人家庭造成巨大的经济负担,不利于监护人家庭和被监护人利益的保护。因此,有必要对监护人家庭给予必要的补偿,补偿的主体可以是父母,如果父母无力补偿,则国家应承担相应的经济补偿义务。否则会让监护人的权益处于严重失衡状态。新法草案虽然规定脱离父母监护的未成年人可以要求父母支付抚养费,但该规定更多的是对父母不承担监护责任的一种惩罚,而不是对监护人的一项补偿。否则,即使在父母死亡或缺乏经济能力时,监护人的报酬请求权仍然可向国家主张。可见,监护和收养在有偿或无偿性问题上的差异,根本上源自家庭伦理上对父母责任的要求。我国立法并不区分父母照管和第三人监护,而采取了大监护概念,不仅忽视了对原生家庭特殊保护的需要,也忽视了第三人担任监护人的报酬请求权。这一制度缺陷从技术角度来说源自父母照顾和监护的混同,在观念角度则仍然反映出排斥国家监护责任的态度,国家不愿意通过国家财政对非父母的监护人的付出作出合理的补偿。

(四)亲子关系的解除与重建

收养的第四个要素是终结被收养人与原生家庭的所有联系,与收养家庭建立父母子女间的一切关系。收养实践中往往要求用新的出生证替换原来的出生证,隐瞒孩子的身世,充分保障收养人作为父母的隐私权和自治,鼓励孩子在社交和心理上完全融入收养家庭。

但这一观念正在受到挑战。孩子融入收养家庭只是在法律关系上的一种想象——对于较年长的孩子、跨国或跨种族收养而言,实际上不可能抹杀孩子与原生家庭的关联。孩子不同的遗传因素不应作为差异而被忽略,而应作为独特性得到赞许,才更有利于孩子的成长。当代收养法中最被批判的观点就是将被收养的孩子视为一块白板,任由收养家庭塑造其人格。随着科学发展,人们认识到遗传与环境对人格的形成都有重要作用,因此关注的重点转移到对被收养人的理疗、社会、基因史,包括其出生前孕期受到的照顾。好的父母照管,依赖于对被收养人上述信息的获取。

换言之,建立法律上的父母子女关系,让孩子融入收养家庭,其实并不一定要隐瞒孩子的身世。从另一个角度来说,形成寄养关系的寄养家庭和被寄养未成年人之间也存在融入的问题,良好的融入虽然可以建立在隐瞒未成年人身世的基础上,但同样可以建立在尊重和鼓励差异的基础上。因此收养的立法当然可以在很大程度上借鉴成功的寄养制度。

(五)收养的保密性和匿名性

半个多世纪以来,保密性都被作为收养的重要要素,但是大家对于在收养家庭成员和原生家庭成员之间的保密的程度却看法不一致。争论主要集中在两个问题上:(1)是否承认所谓的"开放式收养",允许原生家庭的父母或亲人与被收养人保持接触;(2)被收养人成年后,原生家庭和收养家庭的成员是否可以打开密封的档案,获取对方的身份信息。

对于是否应承认开放式收养的问题,研究表明很难评估长期的收养对被收养人与其原生家庭成员之间关系的影响。因此法律不能禁止在收养父母同意的基础上被收养人与原生家庭之间发生联系。但相关研究也并不能帮助法院决定是否在收养父母拒绝的情况下，应该强制断绝这种联系的要求。法律应该在收养关系的维持以及收养人自治决定什么安排最有利于被收养人利益（无论研究是否表明与原生家庭的联系有利于孩子，这一判断仍取决于收养父母）之间寻求平衡。合理的做法是：并不因收养后与原生家庭保持联系而否认收养的有效性，也不因收养人违反允许原生父母探视的约定而否认收养的有效性。因此，为保障未成年人利益最大化，应该可以在事实上承认开放式的收养。是否在事实上继续与原生家庭保持联系，不应构成监护和收养的实质性区别。

对于第二个问题，国外通常的做法是：当被收养人成年后，有正当理由或经过各方当事人同意，就可以获取原生父母的身份信息。即使在收养发生时各方当事人同意保密，也不能认为这种保密状态应该是永恒的。收养关系建立时，原生父母要求匿名和保密的需求最强，而收养人对家庭自治的需求也最强（尤其是非亲属的收养）。随着孩子年龄的增长，他们会越来越渴望了解自己的身世，而在收养关系十分稳固时，收养人也常常鼓励孩子去了解自己的身世。此外，收养人对孩子的引导生活的作用也会随着孩子的成长而逐渐降低，而原生父母匿名的需求也会降低。大量的原生父母在孩子成年后都会想认亲。因此，法院在保护原生／收养父母利益的同时，应该更多关注被收养人的需求，他们在收养发生时很少有机会表达自己的意愿，在其成年后应该在合理的情况下保障其知情权。新法草案第889条规定，收养人、送养人要求保守收养秘密的，其他人应当尊重其意愿，不得泄露。这一规定十分笼统，也没有对收养当事人意见不统一时的处理方法作详细规定。具体规则有待在司法实践中不断归纳和总结。

（六）收养关系的长久性

收养关系是长久性的，无论收养人与被收养人关系是否融洽，也无论原生父母是否愿意要回孩子。但是，收养人的法律地位与原生父母一样，在出现虐待、遗弃孩子等情形时，也会被剥夺父母的监护权，甚至解除收养关系。上述原则的例外情形包括:随着大龄儿童被收养的情况增加,对于有特殊需求的儿童,收养人有时会发现自己完全无法胜任父母角色。因此法律规定当发生收养时不知道的情况,导致再认真的父母也无法满足孩子多元化需求时,可以解除收养关系。但目的不是解除收养父母的负担,而是为被收养人提供更好的照顾。不过,收养的实践表明,绝大多数收养都是成功的,尤其与孩子没有被收养时的情况相比。因此立法政策上尽量保证收养的长久性,减少阻断收养关系的事由,例如:(1)进行了告知同意的原生父母,有权将孩子直接托付给收养人;(2)对于对特定孤儿有收养意愿的潜在收养人,应减少他们收养该孤儿的障碍;(3)机构监护的孩子应该使其能迅速高效地回归原生家庭或在法律上随时可以被收养;(4)带有违宪嫌疑的政策,以及没有经验基础的认为跨种族收养不好的观念,都不应阻碍跨种族收养的高效进行,不能阻碍对待收养儿童的长久性安置;(5)配套服务要对所有家庭开放,尤其对有特殊需要的儿童的收养家庭。

《收养法》第 26 条规定:收养人在被收养人成年以前,不得解除收养关系,但收养人、送养人双方协议解除的除外,养子女年满十周岁以上的,应当征得本人同意。收养人不履行抚养义务,有虐待、遗弃等侵害未成年养子女合法权益行为的,送养人有权要求解除养父母与养子女间的收养关系。送养人、收养人不能达成解除收养关系协议的,可以向人民法院起诉。据此,只要收养人和送养人同意,就可以解除收养关系;这里并未考虑未成年被收养人权益的保护问题。只有在养子女年满 10 周岁以上时,才可能影响收养关系的解除——而实践中被收养人的同意可能只是一个程序性的设置,因为年仅 10 岁的未成年人其实很难对如此重大的身份事由进行有效的独立判断,这一规定并不足以保证对未成年被收养人利益的保障。总之,对于解除收养关系的条件过于宽松,不利于保护收养关系的稳定性和长期性。相反,该条规定非收养人、送养人同意不得解除收养关系,虽然在此情况下,如果收养人严重侵害未成年人利益,仍可能被剥夺监护权,但相关规定显然没有考虑未成年人利益最大化在解除收养关系过程中的意义。新法草案第 893 条总体上仍然延续了《收养法》的规定,但把征求被收养人同意的年龄降低到 8 岁,且规定了收养人有虐待、遗弃等侵害被收养人利益行为时,送养人享有收养关系解除权。但仍未充分体现未成年人利益最大化的原则,且可能导致收养关系丧失稳定性。

正因为收养相比监护要建立更为持久的父母子女关系,法律才需要对收养作出更为严格的评估程序和评估标准。如果收养关系可以轻易解除,而子女与原生父母的关系可以轻易恢复,则收养和监护的区别就丧失了根本意义。收养的这一特性的基础就是基于父母子女关系的父母照顾与其他人监护的根本性区别。如果不区分二者,实际上无法从制度功能上真正区分监护和收养。此外,如果收养父母有虐待、遗弃等严重侵害被收养人利益的行为,到底应适用《民法总则》第 36 条的规定剥夺其监护权,还是可以适用婚姻家庭编有关解除收养关系的规定,直接剥夺其父母身份,法律没有明确规定,将来可能出现法律规范效果上的冲突。究其根本,还是因为在大监护概念之下,制度没有明确区分父母照顾和其他人监护,因此在收养法问题上,也没有区分剥夺收养父母身份和剥夺其监护权的不同,导致父母子女关系并不比监护关系更为稳定。

六、结论

婚姻家庭法的改革应该充分考虑儿童保护,以儿童保护为核心重新思考家庭制度和规则的设计,其中最关键的是监护和收养制度的改革。《民法总则》在改革监护制度问题上留下了很多缺憾,这些缺憾理应在将来的立法改革以及婚姻家庭编的立法中予以填补。本文认为,未来改革仍然要在基本理念上致力于进一步消除传统的宗法血缘家长制影响,完善和强化国家监护责任的制度设计,真正落实未成年人利益最大化原则。而在技术层面上,为更好保障未成年人和原生家庭利益,应在大监护概念之下,明确区分父母照顾和其他人的监护,加强对原生家庭的保护,也只有在此基础上,才能有效地衔接监护制度与收养制度,完善收养法体系,最终构建体系和谐、理念先进的婚姻家庭法体系,吸收儿童保护制度的最新发展成果,并为将来的儿童保护社会化发展奠定基础。

日本医疗侵权因果关系判断的动态及启示

赵银仁[*]

目 次

一、问题的提出

在判断侵权行为是否构成时,行为(故意或被评价为过失的行为)与损害之间存在着因果关系是必不可少的要件。[①] 长期以来,对于因果关系的判断,一直困扰着法学界。尤其,对于医疗侵权行为因果关系的

---

* 作者:河海大学副教授。

本文系江苏省社会科学基金项目:《新时代社会主要矛盾深刻变化与危险责任类型化问题研究》18FXC001 的阶段性成果;本文的写作得到了中央基本科研业务-自由探索项目(编号:2016B13014,2017B30814,2018B31414)的支持。本文的部分观点曾发表于《医学与哲学》第36卷。

① 参见内田贵:《民法Ⅱ债权各论》,东京大学出版会 2010 年版,第 361 页。

判断,由于医疗行为本身具有的对未知世界的探索性、患者的个体差异性等原因,使得其判断显得更为复杂。由于法官大部分不懂医学知识,我国在审判实务中对因果关系的认定只能委托鉴定机构进行鉴定。因果关系本属于极为抽象的法学上的概念,而鉴定机构关于是否存在因果关系的判断,更倾向于自然科学上的判断,并不能等同于法律上的判断。但是,司法机关往往直接根据鉴定结论做出裁决,在判决书中,对因果关系的判断给予极少的笔墨,关于因果关系的具体认定过程或者说如何运用"经验法则"得出因果关系存在与否之结论这一过程,往往被忽略掉。换言之,在因果关系的认定上,司法机关将司法裁量权几乎完全让渡给鉴定机构,这无疑是不合理的。此外,在申请鉴定、委托鉴定时,很多案件中仅仅要求鉴定机构对"医疗行为是否存在过错、过错行为与损害后果间是否存在因果关系以及原因力的大小"进行鉴定,但是,在委托鉴定时,作为前提,很多法院并没有先行明确"损害后果"是什么? 鉴定机构在做出鉴定结论时甚至也不明确"损害后果"。这种情况下所做出的鉴定意见和所认定的因果关系以及原因力的大小当然也是不准确的。特别是在不作为型医疗侵权行为的情况下,什么是损害后果严重影响着案件的定性和因果关系的认定。

反观同处大陆法系且与我国国情极为相似的日本,近年来对因果关系的判断积累了丰富的经验。理论上产生了大量的学说,审判实务中也有很多经典的判决,对我国的理论和实务研究具有极大的借鉴意义。限于篇幅,以下仅从日本近年来的审判实务出发,对因果关系的判断做一些探讨,以期对我国现行医疗侵权因果关系的判断有所启发。

二、侵权行为因果关系的判断概述

在日本法中,医疗侵权行为属于一般侵权行为的范畴,因此对其因果关系的判断,首先应该遵从一般侵权行为因果关系的判断法则。

日本民法第 709 条②规定"因故意或者过失侵害他人权利或者法律上保护的利益时,负因此而产生损害的赔偿责任"。该条文在文脉上将因果关系的构成分为两个部分,即①"因故意或者过失而实施的加害行为与权利或者利益的侵害之间的因果关系"(被称为"责任成立的因果关系"),②"权利或者利益的侵害与损害的发生(以及其数额)之间的因果关系"(被称为"损害范围的因果关系")。

因果关系的判断,具体可以分为以下三个过程:首先,加害行为与损害之间,必须存在事实因果关系。事实因果关系又称自然因果关系、条件因果关系,也就是说在加害行为 A 与被评价为损害的 B 之间存在的"无 A 必不生 B"(conditio sine qua non)的关系(亦称为 but for 规则)。③ 通过对加害行为与损害之间的"无 A 必不生 B"的判断公式,对事实因果关系做出判定。其次,运用法的价值判断,对通过事实因果关系而认定的损害中,哪些损害应该赔偿,做出判定。由于事物之间具有的普遍联系性,如果无限联系下去,与加害行为具有因果联系的所有损害都由加害人承担(称为"完全赔偿原则"④),则会使加害人承担过重的赔偿责任。因此,需要对具有事实因果关系的损害进行法的价值判断,从而使无限联系的因果关系在合理的环节得以中断。⑤ 最后,是对损害进行算定,又称为"损害的金钱评价"。即对于确定应该赔偿的损害,计算出具体的金钱赔偿额的问题。

日本传统的通说以及判例通过"相当因果关系"这一标准来解决前述三个过程。⑥ 在侵权行为因果关系认定的时候,可以类推适用日本民

---

② 日本民法 709 条:"故意又は過失によって他人の权利又は法律上保護される利益を侵害した者は、これによって生じた損害を賠償する責任を負う。"

③ 一般认为"无 A 必不生 B"的这一判断仅适用于只有一个原因的情况下,而对于引起结果发生的充分原因多数存在的情况下,并不妥当(内田贵,同前注 1,第 363 页)。

④ 参见内田贵,同前注 1,第 365 页。

⑤ 我国目前也有很多著作中,引用英美法中的"事实上的因果关系"与"法律上的因果关系"两分说来阐述该理论,但是在美国侵权行为法第三次重述中已经摒弃了"法律上的因果关系"这一语词,而采用"损害的赔偿范围"这一表述,从而避免理解上的混乱。

⑥ 参见北河隆之:《交通事故損害賠償法》,弘文堂 2011 年版,第 11 页。

法416条[7][1对债务不履行主张的损害赔偿请求,以赔偿因此而产生的通常情况下的损害为目的(通常损害)。2因特别情事而产生的损害,当事人预见或者能够预见该情事的情况下,债权人可以请求相应之赔偿(特别损害)]关于债务不履行之"相当因果关系"的规定。但是,实务中,到底什么样的损害才可以被认定为具有"相当因果关系"的损害或者属于"保护范围"内的损害,最终也只能依据公平的理念来进行法的价值判断了。[8]

三、医疗侵权行为因果关系的判断

医疗侵权行为因果关系的判断须遵循一般侵权行为因果关系的判断法则,但是,如果完全遵循传统的一般侵权行为因果关系的判断法则,则有时可能无法合理分配责任,调和医患纠纷。因此,日本审判实务界通过法律解释学,对原有的因果判断法则做了一些调整,从而有效解决了该问题。医疗侵权行为大致可以分为因为医疗方积极实施的医疗行为有过失而发生作为型医疗侵权行为,以及因未实施适当的医疗行为而使疾病等恶化而发生不作为型医疗侵权行为。[9]两者在因果关系的认定上也各有特色,以下通过日本最高裁判所近年来的一些经典的案例,分述之。

(一)作为型医疗侵权行为因果关系的判断

1. 腰椎穿刺治疗事故案(ルンバール事件)[10]

案情概述:1955年9月6日,三岁的患儿因化脓性脑膜炎在东京大学医学部附属医院入院治疗。经过数日实施腰椎穿刺治疗术(Lumbar

---

⑦　日本民法416条:"1 债务の不履行に对する损害赔偿の请求は、これによって通常生ずべき损害の赔偿をさせることをその目的とする。2 特别の事情によって生じた损害であっても、当事者がその事情を予见し、又は予见することができたときは、债权者は、その赔偿を请求することができる。"

⑧　参见北河隆之,同前注6,第11页。

⑨　参见夏芸:《医疗事故赔偿法——来自日本法的启示》,法律出版社2007年版,第214页。

⑩　最高裁判所1975年10月24日判决,载《民集》29卷9号,第1447页;另见《判例タイムズ》第328号,第132页。

puncture)后,病情好转。可是,同月 17 日,医师给患儿再次实施腰椎穿刺治疗 15~20 分钟后,患儿出现呕吐、痉挛现象(本案发作),最终留下智力障碍、运动障碍等后遗症。原告主张本案手术后出现的症状以及后遗症与腰椎穿刺治疗术之间具有因果关系。但是,本案原审判决⑪(1973 年东京高等裁判所判决)认为,本案症状以及后遗症的发生原因,除了腰椎穿刺治疗术以外,还可能是由患者原有疾病的复发所引起,因此,很难认定本案手术就是患者所发症状与后遗症的原因,手术与损害后果之间因果关系不能成立,从而驳回了原告的诉讼请求。

因果关系的证明程度:1975 年,日本最高裁判所对本案中因果关系的认定做出了如下陈述:"诉讼中的因果关系的认定,不是不允许丝毫疑点存在的自然科学上的证明,而是可以根据经验法则,综合分析全部证据,认定特定事实产生特定结果的关系具有高度盖然性的证明。这样的盖然性的判定必须有一般人不会发生怀疑的真实的确信,且只要达到这一确信即可。"

因果关系的判断:a. 本案发作以及其后发生的病变,直至出院为止,一直是作为脑出血引起的症状而进行治疗的;b. 鉴定意见以及脑波所见显示,脑出血作为本案发作的原因,可能性最大;c. 本案发作前,患者的症状一直处于好转中,而在患儿再次实施腰椎穿刺治疗 15~20 分钟后,突然发生;d. 一般认为,腰椎穿刺治疗术容易使患者呕吐,所以应该避免饭前或饭后实施手术是临床惯例,但是本案医师为了赶时间出席医学学会,因此本案治疗是在患者午饭后 20 分钟内实施的;e. 患者本身血管脆弱,入院时医院诊断出有出血倾向,在这样的情况下实施腰椎穿刺术,有引起脑出血的可能;f. 化脓性脑膜炎的复发可能性通常情况下较低,而且当时也不存在使患者病情复发的其他特别情况。

综上所述,本案在因果关系的认定方法上,采用了"间接反证法",在主要事实(本案的发作与其后遗症的原因)无法证明的情况下,取而代之,通过对间接事实(上述 a、b、c、d、e、f)的证明,使主要事实的存在能够达到经验法则上的推论(本案发作与其后遗症是由脑出血引起)的

---

⑪ 日本实行三级审判制,此处"原审"系指第二审的东京高等裁判所的审判。

情况下,被告如果不能举证证明与该推论相反的事实(本案发作与其后遗症是由患者原有的化脓性脑膜炎或者其他原因引起),则可以认定因果关系存在。审理认为,从经验法则上,能够认为本案发作和其后的病变原因是脑出血,而这应该是由于本案腰椎穿刺治疗术引起的。从而最终认定本案的发作以及其后的病变与本案腰椎穿刺治疗之间具有因果关系。原审判决错误解释和适用了因果法则,具有违背经验法则的违法性,且该违法性明显影响了结论,仅以此为由,就应该撤销原判。

2. 评价

背景:根据相当因果关系理论,侵权行为因果关系的判断,应参照日本民法416条关于债务不履行的规定。即在因果关系判断时,应以"无A必不生B"这样的条件关系为基础,"如果有A这样的行为,通常会产生B这样的结果"这样的情形能够被认定的话,则A行为与B结果(损害)之间的因果关系可以被认定。以往,以被告行为与原告的损害之间是否存在事实因果关系为争点的案件非常少见。⑫ 但是从20世纪60年代开始,日本出现了大量医疗事故诉讼、公害诉讼、食品药品诉讼。在这类案件中,一方面,由于人类科技发展水平的制约,即使是运用较为发达的科学方法,事实因果关系往往也很难充分得以证明,另一方面,作为受害者的原告往往在经济、情报量、专业知识等方面处于不利地位,可是又必须对事实因果关系的存在做出证明,否则,将承担败诉的不利后果。这样一个窘境之下,如果仍然强调原告的举证必须达到排除一切可能存在的怀疑的100%确信的程度,事实上是给原告赋予了一项不可能完成的任务。为了避免给原告赋予过重的举证责任,或者说为避免受害人获得救济的机会不当地被剥夺,日本的理论和实务界在解释论上倾注了大量的精力,从而较好地解决了受害人救济的问题。在因果关系证明的学说中,产生了"盖然性说"(因果关系的证明只要达到相当程度盖然性的标准即可,如果用数字衡量的话为60%~80%的心证确信度⑬)、"证据优越说"(preponderance of evidence)(比较双方当事

---

⑫ 参见夏芸,同前注9,第178页。

⑬ 参见鎌田薫:《医師の診療義務の懈怠と患者の死亡との因果関係》,载《私法リマークス2000》(上),第71页。

人提出的证据，采纳相对而言更具有确定性或说服力的一方的证据，即超过50%确信度的一方的证据具有优势，应当被采纳⑭）等学说，对因果关系的证明度做出了调整。

本案的注目点：本案的判决一方面明确了诉讼上因果关系的判断应该追求侵权行为法上的法的评价，并不一定要苛求达到自然科学上的证明度；另一方面，认定特定的行为与结果之间的引起与被引起的关系时，要求法官的心证确信度必须达到"高度的盖然性"（一般认为达到80%以上的确信）。但是，对于盖然性有无的判断标准，采取了"一般人不会发生怀疑的真实的确信度"标准，在充分考虑专门的、科学的观点（如鉴定结论）的基础之上，最终依通常人的判断标准，运用"间接反证法"综合做出了判断。

可见，在日本裁判实践中一般认为，法官需要在原告举证证明的基础上，依据自由心证对事实因果关系做出评价，所以，为了成功证明事实因果关系的存在，原告的证明就必须使法官的自由心证达到几乎确信的状态（高度的盖然性）。为此，原告对事实因果关系的原因、结果系列（因果系列）以及因果法则的内容列举越详细，事实因果关系的存在得到认定的可能性就越大。⑮

（二）不作为型医疗侵权行为因果关系的判断

在不作为型医疗侵权行为诉讼中，由于医疗行为没有对患者的身体施加直接的物理侵害，所以，证明医疗方的不作为与损害结果之间存在着因果关系，相对较为困难。与作为型侵权行为不同，不作为型侵权行为因果关系判断的特征是必须先确立"作为义务"，也就是说"如果为了应尽义务之行为，损害结果应该就不会发生吧"。⑯ 由于医疗方没有为应尽义务之行为，导致了患者的损害后果，则可以认定医疗方的不作

---

⑭　参见田村陽子：《民事訴訟における証明度論再考——客観的な事実認定にめぐって》，载《立命館法学》2009年5·6号，第524—525页；另参见夏芸，同前注9，第186—187页。

⑮　参见新美育文：《医療過誤責任》，载《民法Ⅵ債権各論Ⅱ》，日本評論社1992年版，第133页。

⑯　参见潮见佳男：《不法行為法》，信山社1999年版，第129页。

为与损害结果间的因果关系。日本的传统的通说和判例是套用作为型医疗侵权行为的事实因果关系判定方法，即"如果没有 A（不作为的行为），就没有 B（损害结果）"。[⑰]并且认为，并没有必要夸大不作为型侵权行为因果关系判断上的特殊性。[⑱]

可是，在不作为型医疗侵权的情况下，患者的损害往往是由于疾病本身造成的。比如，对于罹患终末期癌症之类的低治愈率疾病的患者，医疗方未实施与医疗水准相符的治疗行为，最终患者死亡的案件，在诉讼中很难认定医疗方的不作为与患者的死亡之间具有因果关系（因为，医疗方即使实施了积极的治疗行为，患者死亡的结果也不可避免，或者说患者的死亡是由于疾病本身引起的）。换言之，造成无论医疗方作为还是不作为，都不必承担任何责任的不合理结果。为了避免这种不合理结果，日本著名的医事法学家新美育文教授借鉴英美法中的"机会丧失理论"（Lose of chance），结合日本实际提出了"期待权侵害说"，得到了审判实务界的支持，从而对不作为型医疗侵权行为因果关系的认定做了出色的调整。以下通过几个著名的案例介绍其发展动态。

1. 在该时点的死亡（当該時点における死亡）

日本最高裁判所 1999 年在"肝细胞癌死亡事件"[⑲]中，认为"医师如果尽了注意义务，实施了诊疗行为的话，患者在其死亡的时点，应该还是存活的吧，这一认定的'高度盖然性'如果得到证明的话，就应该肯定医生的不作为与患者的死亡之间具有因果关系"。加藤新太郎法官认为，该判决中因医师的不作为导致的死亡事故中的损害并不是"死亡"，而是用"在该时点的死亡（即虽然死亡不可避免，但是在该时点本不应该死亡却死亡了，笔者注）"来替换，从而使医师的不作为与患者死亡之间的因果关系的判断明了化，在作为侵权行为之结果的"死亡"的认定

⑰ 参见夏芸，同前注 9，第 215—216 页。

⑱ 参见潮见佳男，同前注 16，第 130 页。

⑲ 最高裁判所 1999 年 11 月 25 日判决，载《民集》53 卷 2 号，第 35 页，另载《判例时报》1668 号，第 60 页。

中,将"时间因子"(时的因子)纳入了考量范围。㉔ 本案判决中,认为如果医师尽到了注意义务,实施了与医疗水准相当的医疗行为,则患者至少在其死亡的时点还是活着的这一假设的"高度盖然性"被证明的话,医师的不作为与患者死亡之间的因果关系就应该得到认定,至于患者在该时点之后究竟能活多久,是计算损害赔偿额时应该考虑的问题,并不是因果关系判断时应该考虑的问题,从而通过对"死亡"概念的转换,减轻了患者方对因果关系的举证责任。但是,正如新美育文教授所指出的那样,因为本案判决肯定了医师的不作为与患者死亡之间的事实因果关系具有高度盖然性,所以,该案例并没有涉及"期待权侵害理论"。㉑

2. 相当程度的可能性(相当程度の可能性)

日本最高裁判所在 2000 年"急性心肌梗塞死亡事件"㉒中,认为"因为过失,医师的诊疗行为未达到当时的医疗水准的情况下,即使不能证明该医疗行为与患者的死亡之间存在因果关系(不具备'高度盖然性',笔者注),但是,如果实施了与当时的医疗水准相符的诊疗行为,患者在死亡的时点仍然存活的'相当程度的可能性'被证明时,医师应对患者承担损害赔偿责任。因为维持生命是人最基本的利益,上述的'相当程度的可能性'是法律应该保护的利益㉓,医师因为过失未实施与当时的医疗水准相符的医疗行为,可以被认定为是对患者的法益('期待获得符合当时医疗水准的诊疗行为的权益',笔者注)的侵害"。日本法律界一般认为,该判例为"期待权侵害理论"在判例法中奠定了地位,具有划

㉔ 参见加藤新太郎:《意思の不作為と患者の死亡との間の因果関係の存否の判断と患者の生存可能期間の認定》,载《NBL》2000 年 5 月 1 日第 688 号,第 64 页。

㉑ 参见新美育文:《癌患者の死亡と意思の責任》,载《ジュリスト》1983 年 787 号,第 88 页。

㉒ 最高裁判所 2000 年 9 月 21 日判决,载《民集》54 卷 7 号,第 2574 页;另载《判例时報》1728 号,第 31 页。

㉓ 我国《侵权责任法》第 2 条中采用了"民事权益"的概念,也就是说除了法律明文规定的权利以外,法律没有明文规定,但是应该被法律保护的"利益"也可以成为侵权行为的被侵害对象。该判决中,日本最高裁判所的这一表述对于如何理解法律上应该保护的"利益"也具有借鉴意义,可以想象,在不久的未来,此类"权益"侵害诉讼在我国也会大量产生。

时代的意义。㉔

随后，最高裁判所在 2003 年的"急性脑病后遗症事件"㉕中，认为"患者的主治医师因为过失，没有在适当的时候将患者向适当的医疗机构转送，即使不能证明该转送义务的违反与患者的后遗症之间存在因果关系，但是，如果在适当的时候将患者向适当的医疗机构转送，且在转入医疗机构中接受了适当的检查、治疗等医疗行为的话，患者就不会留下后遗症，这一推论的'相当程度的可能性'被证明时，医师应当对患者权益（'期待获得符合当时医疗水准的诊疗行为的权益'，笔者注）的损害承担赔偿责任"。也就是说通过这个案例，将"期待权侵害理论"拓展到重大后遗症类案件，即并不仅限于对患者生存利益的侵害，对于患者得到转院、合理治疗等利益的侵害同样被纳入了保护范围。

3. 最新动态："相当程度的可能性"也不能被证明的情形

最高裁判所 2011 年的"左下肢静脉血栓后遗症案件"㉖中，认为"患者未能接受适当的医疗行为的情况下（本案原审广岛高等裁判所认为患者当时的病情已经没有适当的治疗法，即使实施治疗，其效果也不能期待，所以否定了行为与结果间存在因果关系的高度盖然性，以及'相当程度的可能性'的存在，笔者注），患者仅以获得适当医疗行为的期待权被侵害为理由主张损害赔偿的情况下，医师是否需要承担损害赔偿责任？对该问题，应仅限于医疗行为显著不当的案件内进行探讨。本案医师虽然没有发现患者左腿的肿胀等症状是由深部静脉血栓引起，并且没有介绍患者接受专门医师（本案医师是整形科医师）的治疗，但是医师的行为并没有显著的不当"。从而没有认可患者的主张。

而关于"医疗行为显著不当"问题，最高裁判所在 2005 年的"脑梗塞后遗症案件"㉗的判决中，认为"即使是医师、医疗机关，也并非万能，受制于多种多样的现实，不得不承认使患者获得适当充分的医疗是十

㉔ 参见新美育文:《医療過誤による生存可能性の侵害と医師の損害賠償責任》,载《私法判例リマークス2002》(上),第 62 页。

㉕ 最高裁判所 2003 年 11 月 11 日判决,载《判例时报》1845 号,第 63 页。

㉖ 最高裁判所 2011 年 2 月 25 日判决,载《判例时报》2108 号,第 45 页。

㉗ 最高裁判所 2005 年 12 月 8 日判决,载《判例时报》1923 号,第 26 页。

分困难的。一定程度的不适当、不充分是在社会生活容许范围内的。因此,姑且不论能够证明行为与结果的发生具有因果关系情形,如果因果关系不能被证明,甚至连存在着'相当程度的可能性'也不能被证明的情况下,医师承担过失责任应仅限于医疗行为显著的不当、不充分的情形"。

四、代结语

侵权行为因果关系认定难的问题在医疗侵权案件中显得尤为突出。为了解决因果关系证明难的问题,日本裁判所在"腰椎穿刺治疗案"中,明确了民事诉讼案件因果关系的证明并不需要达到100%的自然科学上的确信,而只要达到高度盖然性的确信即可。通过降低证明标准,减轻了患者的举证责任,有效解决了部分患者得不到救济的不合理情形。在不作为医疗侵权因果关系的认定上,因为医师并没有对患者做出一个具体的物理侵袭行为,而且,由于患者最终的损害后果的主要原因往往是其自身固有的疾病,如果仍维持传统的因果关系的认定标准,就会造成无论医师是否实施符合当时医疗水准的诊疗行为,都不必对患者的损害后果承担责任这一极为不合理的结果。为了解决这个问题,日本裁判所采取了灵活多样的解决办法。比如通过法解释,引入"在该时点的死亡"这一概念解决了终末期癌症患者那样的低治愈率案件情况下,患者权益的合理保护问题。但是,在这样的情况下,仍然采取了传统的作为型医疗侵权行为因果关系证明中要求的"高度盖然性"的标准。在达不到"高度盖然性"的情况下,通过引入"期待权侵害理论",如果患者在"死亡的时点仍然存活"或者"不会留下后遗症"的"相当程度的可能性"被证明,则认定患者"期待获得符合当时医疗水准的诊疗行为的权益"被侵害,从而认定医疗方的不作为与损害后果间存在因果关系。而最近的裁判动向中,对于"相当程度的可能性"也不能被证明的情况下,除非"医疗行为显著不当",一般不能单纯地仅以"期待获得符合当时医疗水准的诊疗行为的权益"受到侵害为由,主张损害赔偿。

值得注意的是,虽然,日本法上通过转换因果关系的"结果"实现了因果关系的认定，但是，对损害的金钱评价（尤其是对终末期癌症患者）则通过精神损害赔偿金（慰謝料）的方式来体现。然而，这种模式对于我国来说在实务中存在着难度。众所周知，目前，我国对侵权行为损害赔偿中的精神损害赔偿金的认定有着较为严格的限制，实务中通常根据伤残等级来初步确定精神损害赔偿金的数额，而且金额总体来说偏低，难以承载转换因果关系的"结果"后，对损害的赔偿。例如，在因为误诊而耽误了患者癌症治疗的情形下，在患者尚未死亡的情况下，病情恶化、未能及时得到救治、丧失手术治疗而只能采用放化疗治疗等类型的损害后果到底如何量化损害赔偿金？实际上在我国实务中尚存在着较多的问题。而且，这些问题必然涉及因果关系认定的前提，即"什么是损害"这一问题的判断上，而且，还会进一步影响在认定因果关系存在后，因果关系参与度和原因力大小的认定。对该问题，笔者将另择他稿进一步探究。

中日民商法研究（第十九卷）

商　法

公司法修改要纲案上的公司补偿制度

田泽元章[*]　　王万旭^{**}

目　　次

一、引言

2019(令和元)年秋以后公司法修正案预定向国会提交,本报告就"关于公司法制(企业治理等关系)的修改的要纲案"(以下称要纲案)②中的公司补偿制度展开。所谓公司补偿,就是董事在执行职务上受到赔偿请求或刑事追诉时,由公司承担诉讼费用或损害赔偿金

---

　*　作者:明治学院大学教授(现:专修大学教授)。

　**　译者:大连大学法学院副教授。

　①　Directive & Officers Insurance,董监事及高级管理人员责任险。

　②　法制审议会公司法制(企业治理等关系)部会"关于公司法制(企业治理等关系)的修改的要纲案"(平成31.1.16)。http://www.moj.go.jp/shingi1/shingi04900394.html。

等的制度。③ 现行公司法没有明文规定公司补偿，公司与管理人员（高管）之间的关系适用民法上的委任（公司法第330条），因此，民法上的受任者的费用提前支付请求权（民法第649条）、费用等偿还请求权（民法第650条）的规定适用于公司管理人员。不论是管理人员对公司的责任还是对第三人的责任，管理人员在追究责任诉讼中胜诉的话，包括律师费用等高管用于防御的费用，高管可以作为"自己无过失受到损害"（民法650条第3款）向公司求偿。④

对此，关于高管败诉时的赔偿额与防御费用，不能认为是自身无过失受到损害，并且，因为不能适用民法650条第3款，公司与高管之间如果签订补偿协议会不会得到认可，法律上并不明确。

如此，现在的民法不能给予充分的对应，故这是关于公司补偿的新的规定。

公司法修改要纲案中，公司补偿与报酬规制及D&O保险的修改一道，被放在"对董事等的适当激励"项目中。因为，这是为确保优秀人才，使高管不至于过度回避风险，而作为对高管赋予适当的激励的手段的措施而定位的。

很难解释公司补偿或D&O保险与确保优秀人才的关系，但可以做如下说明：公司补偿或D&O保险的补偿费用等可以计入董事的报酬，但不是董事提供职务或劳务的对价。如果公司承诺一定场合下负担诉讼费用的话，易于招揽到优秀的人才。⑤

---

③ 神田秀树：《会社法制（企业统治关系）の见直しに関する要纲案』の解说〔Ⅳ〕》，商事法务2194号第4页；山下友信、山下丈、增永淳一、山越诚司、武井一浩："役员责任の会社补偿とD&O保险をめぐる诸论点〔上〕〔下〕"，商事法务2032号6页（2014）、2034号42页（2014）；武井一浩："会社补偿及びD&O保险の最新动向と课题"，ジュリスト1495号39页；山中利晃：《上场会社の经营监督における法的课题とその检讨》85页以下，商事法务2018年。

④ 落合诚一编：《公司法评释（8）》，商事法务2009年，第153页（田中亘）。

⑤ 参见神田秀树、中原裕彦、中江透水、武井一浩："『コーポレート・ガバナンスの实践』に関する会社法の解释指针について"，商事法务2079号，2015年，第4页；中原裕彦、梶元孝太郎："コーポレート・ガバナンスの实践〔上〕〔下〕"，商事法务2077号，2015年，第17页。

这就可以如此理解:将高管的就任条件附上适当的激励,并定位在公司治理的重要一环。在此基础上,将公司补偿与 D&O 保险高管报酬并列作为高管就任的构成要素之一。⑥

二、公司补偿制度引进的经过

作为改善日本企业"盈利能力",实现可持续发展的政策,2013 年第二次安倍内阁的"日本再兴战略"以及 2015 年的"日本再兴战略改订2015",均强调了强化公司治理。⑦ 之后,作为经济产业省非官方咨询机关的关于公司治理体系的方法研究会发表了"公司治理的实践——提高企业价值的激励和改革"以及"关于法的论点的解释指引",提及作为鼓励经营者锐意改革措施的公司补偿制度。⑧

此外,2017 年 3 月,作为法务省非官方研究会的公司法制研究会发表了公司法研究会报告书⑨,同年 5 月,关于公司补偿实务的研究会发表了公司补偿实务指引案⑩,分别对公司补偿进行了探讨。指出:从企业的全球化的观点看,需要对与欧美同等的高管就任条件进行完善。⑪

---

⑥　下文注7《コーポレート・ガバナンス・システムの在り方に関する研究会報告書》第 7 页;《解釈指針》第 6-7 页。

⑦　参见「日本再興戦略」改訂 2015(平成 27·6·30)。http://www.kantei.go.jp/jp/topics/2015/seicho_senryaku/pdf_2_gaiyou_seika_torikumi.pdf。

⑧　关于公司治理体系的方法研究会报告书"コーポレート・ガバナンスの実践—企業価値向上に向けたインセンティブと改革"(2015 年 7 月 24 日);同报告书附件 3"关于法的论点的解释指引"(https://www.meti.go.jp/committee/kenkyukai/sansei/corporate_gov_sys/report_001.html)第 9 页中,过度补偿会充抵违法抑制功能,从激励的功能的观点看也有不恰当之处。因此,为了不充抵违法抑制功能,补偿的要件和对象等需要进行适当的设定。

⑨　公司法制研究会·公司法研究会报告书。(平成 29·3·2)。https://www.shojihomu.or.jp/kenkyuu/corporatelaw。

⑩　在这里,采用了美国特拉华州公司法的公司补偿(indemnification)制度。https://www.jurists.co.jp/ja/news/13650.html。

⑪　美国特拉华州公司法第 145 条、美国模范事业公司法 8.50 条~8.59 条。此外,各国的实态参见:经济产业省"日本与海外高管报酬的实态及制度等调查报告书"。(平成 27·3)。https://www.meti.go.jp/meti_lib/report/2015fy/000134.pdf。

这些研究会的成果反映在 2018 年 2 月的法制审议会(企业统治等关系)部会的中间案⑫以及补充说明⑬,并向社会征求意见。

在征求意见稿中,以学界为中心的观点是尽量祛除解释上的疑义并提高法的稳定性,进而对公司补偿进行明确的居多。⑭另一方面,经济界则不仅感受不到公司补偿制度的必要性,甚至有消极意见认为这样会制约公司实务。基于这些意见⑮,要纲案立足于不改变现有高管的法律规定。

经过以上程序,法务省法制审议会公司法制(企业这里等关系)部会于 2019 年 1 月 16 日通过了"关于修改公司法制(企业治理等关系)的要纲案",要纲案的附带决议于同年 2 月 14 日在法制审议会第 183 次会议上全会一致通过,并回答了法务大臣咨询。政府现在争取在 2019 年秋的临时国会上提出修改法案。

三、要纲案的公司补偿制度

(一)补偿协议和对象的费用等

公司法上没有明文规定公司补偿。至于什么范围、采取何种程序可以进行公司补偿,研究会虽然公布了"解释指引"和"实务指引案",但不是权威解释。

高管等在执行职务时被第三人追究责任而提起诉讼时,为了让高管等可以进行适当的防御,由公司承担诉讼费用会起到抑制公司损失扩大的作用。但是,也存在因承认公司补偿的范围不同,有损高管等执行职务的适当性、高管等责任或罚则规定的主旨受损的可能,以及构造违反公司利益的问题。⑯

---

⑫ 法务省民事局参事官室・关于修改公司法制(企业治理等关系)的中间案(平成 30・2),http://www.moj.go.jp/shingi1/shingi04900348.html。

⑬ 法务省民事局参事官室・关于修改公司法制(企业治理等关系)的中间案(平成 30・2)。http://www.moj.go.jp/shingi1/shingi04900348.html。

⑭ 神田:前引注 2 第 6 页。

⑮ 竹林俊宪等"『会社法制(企業統治等関係)の見直しに関する中間試案』に対する各界意見の分析〔中〕",商事法务 2170 号,第 20 页(2018)。

⑯ 中间案补充说明 31 页。

　　因此,要纲案对公司补偿的内容不作法律上的统一规定,而是由公司与高管之间协议调整。这是因为,从公司补偿的主旨看,适当的公司补偿条件会因公司状况或职务内容等而不同,故补偿条件以协议进行个别约定是妥当的。

　　所谓补偿协议,是指"股份公司对高管等约定,以下所列费用的全部或一部分由该公司补偿"的协议(要纲案第 2 部第 1 之 2①)。但是,这里所说的"高管等"是指"董事、会计参与、监事、执行董事或会计参与"(公司法 423 条第 1 款),要纲案将签订补偿协议的对方、公司高管等赔偿责任保险上的被保险人作为"高管等"。只是,现实中"高管等"中"董事"是规定的中心,以下主要以董事为主进行说明。

表1:以公司补偿协议成为补偿对象的费用等(摘自要纲案)

费用	1. 该高管等在执行职务时被怀疑违反法令或被请求承担责任时所需的费用。
	《补偿限制》:即使签订补偿协议,"1 所列举的费用中超过认可的部分"不予补偿。
	《公司的返还请求权》:基于补偿协议,补偿了 1 所列费用的公司"知道该高管等为了自己或第三人的利益,或以加害该公司为目的行使了 1 的职务时",可以对该高管等请求返还与补偿金额相当的金额。
损失	2. 该高管等在执行职务上负担赔偿第三人损害责任的场合,下列(1)、(2)所列的损失。 (1)该高管等赔偿该损害产生的损失。 (2)该损害赔偿的纠纷在当事人之间达成和解时,该高管等基于该和解支付产生的全额损失。
	《补偿限制》:即使签订补偿协议,下列费用不予补偿: (对公司承担损害赔偿责任的场合) 该公司若赔偿 2 的损害,该高管等对该公司负有第 423 条第 1 款的责任时,2 的损失中关于该责任的部分。 (恶意或重过失的场合) 高管等执行职务时恶意或重大过失而负有 2 的责任时,2 的全部损失。

　　成为补偿对象的是费用和损失。首先,所谓"费用",是指高管等执行职务时,被追究责任或被疑违法律所需要支付的费用。例如,被第三人请求损害赔偿时的诉讼费用、执行职务时刑事事件(贿赂罪)或行政

罚金而由个人负担的部分,包括律师费、诉讼费用、交通费、印刷复印费、通信费、备案费用、调查费等[17]。费用的范围限制在"被认可的一定金额","一定金额"在解释上会成为问题,但用在诉讼活动的费用并非高额,[18]可根据具体案件进行判断。

根据要纲案,成为补偿对象的费用如表1所示。在补偿协议上,如果对高管等受到的损害公司无限制地给予补偿的话,则高管等的职务适当性受到损害,并且与公司法上高管等的责任的整合性、罚金等规定的主旨相悖。因此,补偿的对象限于表1(1)。

表2:补偿协议成为问题的费用等的具体例子

补偿协议成为问题的费用等的具体例子		补偿的可否
费用	①公司对高管等的责任追究诉讼,高管等负担的诉讼费用等	可
	②第三人提起的损害赔偿诉讼,高管等负担的诉讼费用等	可
	③高管等成为刑事或行政程序的对象时,其防御活动需要的费用	可
损失	④高管等对公诉负担的损害赔偿金(和解金)	不可
	⑤高管等对第三人负担的损害赔偿金(和解金)	可
	⑥高管等被课的刑事罚金、行政罚款	不可
注1:即使根据补偿协议为"可",也可以以协议在契约自由的范围内限定金额或不予补偿。例如,可以设定不补偿①的协议。		
注2:关于⑤,公司和高管等连带对第三人负赔偿责任,公司支付赔偿金时,除去公司向高管求偿的情形。参照上述。		

对上述表1、表2所示的内容做若干论述。

(二)损失(损害赔偿金、和解金)的补偿

1. 对公司的损害赔偿金、和解金以及罚金等补偿对象的除外

高管等对公司因履职懈怠而负损害赔偿责任时,从公司补偿中除

---

⑰　参见实务指引案第4页。

⑱　法制审议会公司法制(企业治理等关系)部会第7次议事录(竹林俊宪发言)。

外（表 2④）。如果高管对公司支付的损害赔偿金成为补偿的对象，实质上等于免除了该高管的责任，因此不依公司法第 424～427 条规定的程序免除高管等责任不被允许。[19]

另外，高管等在执行公司职务上作为个人被课以刑事上的罚金或行政罚款，将不成为补偿对象（表 2⑥）。[20] 关于基于特别法规定的损害赔偿责任，赔偿金由公司补偿，会不会有损各项规定的主旨，也应当进行同样的讨论。

2. 公司对第三人的损害赔偿与高管等对公司的履职懈怠责任的调整

高管与公司间即便签订补偿协议，也存在不予补偿的情况。要纲案第 2 部第 1 之 2②［图 1（1）］中，公司如果赔偿了高管对第三人的责任，该高管对公司承担履职懈怠责任。[21] 这是以公司因赔偿对第三人的损害而对高管取得的求偿权为前提的。[22] 这是以公司与董事共同向第三人承担连带债务为原型设定的，公司全额支付损害赔偿金的话，就董事对公司履职懈怠的赔偿部分，公司可以行使求偿权。[23]

具体而言，公司的代表人对第三人实施不法行为时，公司在承担损害赔偿责任的同时（公司法 350 条，民法 709 条、719 条），董事个人也要承担责任（公司法 429 条，民法 709 条、719 条）。此时，公司和董事之间形成不真正连带债务关系，如果公司对第三人进行赔偿，对董事的求偿

---

[19]　落合编：前引注 4，第 154 页（田中亘）；中间案补充说明 34 页。

[20]　公司法研究会报告书 23 页、中间案补充说明 34 页、神田秀树等前引注 4 第 15 页。但是，实务指引案第 19 页不承认刑事罚金补偿，但主张：行政罚款的补偿因各国法制不同而有差异，应当进行柔性判断。

[21]　履职懈怠，一般指董事在执行职务上未尽到善良管理人的义务。公司法 423 条和 429 条解释说的"履职懈怠"几乎重合［岩原绅作编：《公司法评释（9）》380 页（吉原和志），商事法务 2014 年］。

[22]　中间案补充说明 34 页、加藤贵仁等"座談会 会社法研究会报告書の検討"，ソフトロー研究 27 号 172～173 页（田中亘发言）（2017）。

[23]　松本绚子：《『コーポレート・ガバナンスの实践』を踏まえた会社補償と D&O 保险の在り方》，损害保险研究 78 卷 1 号 145 页（2016）。

问题就变得现实化。㉔这时,如果不是公司而是董事向第三人支付了赔偿金,则公司不能请求董事补偿。

对此,有批判意见认为,这会过度限制董事的补偿范围,使得制度无法发挥预定的功能。针对这样的批判,有意见认为,即使是执行业务的董事,为了可以签订责任限定协议,应当扩大董事的责任范围。㉕但是,以现在的董事责任体系为基础的话,公司法29条第1款的董事对第三人责任的损害赔偿金无法得到补偿。

不过,民法709条的侵权责任成立时对董事有意义。即便该董事被认定为"对第三人加害行为存在过失",也未必意味着"对公司履行职务上存在过失"。此外,如后面所述,即使成立侵权行为,只要董事执行职务时没有重过失,该董事可以获得补偿。

3. 对第三人损害赔偿金、和解金的补偿和执行职务时的恶意、重过失

董事对第三人的损害赔偿责任与对公司责任不同,损害赔偿金、和解金原则上不在公司的补偿范围内。但是,董事恶意、重过失对第三人负赔偿责任时,其损害赔偿金不包含在补偿对象中[要纲案第2部第1之2②(3)]。此时如果作为补偿对象的话,就可能有损董事执行业务的适当性,另外,即便不在补偿对象范围内,董事执行业务也不会因此萎缩。㉖这里的重过失的内容可以理解为与董事责任部分免除制度(公司法425—427条)内容相同。㉗

因此,董事执行业务时恶意、重过失,对第三人的损害赔偿责任不成为补偿对象,根据公司法429条第2款几乎没有补偿董事损失的。

但是,公司法429条第2款中,决算材料等的虚伪记载的对第三人

㉔　公司法研究会报告书、公司法研究会资料2"取締役の報酬、会社補償及びD&O保険に関する検討",第10页。

㉕　公司法研究会报告书24页。

㉖　参见中间案补充说明34页。

㉗　参见中间案补充说明34页。

责任则轻过失亦不免责。㉘

近年来,有增加倾向的金融商品交易法上的公开材料虚伪记载责任,以董事的过失为要件(金融商品交易法 2 条第 2 款、24 条之 4 等)。因此,董事基于此规定而承担责任的,只要可以证明该董事执行职务时不存在重过失,就可以得到补偿。这样,董事在执行职务时存在轻过失对第三人承担责任的规定,如果不认定为重过失,就包含在补偿的对象里。其余的董事第三人责任排除在补偿对象外,立足于现行公司法规定的话,这也是不得已的。

(三)费用补偿

1. 费用补偿上执行职务时恶意、重过失要件的不采用

在要纲案中,董事执行职务时被疑违反法令或受到责任追究时需要的费用(诉讼费用),即便可能被认定为恶意或重过失,为了董事可以进行适当的防御活动,由公司进行补偿。这是为了抑制损害扩大并最终为了公司利益考虑。并且,即使将费用包含在补偿之内,也不能说构成对董事履职适当性造成损害。㉙

关于恶意、重过失时诉讼费用要不要补偿,存在意见分歧。反对意见认为,特别是恶意、重过失时败诉时补偿会产生道德风险,有损董事执行职务的适当性。

但是,从终审判决的结果看,法院未必会明确认定董事的恶意、重过失,㉚必须判断董事的恶意、重过失时,需要等审理结果才能明确主观要件。因此,若采用等待终审判决才能给予补偿的规定,则董事必须在诉讼开始前或进行中事先支付防御费用,结果可能导致制度存在意义落空。

使用"补偿"一词,就不需要董事必须事先支付费用。在董事与公司的补偿协议上,约定事先支付诉讼费用,例如,在被提起诉讼的初期

㉘ 参见前引岩原注 21,第 408 页(吉原执笔);酒卷俊熊、龙田节编:《逐条解说会社法(5)》(青竹正一),中央经济社 2011 年,第 430 页。

㉙ 参见中间案补充说明 34 页。

㉚ 参见松本绚子"会社補償・役員等賠償責任保険をめぐる規律の整備",ビジネス法務 19 巻 6 号 37 頁(2019)。

阶段事先支付律师费等费用,也是公司补偿制度实际上的意义。③

因此,要纲案规定,不论有无恶意、重过失,都承认补偿费用,在此基础上,如发现董事执行职务时存在图利加害目的,则公司可以请求返还补偿金。

当然,公司可以在补偿协议中约定对以上事项不予补偿。但是,比如,在诉讼进行中董事提出补偿请求,公司在判断有无的基础上给予补偿,在现实中是非常困难的。

2. 要纲案的"法令"的意义

董事接受补偿的费用等限于"董事等被疑违反法令规定,或被追究责任"时的必要费用。这里所说的"法令",除了公司法、民法等民事法令以外,还包括行政法令、刑事法令,以及民事、行政或刑事上程序。③ 行政机关的调查以及搜查机关的搜查等也包含在内。③

3. 不限追究主体,"公司"也包括在内

补偿费用时,要纲案对追究责任主体没有限制。因此,股东以董事为被告提起代表诉讼时,或者公司自身提起诉讼的,都是公司补偿的对象。

从公司补偿的主旨看,公司自身追究责任时,与第三人或股东一样,承认公司事先约定补偿费用。③ 当然,公司自身追究时,可以约定不补偿费用。

顺便提一下,日本的 D&O 保险中,公司对董事的诉讼属于免责事由,将不对被告董事支付保险金,诉讼费用自己负担的居多。有的保险公司会根据不同场合,认可诉讼费用不免责的特殊约定。⑤

---

③ 参见武井一浩、中山龙太郎、松本绚子:"会社補償研究会『会社補償実务指針案』の解説",商事法务 2134 号,第 25 页(2017)。

③ 解释指引 10 页、实务指引案 4 页。

③ 除了公正交易委员会、政权交易等监察委员会、国税局、国土交通省、厚生劳动省等行政机关依照各自所依据的法令实施的调查以外,地方自治体的调查也包含在内。梅林启:"行政机関による行政調查(上)(下)",NBL1103 号 56 页(2018)、1105 号 49 页(2018))。

③ 中间案补充说明 33 页。

⑤ 参见嶋寺基、泽井俊之:《D&O 保険の実务》,商事法务 2017 年,第 171 页。

4. 董事的图利加害行为和公司的补偿金返还请求权

根据要纲案规定,当公司知道董事"为了自己或第三人的不正当利益,或者加害该公司的目的"执行职务时,公司可以请求返还相当于补偿金的金额(要纲案第 2 部第 1 之 2③)。

在中间案中,董事应当负担的费用不采主观要件,而是以包含在补偿对象中为前提,公司认定董事恶意、重过失或其他行为时,可以要求该董事返还。㊱

在要纲案中,公司的返还请求权是作为"法律上的权利"被规定的。但是,此项权利归根结底是权利而不是义务。当其他董事知道图利加害目的而不为返还请求的,该董事构成违反勤勉义务而面临被追责的可能。当然,判断是否违反勤勉义务,需要综合考虑举证方法以及金额等因素。

另外,要纲案并没有采用"知道"加害目的请求返还,而"不知道"时给予补偿的规定。这是因为,只有无图利加害目的才给予补偿当然是众望所归,但在补偿实行的阶段,由公司确认加害目的的有无,会使补偿无法迅速进行,或董事会害怕风险而进行严格的判断,其结果使得公司补偿制度无法充分发挥功能。

(四)公司补偿的程序性规制和公开

1. 公司补偿的程序性规制

(1)补偿协议的签订和补偿的实行

根据要纲案,公司决定补偿协议内容的机关是董事会(不设置董事会的公司为股东大会)。㊲ 董事发生的费用归根结底不同于报酬,可以不经股东大会而由董事会决定。

董事会决定了补偿协议的内容之后,㊳与董事签订补偿协议。补偿

㊱　中间案补充说明 33 页。

㊲　关于一般性的董事会的决议事项,存在修改的余地。例如,公司法研究会报告书 16 页中指出,设置监事的公司中,如果有半数以上董事为外部董事,就可以将重要业务的决定权交给董事。

㊳　与公司签订补偿协议的董事作为特别利害关系人,不能参加董事会的决议(公司法 369 条第 2 款)。

协议签订后,当董事发生费用请求补偿并因此决定、实行时,重要的事实需要在董事会上报告。实际发生费用后,请求补偿是原则。例如,为了应对诉讼所提前支付的律师费等,就可以通过补偿协议设定。

董事会的作用在两方面被期待:赋予激励的适当性以及利益相反交易的监督。㉝ 在决定补偿协议内容和实行补偿两个方面,究竟实行怎样程度的监督,存在不同的观点。中间案分别对以上两种情况,提议了以下三种方案:㊵

(a)补偿协议内容由董事会决定,实行补偿由补偿的董事与接受补偿的董事不迟延地将该实施在董事会上报告;

(b)二者各自需要董事会决议;

(c)区别对待费用补偿和损害赔偿金补偿,费用补偿于补偿实行后在董事会上报告即可,而损害赔偿金补偿需要分别对内容与实行获得董事会决议。

结果是,要纲案采用了董事会决定补偿内容,补偿实行则在实行后董事会上报告即可。补偿的实行可以认为是履行契约上的债务,并且,从实现迅速、柔性的补偿的观点看,要纲案顺应了之前的期望。但是,由于补偿的实行关系到董事对补偿与否以及金额的广泛裁量权,亦存在裁量权滥用的可能。如后所述,结合在事业报告上记载补偿金额并向股东公开的制度框架,要纲案的规定是合理的。

此外,补偿实行的决定因补偿金额不同,符合"重要的业务执行的决定"(公司法362条第4款),有可能需要董事会的决议。㊶

公司可以自主进行严格的程序。例如,进行前述(a)方案的程序,董事会承认、外部董事的参与需要经半数以上成员的同意或全体董事的同意等。㊷

㉝　解释指引10页。

㊵　中间案第2部第2之2②(注)。

㊶　神田:前引注2第6页;松田真治:"会社補償とD&O保険",税理62卷6号,第177页(2019)。

㊷　解释指引10页、实务指引案13页。

（2）利益相反交易规定的适用除外

现行公司法上，董事与公司之间签订补偿协议以及实行补偿，需要遵守利益相反交易（直接交易）的规制。这样，①董事会对签订协议的承认以及该交易后重要事实的报告（公司法 356 条第 1 款、365 条）外，②推定参与签订补偿协议的董事的履职懈怠（公司法 423 条第 3 款），③该签订协议董事即使无过失也不免除公司法 423 条第 1 款的责任，同责任不认可部分免除。⑬

这样，签订补偿协议也可能使董事萎缩。公司补偿协议上的双方，在形式上虽说具有利益相反关系，但从补偿该董事在履行职务上支出的费用上看，很多限于履行既有债务的范围之内。因此，利益相反交易中在董事裁量余地狭窄的场合，就缺少与通常的利益相反交易同样的严格规制的必要。

因此，要纲案不适用对于公司补偿在通常利益相反交易规定的上述三个规定。

2. 公众公司补偿协议在事业报告上的公开

要纲案规定，公众公司的高管（限于董事与监事）在与公司签订补偿协议时，必须将表 3 所列（1）~（3）的事业报告公开［要纲案第 2 部第 1 之 2（2 的注）］。

表 3：事业报告应当公开的事项

（1）	该高管的姓名
（2）	该补偿协议内容概要（为了不损于该高管履行职务的适当性而采取措施时，包含该措施的内容）
（3）	对该高管补偿（1）所列费用的公司，在该事业年度上，知道该高管有责任或者该高管违反法令时
（4）	在该事业年度上，公司对该高管补偿（2）的损失时，其主旨以及补偿金额

⑬　中间案补充说明 35 页。

补偿协议有可能影响高管执行职务的适当性,并且补偿协议属于利益相反性高的协议,因此,其内容对股东而言是重要的信息。㊹ 通常,在利益相反交易的场合,需要记载当事人姓名、交易内容、交易金额、交易条件等(公司计算规则);公司补偿的场合,需要在事业报告上公开。公司签订的重要合同内容以记载于报告书公开的形式,与高管报酬、责任限定协议的内容遵循同样的规则。

如果事业报告公开,并且事业报告上载明姓名及补偿金额等内容,当事人可能会对签订协议感到犹豫。㊺但是,如前所述,在公众公司,公司补偿也是事关股东利益的重要信息,通过公开信息抑制不正当行为的发生,并促进董事会进行审慎决策。

另外,在公开的事项中,表3的"不损于该高管履行职务的适当性"是指,例如,在补偿协议中公司设定限度额、将公司对高管的责任追究排除出去㊻,决定协议内容时需要外部董事的同意为要件㊼。

四、公司补偿的边界和D&O保险的相互补充关系

D&O保险是公司作为保险人,董事等作为被保险人,董事等在执行职务中被追究责任时填补该责任的保险。D&O保险是董事等在执行职务中被追究责任时,所需的诉讼费用以及损害赔偿金不由个人负担,而由保险金提供的保险。在高管支出的与其职务相关的费用不需个人负担这点上,与公司补偿具有同样的功能。因此,公司补偿和D&O保险是相互补充的关系。

表4:公司补偿与D&O保险的区别

		公司补偿	D&O保险
1	补偿内容	公司与高管之间柔性设定(但是,在公司法认可的范围内)	保险合同上的免责事由以及支付限度额、免责金等有限制

㊹㊺㊻ 中间案补充说明36页。

㊼ 松田:前引注40第176页;解释指引10页;实务指引案13页。

		公司补偿	D&O 保险
2	股东代表诉讼败诉时的补偿	损害补偿金不予补偿,诉讼费用给予补偿。	补偿
3	第三人损害赔偿诉讼败诉时的补偿	补偿。但是,同时对公司产生责任(损害赔偿责任)时,损害赔偿金不予补偿,只补偿诉讼费用。重过失的场合参照5。	补偿
4	公司倒闭时的补偿	事实上不予补偿	保险期间请求的,补偿
5	履职懈怠存在重过失时的补偿	诉讼费用可给予补偿,损害赔偿金(和解金)不予补偿	只要不符合免责事由则补偿
6	补偿的可否、内容的判断主体	公司判断是否满足补偿协议的补偿要件	保险公司判断是否满足保险合同的要件
7	针对补偿有无的预测可能性	低(根据补偿协议的规定而定)	高

以下,关于表4的各项,结合公司补偿的边界论述与D&O保险的相互补充关系。⑱

（一）对公司的损害赔偿金

如前所述,公司补偿不适用于高管对公司承担损害赔偿责任,就是说,高管被公司请求损害赔偿,或者股东代表诉讼中败诉时不发挥作用（损害赔偿金不予补偿）。

相对公司赔偿,D&O保险则即便是高管对公司的责任,对股东代表诉讼败诉的高管仍然补偿损失（损害赔偿金）。这样,当公司向高管提起损害赔偿诉讼时,D&O保险合同上一般约定公司诉讼为免责事由,因此,公司诉讼中败诉的高管将得不到保险金。

以上对公司的损害赔偿责任,在公司补偿中完全无法适用,但在

---

⑱　参见嶋寺基、泽井俊之:前引注34第30页以下;山越诚司:"D&O保险と会社補償制度の相互補完",商事法务2168号,第33页以下(2018)。

D&O 保险中,只限于股东代表诉讼败诉的场合,将会得到填补。

(二)公司处于倒闭状态时

公司补偿在公司处于倒闭状态时,事实上不发挥作用。从前,公司以外的第三人向高管请求损害赔偿时,大多时候是公司倒闭,从公司难以获得赔偿金的情形。因此,公司补偿在最重要的场合反而无法发挥作用。

对此,D&O 保险则即使公司倒闭,只要在保险期间请求,就不会影响保险金的给付。因为保险金是保险公司支付的。

(三)执行职务时恶意、重过失的场合

公司法 429 条第 1 款的董事第三人责任需要董事等在执行职务时的恶意或重过失。根据要纲案,公司补偿在"执行职务时没有恶意或重过失"。公司法 429 条的恶意或重过失与要纲案中公司补偿的恶意或重过失概念之间的关系并不明朗,至少在承认公司法 429 条第 1 款的责任时,公司补偿基本不适用。

D&O 保险则只要不属于免责事由,例如,董事等只要不存在违法取得个人利益、犯罪行为、认识到违反法令等情形,即使执行职务时存在重过失,仍旧可以得到补偿。D&O 保险中,执行职务时的重过失本身不是免责事由,因此,只要不属于违反法令的认识以及其他免责事由,即使重过失也会得到保险补偿。

例如,某高管进行了有意识的粉饰决算,通常该高管的责任因为存在违反法令的认识而符合 D&O 保险的免责事由,不受保险的保护。但是,其他高管的监督义务违反责任即使存在重过失,也会得到保险的填补。

(四)补偿的可否、内容的判断主体

公司补偿的可否以及内容的判断主体是公司。具体而言,决定实行补偿的董事会进行判断。一方面,存在出于私交进行暧昧判断的担忧,另一方面,由于害怕被批判为不适当的补偿,可能会进行更为严格的判断。

例如,损害第三人利益而被认定为违反公司法 429 条第 1 款的重过失时,董事等碍于同事情面,可能会认定无重过失而给予补偿。此时,承认公司补偿就构成了董事的勤勉义务。此外，审查的董事如果承担受到批判的风险，为了回避风险，会对补偿与否进行过于慎重的判断而不予补偿。

但是，这样的问题在后述（参照五，第三）中，将通过补偿协议的内容得到某种程度的缓解。

因为 D&O 保险是事先签订的保险合同，公司的意思不会介入其中，公司也不负担保险费。并且，保险公司具有丰富的判断经验，其判断多数场合具有客观性与合理性。

（五）补偿有无的预测可能性

与（四）中所述的相关，某董事执行职务损害第三人的利益时，其他董事可能会在意社会或股东的反应而无法作出补偿决定。因此，执行业务董事事先无法判断能否得到公司补偿，会导致公司经营陷于萎缩。补偿的时间节点上，考虑到补偿的适当性时，这种缺陷更为突出。公司补偿存在这样的界限，其作为激励董事、进行适当冒险的制度，可能无法发挥应有的功能。

美国特拉华州公司法第 145 条（公司补偿条款）因作为各州立法的参考对象而闻名。该 145 条同要纲案一样，规定了承认对公司补偿的权限，至于是否补偿，则由公司任意为之。因此，特拉华州公司法存在同样的问题。但是，在美国的实务中，根据公司与高管的补偿协议，补偿作为公司的义务，并且只要公司不在高管的诚实行为要件上存在争议，可以推定诚实行为要件充足，补偿得以迅速且确实地履行。⑲

相比而言，D&O 保险是依合同处理的，执行业务的董事可以事先预测到是否得到补偿。因此，作为支撑董事大胆经营的"后盾"，D&O 保险有优于公司补偿之处。但是，如美国实务那样，公司补偿也可以根据协议内容设计迅速且确实的补偿模式。

五、结语

总结以下三点结束本报告。

---

⑲　参见公司补偿实务研究会编：《补偿的实务》，商事法务 2018 年版，第 53 页以下。

第一,民法委任合同上的费用偿还请求权(民法650条)和本次要纲案的关系。要纲案上的补偿不是否定民法650条第3款的。即便高管与公司签订了补偿协议,也可以不经上述程序而直接适用民法650条第3款。

新设要纲案的意义在于,即使高管有过失也给予补偿。另一方面,当董事等存在恶意、重过失时,明确对某些损害不予补偿。[50]

第二,本报告三(二)之2提到过,要纲案对于董事向公司以外的第三人承担损害赔偿责任时,重过失不予补偿。这样规定受到批判,即公司不予补偿公司法429条第1款的责任,公司补偿制度的意义就变得稀薄。但是,董事与公司连带承担责任时,如果承认公司对董事求偿部分的补偿,等于实质上免除了董事对公司的责任,会发生脱法(公司法424—427条)的问题。若以现行的董事责任免除规定为前提,要纲案的规定与公司法是整合的。

但是,今后对董事的责任与公司补偿的关系,应当在与责任减免规定的关系基础上进行彻底的修改。现行公司法对于非业务执行高管以外的高管缺乏事先的责任限制。这是否妥当,值得进行再次的探讨。[51]

第三,文章开头介绍的经济产业省研究会指引,学者、实务界的实务指引案中,建议效仿特拉华州公司法区别义务补偿和任意补偿。义务补偿,是指当满足补偿协议规定的要件时,必须给予补偿;任意补偿,是指当满足补偿协议规定的要件时,另行判断是否给予补偿。[52] 美国的补偿协议两者皆可,义务补偿居多,对高管比较有利。[53]

要纲案的公司补偿在协议上可以自由选择。公司补偿在实务上,其内容很重要,故希望参照美国模式起草义务补偿形式的补偿协议。

此外,与美国一样,需要在协议中明确诉讼费用的事先支付。首先,高管个人事先支付律师费等费用,其后向公司请求补偿的话,由于

㊿ 中间案补充说明36页;神田秀树等:"鼎談 会社法制見直しの展望-中間試案取りまとめを振り返って-",载《商事法务》2166号(2018年),第15页(竹林俊宪发言)。

㉛ 加藤等:前引注22第173页(田中发言)。

㉜ 解释指引10—11页。

㉝ 公司补偿实务研究会编:前引注48,第6—7页。

费用垫付有限度,可能无法进行充分的防御活动。高管无法就履职的适当性进行充分的主张与举证,最终会有损公司的利益。

资料:

法制审议会公司法制(企业治理等关系)
部会"关于公司法制(企业统治等关系)
修改的要纲案"(平成 31,1,16)

第 2 部 关于董事等的规定的修改
第 1 对董事的适当的激励
1 报酬等
(略)
2 补偿协议
①股份有限公司对高管等(指第 423 条第 1 款规定的高管等。下同)。决定对以下所列费用等的全部或部分由该公司进行补偿的协议内容,应当由股东大会(董事会设置公司为董事会)决议:
　　a 该高管在执行职务时被疑违反法令,或者受到责任追究时所需的费用
　　b 该高管在执行职务时对第三人产生损害而承担赔偿责任时的下列损失
　　(a 该损失由该高管赔偿时产生的损失
　　(b 该损害赔偿纠纷在当事人之间达成和解时,该高管等基于和解支付金钱产生的损失
　　(①的注)在第 399 条之 13 第 5 款各项以及第 416 条第 4 款各项所列事项上,分别追加决定补偿的内容
　　②股份有限公司即使在签订补偿协议的场合,也可以基于该协议对下列费用等不予补偿:
　　(a①(a)所列费用中,超过被认定金额的部分
　　(b 该股份有限公司若进行了①(a)的赔偿,该高管等对该公司承担第 423 条第 1 款的责任时,①(b)所列损失中关于该责任的部分
　　(c 高管等在执行职务时存在恶意或重过失而承担①(b)责任时,①(b)所列损失的全部
　　③基于补偿协议补偿了①(a)所列费用的公司,当知悉该高管等为自己或第三人谋私利,或者以加害该公司的目的执行了①(a)的职务时,可以向该高管等请求返还与补偿的金额相当的金钱
　　④董事会设置公司中,基于补偿协议进行补偿的董事以及接受补偿的董事应当不迟延地将该补偿的重要事实向董事会报告
　　(④的注)准用于执行董事

⑤第356条第1款以及第365条第2款(含此等规定准用第419条第2款的场合)、第423条第3款以及第428条第1款的规定不适用于公司与董事或执行董事之间的补偿协议

⑥民法第108条的规定不适用于根据①的决议规定其内容的⑤的补偿协议

(2的注)上记以外,公司在事业年度的最后一日为公众公司的场合,该公司的高管(限于董事或监事)和公司之间签订补偿协议时,应当将下列事项包含在该事业年度的报告内容中。另外,公司事业年度的最后一日为会计参与设置公司时,会计参与和公司之间签订补偿协议以及公司为会计监察人设置公司时,会计参与和公司之间签订的补偿协议适用同样的规定

a 该高管的姓名

b 该补偿协议的内容概要(因该补偿协议而无损该高管履职的适当性的措施)

c 对该高管进行了①(a)所列费用补偿的公司,在该事业年度中,被认为在执行职务上有违反法令

d 该事业年度中,公司对该高管补偿了①(b)的损失时,其宗旨以及补偿的金额

日本股份回购规制缓和的"表"与"里"

得津晶[*]　　王万旭[**]

目　　次

一、绪论

2018 年 10 月 26 日,全国人大对公司法上股份回购规制做出了缓和。本次修正案的主要内容是为了员工持股计划、股权激励以及可转

---

  *　作者:东北大学副教授。

 **　译者:大连大学副教授。

换公司债而承认自有股份的回购。但是，修正的目的在于通过取得自有股份来稳定资本市场以及稳定股价。① 对照这样的目的，中国的自有股份回购规制有进一步发展的可能。

本次修正之所以对公司法研究者来说是个冲击，是因为并没有经过之前预定的征求专家意见环节，给人"神速"乃至"求快"之感。② 我想对研究公司法的中国学者而言，是否有过犹不及的疑虑呢？

对此，日本法上的自有股份回购于 2001 年 6 月的议员立法的商法修改［"修改商法等一部分的法律（平成 13 年法律第 79 号）"］时，原则上确立了股份回购的自由化（表现为解除了金库股）。此立场于 2005年公司法以及现行公司法上也得以维持。在此意义上，日本法向着中国学者担心的方向先行一步。

2001 年 6 月的日本商法修改作为议员立法，其并未经过包括公司法学者在内的法务省、法制审议会的审议。与中国 2018 年修正相同，很容易被误解成充耳不闻公司法学者的意见。并且，日本的股份回购规制缓和的目的在于解决当时的相互持股（政策性持有）以稳定股份市场。③ 这些背景与本次中国法修改具有相似之处。

因此，中国的公司法学者可能也担心中国会走日本的老路。但是，日本股份回购规制的缓和从结果看是没有太大问题的。这是因为，在缓和的表面之下，日本在"后面"进行了很好的对应。这里所说的"后面"，是指自有股份回购后的对应。也就是说，①持有的自有股

---

① 参见中国证监会官网（http://www.csrc.gov.cn/pub/newsite/zjhxwfb/xwdd/201809/t20180906_343763.html）；Myles Seto & Shelley Liang, China encourages share repurchase by revising the Company Law, Deacons Newsletter Corporate Commercial 20 December 2018, 2, 2–3（available at, https://www.deacons.com/assets/Images/News%20and%20Insights/Publication/2018/20181220_CCGNewsletter_Eng.pdf）。

② 根据 2018 年 10 月 28 日清华大学召开的"the 18th International Conference of 21st Century Commercial Law Forum"刘燕教授（北京大学）的报告以及汤欣教授的点评。

③ 参见相泽英之等：《一问一答金库株解禁等に伴う商法改正》，商事法务研究会 2001 年，第 7 页。

份(所谓的库存股④)的法律规则,②公司处分其回购的自有股份时的规则。

二、2018 年公司法修正案的自有股份回购规制的概要

2018 年公司法修正案的自有股份回购规制的内容见表 1。

修正前的中国公司法第 142 条原则性禁止自有股份的回购。在此之上,允许回购自有股份的仅限于①减少公司资本等 4 种例外情况。

首先,2018 年修正案在第 142 条的表现上,"原则禁止"这样的表现不见了,取而代之为"可以回购股份"(修改后中国公司法第 142 条)。这样规定,虽不能说进行了实质性变更,但至少可以理解为对股份回购的态度发生了转变。⑤

其次,作为新的取得事由,限于上市公司,追加了以下两个事由,即⑤将股份用于转换上市公司发行的可转换为股票的公司债券(新股预约权)和⑥上市公司为维护公司价值及股东权益所必需。

关于自有股份回购的决定权限,修改前,除了④股份回购请求权以外,①～③原则上需要股东大会的决议。修改后,③员工持股计划及股权激励、⑤可转换为股票的公司债券(新股预约权)的转换权行使和⑥上市公司为维护公司价值及股东权益所必需的场合,可以章程规定或股东大会授权,由董事会决议取得自有股份(2018 年公司法修正案第 142 条第 2 款第 2 段)。

持有回购的自有股份期间,在③、⑤、⑥的场合,由之前的 1 年延长至 3 年以内。数量规制上,①、②、④不存在数量规制,③、⑤、⑥在修改前为已发行股份总数的 5%,修改后提高到 10%。并且,此时的可分配额规制也被取消了。

---

④　在中国法上,对员工激励的回购股份持有期间延长为 3 年,随之出现"库存股"的称呼。Seto & Liang, supra note 1, at 4.

⑤　Seto & Liang, supra note 1, at 3.

表1:2018年公司法修正案第142条新旧法条对照表⑥

原公司法第142条	修改后公司法第142条
第1款:公司不得收购本公司股份。但是,有下列情形之一的除外:	第1款:公司不得收购本公司股份。但是,有下列情形之一的除外:
①减少公司注册资本	①减少公司注册资本
②与持有本公司股份的其他公司合并	②与持有本公司股份的其他公司合并
③将股份奖励给本公司职工	③将股份用于员工持股计划或者股权激励
④股东因对股东大户作出的合并、分立决议持异议,要求公司收购其股份	④股东因对股东大会作出的公司合并、分立决议持异议,要求公司收购其股份
	⑤将股份用于转换上市公司发行的可转换为股票的公司债券
	⑥上市公司为维护公司价值及股东权益所必需
第2款:公司因前款第(一)项至第(三)项的原因收购本公司股份的,应当经股东大会决议。公司依照前款规定收购本公司股份后,属于第(一)项情形的,应当自收购之日起十日内注销;属于第(二)项、第(四)项情形的,应当在六个月内转让或者注销。	第2款:公司因前款第(一)项、第(二)项规定的情形收购本公司股份的,应当经股东大会决议;公司因前款第(三)项、第(五)项、第(六)项规定的情形收购本公司股份的,可以依照公司章程的规定或者股东大会的授权,经三分之二以上董事出席的董事会议决议。

---

⑥ 参见森·滨田松本法律事务所中国研习小组编:《中国最新法令(速报)》第280号(2018年11月26日)(http://www.mhmjapan.com/content/files/00036662/20190508-042248.pdf);另参见野村高志、志贺正帅、福王广贵:《2018年の中国における重要立法を振り返る(上)~会社法の改正、電子商務法の制定を中心に~》,Science Portal China(2019年1月31日)(https://spc.jst.go.jp/experiences/chinese_law/19001.html》)。

续表

原公司法第 142 条	修改后公司法第 142 条
第 3 款:公司依照第一款第(三)项规定收购的本公司股份,不得超过本公司已发行股份总额的百分之五;用于收购的资金应当从公司的税后利润中支出;所收购的股份应当在一年内转让给职工。	第 3 款:公司依照本条第一款规定收购本公司股份后,属于第(一)项情形的,应当自收购之日起十日内注销;属于第(二)项、第(四)项情形的,应当在六个月内转让或者注销;属于第(三)项、第(五)项、第(六)项情形的,公司合计持有的本公司股份数不得超过本公司已发行股份总额的百分之十,并应当在三年内转让或者注销。
第 4 款:上市公司收购本公司股份的,应当依照《中华人民共和国证券法》的规定履行信息披露义务。上市公司因本条第一款第(三)项、第(五)项、第(六)项规定的情形收购本公司股份的,应当通过公开的集中交易方式进行。	
第 5 款:公司不得接受本公司的股票作为质押权的标的。	第 5 款:公司不得接受本公司的股票作为质押权的标的。

表 2:2018 年修正案下的回购事由与决定机关[⑦]

回购事由	①减少注册资本	②合并	③员工激励	④反对股东回购请求权	⑤转换公司债	⑥公司价值、股东价值利益保护
决定机关	股东大会	股东大会	章程或基于股东大会授权的董事会		章程或基于股东大会授权的董事会	章程或基于股东大会授权的董事会
持有期间	10 日以内	6 个月以内	3 年以内	6 个月以内	3 年以内	3 年以内
数量规制			10%		10%	10%

---

⑦　参见森・滨田松本法律事务所中国研习小组:前引注 6 文献第 2 页。

三、日本自有股份回购规制的"表"侧⑧

(一)目的规制—持有期间规制—数量规制为基础的缓和

首先,介绍一下作为表面的日本自有股份规制的历史。日本法在 2001 年修改前,采取 A)目的规制、B)持有期间规制、C)数量规制这样的复杂的组合形式。

1938 年(昭和 13 年)商法修改前,完全禁止自有股份的取得和出质 [1899 年(明治 32 年)商法第 151 条⑨第 1 款]。唯一的例外是①为了减少注册资本而进行的股份注销和基于章程规定的可分配盈余范围内的股份注销(1899 年商法第 151 条第 2 款)。此时,若注册资本减少,则需要股东大会普通决议和债权人异议程序。在可分配盈余范围内的注销,需要章程的规定,并且章程规定需要原始章程或全体股东的一致变更。⑩ 这样,实际上采取了将可回购股份限定为特定目的的 A)目的规制。对于 B)持有期间规制与 C)数量规制,这个时期并不存在。

1938 年(昭和 13 年)商法修改中,在 A)目的规制上,限于以下三个场合,即①为了注销股份而取得,②因公司合并、受让营业而取得,③为了实行权利而取得,⑪允许公司取得自有股份[1938 年(昭和 13 年)修

---

⑧ 参见森·滨田松本法律事务所中国研习小组:前引注 6 文献,第 2 页。

⑨ 本节的内容参见中东正文、松井秀征编:《会社法の選択』,商事法务,第 649—688 页;杉田贵洋:《自己株式取得規制緩和の意義》,商事法务第 2207 号(2019),第 44—52 页。

⑩ 参见铃木竹雄:《会社法〔全訂第 5 版〕》,弘文堂 1994 年,第 127 页。对此,竹田省认为,以普通的章程变更即可。竹田省:《商法の理論と解釈》,有斐阁 1957 年,第 71 页;矢泽惇:"株式の償却—特に償還株式について",松本烝治先生古稀記念《会社法の諸問題》,有斐阁 1951 年,第 355 页。需要注意的是,这些议论都强调变更章程需要股东大会的特别决议。还有意见认为,任意返还时只需要普通章程变更,强制返还时需要以原始章程或全体股东的同意进行章程变更。上柳克郎、鸿常夫、竹内昭夫编:《新版注释会社法(3)》,有斐阁 1986 年,第 288 页(菅原菊志)。

⑪ 具体而言,在进行强制执行、诉讼和解等时,当债务人在公司股份以外没有财产时,公司可以取得拍卖股份,或者以代物清偿取得该股份。上柳等:前引注 10 文献,第 240 页(莲井良宪)。

改商法第 210 条[12]]。

与 1899 年商法一样,规定①股份的注销要基于注册资本的减少或章程规定时在可分配盈余范围内(1938 年修改商法第 212 条[13])。并且,资本金减少需要股东大会的普通表决和债权人异议程序,根据多数说的主张,章程规定需要原始章程或全体股东的一致变更。[14] ②合并、营业转让取得需要股东大会决议。

对于回购的股份,①以注销股份为目的将回购的股份不迟延地进行股份实效程序。②因公司合并、受让营业而取得和③实行权利的取得的场合,公司负有一定期间内处理股份或质押物的义务(以上是 1938 年修改商法第 211 条[15])。

其后,1950 年(昭和 25 年)商法修改中,作为取得事由,追加了④反对股东的股份回购请求权[1950 年(昭和 25 年)修改商法第 210 条第 4 项[16]。A)目的规制)]。对于以新的方式回购的股份,要求公司在一定时期内进行处分。

与 A)目的规制相关的 1950 年修改,①资本金的减少,②合并、营业转让也需要股东大会的特别决议。

1966 年商法修改中,因变更章程而限制股份转让,需要对持反对意见的股东的股份回购请求权进行保护。于是,作为股份回购的事由,扩

---

[12]　昭和 13 年法律第 72 号。

210 条　公司除了以下场合,不得回购自有股份或者以质押为目的的取得之:

①为了注销股份而为之,②因合并或受让他公司的全部营业,③实行公司权利时,为了达成其目的所必须时。

[13]　昭和 13 年法律第 72 号新设本条。第 212 条:"股份非依减资规定不得注销。但是,基于章程规定向股东分配的利益不在此限。"第 2 款:"第 377 条的规定准用于股份注销。"于前条第 1 项之场合,公司应当不迟延地进行股份失效程序,于第 2 项以及第 3 项之场合,必须在一定期间内处分股份或质权。

[14]　参见前注 10。

[15]　昭和 13 年法律第 72 号修改。第 211 条:"于前条第 1 项之场合,公司应当不迟延地进行股份失效程序;于第 2 项以及第 3 项之场合,必须在一定时期内处分股份或质权。"

[16]　昭和 25 年法律第 167 号修改。第 210 条(省略)。

大了④股份回购请求权的对象(1966 年修改商法第 210 条第 4 项)。[17]

此外,1981 年(昭和 56 年)商法修改中,允许⑤以质押为目的取得自有股份(1981 年修改商法第 210 条正文[18])。对于质权,引进了已发行股份总数 1/20 的 C)数量规制。

与中国 2018 年公司法修正中的新股预约权有重要关联的,是 1994 年的商法修改。作为新的事由,规定了⑥员工的股权激励而取得自有股份[平成 6 年修改商法第 210 条之 2A)目的规制)]。在⑥的场合,作为 B)持有期间规制规定了 6 个月(1994 年修改商法第 211 条[19]);作为 C)数量规制,规定了已发行股份总数 3%以下(1994 年修改商法第 210 条之 2 第 1 款[20])。此时,自有股份的取得应当在可分配盈余的范围内(1994 年修改商法第 210 条之 2 第 3 款,第 210 条之 4,第 212 条之 2 第 3 款、5 款、6 款)。

并且,对⑥员工的股权激励而取得自有股份的程序,也考虑到了股东间的平等。首先,需要定期股东大会的普通决议(1994 年改修改商法

---

[17] 伴随股份回购请求权对象的追加,自有股份回购事由的追加(2005 年修改前商法第 210 条第 4 项列举事由的追加)在其后经历了 1991 年修改(伴随小数股票不发行的小数股的回购请求权)、1997 年修改(简易合并)、1999 年修改(股份交换、股份转移)、2000 年修改(公司分立)的阶段。

[18] 昭和 56 年法律第 74 号修改。

第 210 条 公司除以上情形外,不得受让超过以回购自有股份或以质押为目的的已发行股份总数的 1/20。

[19] 平成 6 年法律第 66 号修改。第 211 条:"于第 210 条第 1 项之场合,公司应当尽快为股份失效程序,于同条第 2 项到第 5 项以及第 210 条之 3 第 1 款之场合,自受让时 6 个月以内将股份转让给使用人。"

[20] 平成 6 年法律第 66 号追加本条。第 210 条之 2 第 1 款:"公司不拘前条规定而有正当理由时,可以在不超过已发行股份总数 3%的范围内取得自有股份交付于使用人。"第 2 款第 1 句:"于前款之场合,受让股份需要记载以上事项的定期股东大会的决议。此时,董事应当向使用人公开需要转让股份的理由。"第 2 款第 2 句:"决议后最近的决算期的定期股东大会终结时为止,应当受让的股份的类别、总数以及取得价额的总额,应当受让的股份在没有交易市场以及类似交易市场时的卖方。"第 3 款:"于第 1 款之场合,可以受让的股份总数不得超过已发行股份总额的 3%。并且其股份的取得总价不得超过根据资产负债表上的纯资产额扣除第 290 条第 1 款各项(计算可分配利益的扣除科目)的金额,以及定期股东大会上分配或支付的,或者编入资本额的合计额。"(以下省略)

第 210 条之 2 第 2 款）。其次，若是上市公司，需要在交易所交易（1994年修改商法第 210 条之 2 第 8 款）或采取公开收购（1994 年修改商法第212 条之 2 第 4 款）。对此，非上市公司需要股东大会的特别决议（1994年修改商法第 210 条之 2 第 5 款）。其他股东享有追加成为卖主的权利（追加卖主请求权，Tag-along Right）（1994 年修改商法第 210 条之 2 第7 款）。

　　本次修改追加了作为 A）目的规制以限制股份转让公司为对象的新的回购事由。⑦股东请求承认股份转让以及指定收购人时，公司自身成为受让人（1994 年修改商法 204 条之 3 之 2 第 1 款㉑），⑧股东存在继承时，继承人与公司之间合意回购股份（1994 年修改商法 210 条之 3第 1 款㉒）。

　　在⑦指定受让人与⑧继承取得的场合，作为 B）数量规制，两者合计 20% 为上限。另外，两者合计需要在可分配盈余的范围之内。并且，⑥、⑦在程序上需要股东大会的特别表决。

　　1997 年（平成 9 年）商法修改令此方向更进一步，将 A）目的规制中⑥员工的股权激励的对象，在员工的基础上追加了董事。此时，C）数量规制提高到已发行股份总数的 1/10（1997 年修改商法第 210 条之 2 第2 款）。对于⑥的 B）持有期间规制，将新股预约权的行使期间提高到10 年（1997 年修改商法第 211 条、第 210 条之 2 第 2 款 3 项、第 210 条之 2 第 4 款）。

　　在 1997 年（平成 9 年）商法修改的同时，成立了"关于注销股份程

㉑　平成 6 年法律第 66 号追加本条。第 204 条之 3 之 2 第 1 款："根据第 204 条之 2第 3 款（限制转让股份的公司受让人的指定）的规定，董事会指定公司为转让的相对方时，公司欲为前条第 1 款的请求，必须依第 343 条规定的决议。"

㉒　平成 6 年法律第 66 号追加本条。第 210 条之 3 第 1 款："章程规定股份转让需要董事会承认时，公司不拘于第 210 条的规定，可以从股东的继承人处，在继承开始后 1 年内取得自有的股份。但是，该股份数加上同条第 5 项所载的股份数，其合计不得超过已发行股份总数的 1/5"。

序的特例的法律"(股份注销特例法)。特例法仅以上市公司[23]为对象，允许以章程规定、限于董事会决议，取得以注销为目的的自有股份(股份注销特例法第3条第1款)。若有董事会决议的话，在下次定期股东大会之前的期间内，可以采取市场收购或公开收购的方法回购自有股份。此时，作为C数量规制，章程记载的回购上限为10%。同时，需要遵循可分配盈余额的规制(同法3条5款)。

表3：日本股份回购规制的缓和

	1899年商法	1938年修改	1950年修改	1966年修改	1981年修改	1994年修改	1997年修改
回购目的规制	注销股份目的	①注销股份目的 ②合并、营业转让 ③权利的实行	①注销股份目的 ②合并、营业转让 ③权利的实行 ④股份回购请求	①注销股份目的 ②合并、营业转让 ③权利的实行 ④股份回购请求	①注销股份目的 ②合并、营业转让 ③权利的实行	①注销股份目的 ②合并、营业转让 ③权利的实行 ④股份回购请求 ⑤股权质押 ⑥奖励员工 ⑦指定受让人 ⑧继承取得	①注销股份目的 ②合并、营业转让 ③权利的实行 ④股份回购请求 ⑤股权质押 ⑥奖励员工、董事 ⑦指定受让人 ⑧继承取得
持有期间规制		①不迟延 ②③一定时期	①不迟延 ②-④一定时期	①不迟延 ②-④一定时期	①不迟延 ②-④一定时期	①不迟延 ②-④一定时期 6个月	①不迟延 ②-④一定时期 10年

---

[23] 《股份注销特例法》上为"公众公司"，其定义(同法第2条第5项)为："作为上市公司发行人的公司或者直销店的发行人"，这与公司法上公众公司的定义(公司法第2条第5项：部分发行不限制转让股份的股份公司)不同。在此，本文称为"上市公司"。

续表

	1899 年商法	1938 年修改	1950 年修改	1966 年修改	1981 年修改	1994 年修改	1997 年修改
数量规制					⑤ 5% 以下	⑤ 5% 以下 ⑥ 3% 以下+可分配盈余 ⑦ + ⑧ 20%以下+可分配盈余	⑤5%以下 ⑥10%以下 注销特例法:10%

（二）自有股份原则允许的时代

随着自有股份取得缓和的持续,2001 年的商法修改取消了 A)目的规制、B)持有期间规制、C)数量规制,允许在满足一定程序、分配可能额规制的前提下,可以合意取得自有股份。

作为程序规制,存在上市公司与非上市公司共通的相对交易的方法。此时,需要定期股东大会的特别决议[总表决权的半数以上出席、出席股东 2/3 以上赞成(2001 年修改商法第 343 条)],卖主以外的股东享有追加卖主请求权(2001 年修改商法第 210 条第 8 款)。此时,需要定期股东大会的普通决议。

分配可能额规制要求在可分配利润范围内(2001 修改正商法第210 条第 3 款)。

如此,2001 年 6 月的商法修改,将自有股份取得作为与盈余分配并列的、向股东返还公司剩余资金的方法之一进行处理。也就是说,在金额程序和分配额规制上,原则上具备和盈余分配同样的条件。日本法上,盈余分配的决定权限原则上属于股东大会(2001 年修改商法第 281条第 1 款第 4 项、第 283 条第 1 款,现行公司法第 454 条 1 款),故自有股份的回购也属于股东大会的权限。[24] 同时,由于股份注销特例法限定上市公司,并且允许董事会决议取得自有股份,此规定与上述修改相

---

[24]　参见相泽等:前引注 3 文献第 11 页。

悖。因此,股份注销特例法在 2001 年 6 月商法修改的同时被废止。

作为利润返还的方法,盈余分配和自有股份取得唯一且最大的不同之处在于,盈余分配是按照股东持股数平等分配,而自有股份取得是只对成为卖主的特定股东分配,会产生股东间的不平等。因此,上述对自有股份取得的规制,正是为了实现股东间的平等。

在此附带说明一下,2001 年 6 月的商法修改虽是议员立法,但与 1997 年不同的是,本次修改是将法制审议会讨论的东西拿出来成为议员立法的。㉕ 虽然存在反对修改的学者,但经过了包括公司法学者在内的专家的充分讨论。这点与 2018 年中国公司法修正案不同。

此外,2003 年的商法修改中,根据议员立法,2001 年废止的 1997 年《股份注销特例法》所允许的限董事会的自有股份回购制度得以复活(2003 年修改商法第 211 条之 3 第 1 款第 2 项)。这与盈余分配决定权在股东大会存在矛盾。但是,本次修改之前,2002 年日本商法引进了提名委员会等设置公司,采用这样机构设置的公司以采用美国型的监督模式为条件,可以由董事会决定盈余的分配(2002 年修改商法特例法第 21 条之 31 第 1 款)。虽说提名委员会等设置公司在上市公司中占极少数㉖,但日本在盈余分配的决定权限上不再必然由股东大会决定。㉗ 2003 年修改在现实的盈余分配决定程序和股份回购之间产生了制度脱节。但是,这与分配决定程序的理念之间并没有产生太大的分裂。实际上,2005 年公司法上可以由董事会决定盈余分配的公司,需要满足一定的要件,从提名委员会等设置公司扩大到监事会设置公司[2005 年公司法(现行公司法)第 459 条]。

2005 年公司法、现行公司法继承了 2001 年商法修改的立场。公司法第 155 条第 3 项承认公司法(现行公司法)156 条以下的"股份公司以

㉕ 参见中东、松井编:前引注 8 文献第 199—204 页。

㉖ 日本大致 3500 家的上市公司中,提名委员会等设置公司 2003 年有 44 家,2019 年有 78 家。日本董事会协会官网"提名委员会等设置公司名单(上市公司)(2019 年 8 月 1 日现在)"。https://www.jacd.jp/news/gov/jacd_iinkaisecchi.pdf。最后登录日期:2019 年 9 月 1 日。

㉗ 参见中东、松井编:前引注 8 文献第 683—684 页。

与股东间的合意"取得自有股份的事由。

并且,合意取得股份的场合,要求必须限制在分配可能额(盈余)的范围内[2005年公司法(现行公司法)第461条第1款第2、3项]。

自有股份的取得程序,不分上市公司与非上市公司,都要适用同样的规则。并且,在以前的相对交易,证券市场上取得、公开收购的基础上,增加了a)接受全体股东的转让申请、b)特定股东的相对交易,由非上市公司扩大到上市公司。这些是2005年公司法修改时的要点。

四、自有股份取得规制的中日比较:"表"的中日比较

如此看来,中国2018年公司法修正案中的自有股份回购规制的缓和,与日本1997年公司法修改存在类似的问题。这样的话,中国法也与日本法一样,自有股份规制的缓和进一步发展,很可能会最终原则性允许。但是,从日本法的经验看,股份回购的自由化需要与其他制度紧密配套,才能解决问题。

例如,在日本,传统上股份回购存在四个弊端。第一,抽回出资,有违债权人利益;第二,容易产生股东间的不平等;第三,为了防止恶意收购或反对派股东取得股份,经营者通过行使公司支配权自保而带来的不公正交易;第四,内部交易或操纵市场等证券市场上的不公正股份交易。[28]

2001年商法修改尝试通过程序规制和分配可能额规制除去以上弊端。具体而言,第一,为了不与禁止返还出资相抵触,课以分配可能额规制;第二,为了不产生股东间的不平等;第三,防止经营者随意利用自保,课以程序规制;第四,证券市场的问题交由金融商品交易法处理。[29]

从日本法的观点看,中国2018年自有股份取得缓和规制存在若干问题。首先,虽然维持了数量规制,但并没有进行分配可能额的规制,从保护债权人的观点上看存在问题。此外,非上市公司没有程序规制也是问题。

---

[28] 参见神田秀树:《会社法(第21版)》,弘文堂2009年,第103页;江头宪治郎:《株式会社法(第7版)》,有斐阁2017年,第247页。

[29] 参见江头:前引注28文献第247-248页。

但是,基于资本制度的分配可能额来保护债权人利益,这样的制度设计在多大程度上有用,长期以来有大量讨论。[30] 并且,在非上市公司的场合,当家族企业等股东间关系密切且多样时,法律并无太多必要特意保护股东间的平等。[31] 如此看来,在中国,以上这些问题未必是大问题。即便成为问题,经过简单修正也会得到解决。

如果考虑到公司支配权或债权人保护被经营者滥用的话,那么,与表面上的问题即取得自身并列或更为重要的制度则存在于别处。这就是自有股份取得后的处理问题。具体而言,a)持有的自有股份的对待,b)自有股份的处分。这些"里"侧的规制值得考虑。

五、日本的自有股份取得规制的"里"侧

日本在2001年修改中,为了抑制经营者滥用公司的自有股份,针对a)持有的自有股份的对待、b)自有股份的处分进行了规则整理。即将自有股份的取得视为利润分配的手段,将b)自有股份的处分与新股发行列为同等位置。并且,a)持有的自有股份(的对待)完全不构成公司资产,而是定位于新股发行可能范围。[32]

(一)自有股份的对待

若将自有股份作为股份权利加以认可的话,可能会发生经营者不当行使支配权的问题。1938年商法修改时,承认了自有股份取得的例外事由,并规定了自有股份不具有表决权(1938年修改商法第241条第

---

③ 日本法的文献参见吉原和志:"会社の责任财产の维持と债权者の利益保護(一)、(二)",载《法学协会杂志》,第102卷(1985年),同杂志第3号443页,同杂志第5号941页;藤田友敬:"会社法と债权者保護",收录于,商法会计制度研究恳谈会编《商法会计に係る諸问题》,企业财务制度研究会1997年,第29页;藤田友敬:"株主の有限责任と债权者保護",载《法学教室》第223号,第21-26页;藤田友敬:《株主の有限责任と债权者保護(2)》,载《法学教室》263号,第122-136;金本良嗣、藤田友敬:"株主の有限责任と债权者保護",收录于三轮芳朗、神田秀树、柳川范之编《会社法の经济学》,东京大学出版会1998年,第191-228页等。

③ 参见得津晶:"種類株式",载《法学教室》第444号(2017年),第17-23页。

③ 参见藤田友敬:"自己株式の法的地位",收录于落合诚一先生还历纪念《商事法への提言》,商事法务2004年,第87-124页。

2 款、现行公司法第 308 条第 2 款)。

　　关于利润分配,其与表决权不同,即使分配给自有股份也是保留在公司内部,并不会产生特别的问题。但是,分配倾向(公司将利润向股东分配多少的比例)的计算上容易产生误解。因此,1994 年公司法修改阶段,对于以员工股权激励目的取得自有股份的持有,采取承认的态度,但否定了自有股份的利润受领权(1994 年修改商法第 293 条但书后段、现行公司法第 453 条括号书)。

　　此外,关于权利,在 2001 年,其是否成为股份分割的对象,股份合并的对象,在合并的组织机构变更上,存续公司是否持有消灭公司的股份等问题上,属于解释论的范畴。③③ 对此,2005 年公司法给予了解决。公司法规定③④,回购的股份不作为股份对待,对于股份分割、合并,不设置自有股份的除外规定,股份分割、合并的效力及于自有股份。③⑤ 这与以章程授权发行股份的规定类似。对于因回购带来的股份混合,明确规定不能分割组织机构变更的对价(公司法第 749 条第 1 款第 3 项等)。

　　自有股份无论何种情况下都不是公司资产的这种立场,也反映在公司决算材料上。2001 年 6 月商法修改以前,自有股份是作为资产负债表上的“资产”记入的(2001 年修改前计算材料规则第 12 条第 1 款、第 22 条之 2),修改后作为“资本”一栏的扣除项目,而不作为资产记入。③⑥ 现在,在公司计算规则上,自有资本作为资产负债表上的股东资本(纯资产)一栏的扣除项目(公司计算规则第 76 条第 2 款第 5 项),资产性被否定。③⑦

　　(二)自有股份的处分

　　2001 年 6 月商法修改以前,自有股份被要求在一定时期内必须处

———————

　　③③　参见藤田:前引注 32 文献第 100—121 页。

　　③④　参见相泽哲编:《立案担当者による新・会社法の解説》,商事法务 2006 年,第 34—35 页(相泽哲、丰田佑子执笔部分)。

　　③⑤　参见山下友信编:《会社法コンメンタール(4)》,商事法务 2009 年,第 13 页(藤田友敬执笔部分);相泽哲编:前引注 34 文献第 47 页(相泽哲、丰田佑子执笔部分)。

　　③⑥　相泽英之等:前引注 3 文献第 25 页。

　　③⑦　参见藤田:前引注 32 文献第 90 页、第 122 页,会计上否定资产性自身与经济实态无关。

分,但处分的方法没有任何规制。这样,代表董事等经营者就可以将公司的自有股份以低价转让给自己的关联方,遂产生董事保身或不当支配公司的可能性。

因此,2001年6月商法修改中,自有股份的处分适用新股发行的规则(2001年修改商法211条3款)。这样的规定在2005年公司法上得到进一步明确。2005年公司法将自有股份的处分和新股发行合在一起,作为"募集股份的发行等"规定在公司法199条以下。在此,两者适用同样的规则。

例如,作为对员工(非董事员工)的激励,可以考虑直接交付股份。[38] 在日本法之下,若是公众公司,新股发行、处分自有股份原则上只需要董事会的决议。例外是有利发行的场合,此时,需要在股东大会上说明有利发行的理由并经大会决议。作为对员工激励而交付股份,因为是无偿向员工发行新股,故有利发行需要股东大会的特别决议。但是,今天的日本法在解释上,如果是作为对员工的奖励而发行股份,报酬的价值(金钱评价)可以认可为新股的对价。这作为金钱债权的实物出资处理。因此,需要检查人员的调查,但如果是履行期届满难得金钱债权,调查可以省略。并且,作为报酬规定的金额,如果与股份的公正价格相当,则不受有利发行的规定限制。[39] 这样规定并不与禁止公司劳务出资的规定相抵触。

股份激励的受让方是董事时,在以上程序的基础上,需要受到报酬的规制。就是说,其是在股东大会上"确定报酬等金额",且"非金钱"报酬,在章程没有规定的情况下,需要股东大会的普通决议(公司法361条1、3项)。[40]

---

[38] 从前,提到对员工、董事的激励,新股预约权是主流。最近,附限制转让的股份报酬型成为主流(日本经济新闻2019年5月28日朝刊19页)。

[39] 关于新股预约权,参见江头:前引注28文献第458页。关于新股预约权在金钱以外的财产给付或以抵销进行了出资被广泛认可,参见公司法第246条第2款、相泽哲编:前引注34文献66页(相泽哲、丰田佑子)。

[40] 新股预约权的文献,参见江头:前引注28文献第456页;相泽哲编:前引注34文献105页(相泽哲、石井裕介)。

（三）若干的不整合之处

2001年6月商法修改中,将 a 自有股份定位于新股发行可能范围,b 自有股份的处分定位于新股发行,2005年公司法将此方向推向彻底。但是,现行法与之前的规定还存在若干的不同。[41]

两者最大的不同在于,处分自有股份时的会计处理。发行新股时,出资金额的1/2以上作为资本金,剩余的作为资本公积金(公司法445条第1-3款)。就是说,出资金额全额无法进行分配。与此相反,处分自有股份时,作为"取得价款"记入"股东资本"一栏的扣除项目不存在(公司计算规则24条2款),分配可能额就相应地增加。并且,取得价款和处分价格的差额作为"其他资本公积金"("关于自有股份及公积金额减少等的会计基准"9、10、12)[42],包含在分配可能额的范围以内。其结果,自有股份的处分金额可以进行全额分配。

对此,即使存在解释论的分歧,但自有股份与新股发行之间存在差异则是无疑问的。若是自有股份,有力解释论认为可以成为让与担保或强制措施的对象。[43] 最近,有见解认为,可以将自有股份作为"出借股份"加以利用。[44]

作为发行新股时防止股价下跌的手段,有意见认为,可以将自有股份用于出借股份。对此,现行法的解释不予认可。[45] 但是,如此大的区别并不意味着理论上存在大的差别。并且,这样的差别可以得到缓解。[46]

---

[41]　以下论述参见得津晶:"自己株式の取得・子会社による親会社株式の取得",载《法学教室》第409号,2014年,第4-10页。

[42]　对此,处分差额损失首先用"其他资本公积金"的减少处理,不足时作为其他利益盈余的减少处理(公司计算规则第27条第3款、第29条第3款)。

[43]　参见江头宪治郎等编:《改正会社法セミナー〔株式编〕》,有斐阁2005年,第10页(森本滋执笔部分发言)、第106页以下。

[44]　参见岩原绅作:"貸株と自己株式の処分",收录于岩原绅作等编:《会社・金融・法》,商事法务2013年,第428页中,将新股发行时稳定股价为目的的出借股份视为有效。

[45]　参见藤田:前引注32文献第96页注4。

[46]　参见藤田友敬:"いわゆる『金庫株』解禁と会社法",载《月刊资本市场》第186号,2001年,第7页以下;同著"株主の有限責任と債権者保護(2)",载《法学教室》第263号,第122—136页;藤田:前引注32文献第122页;山下:前引注35文献第3页(藤田执笔部分)。

六、"里"侧的解释论

2001 年的商法修改改变了自有股份的法的地位，对解释论也产生了影响。

董事违反公司法规定取得自有股份，因此对公司承担责任（会社法第 423 条第 1 款）时，公司的损害或损害额如何计算成为问题。对此，已经有最高法院的判例。最判平成 5·9·9 民集 47 卷 7 号 4814 页中，子公司违法取得母公司股份，最高法院认为这是自有股份的潜逃，对自有股份采取同样的判断。此事件中，最高法院将公司受到的损害认定为取得价款与处分价格之间的差额。根据这个判例，取得价款与处分价格之间的差额就是公司受到的损害额。

但是，这个判例是 2001 年 6 月商法修改之前的，属于自有股份为公司财产或资产时代的判决。根据 2001 年 6 月商法修改，自有股份已经不是公司财产，而是属于发行可能股份范围之内的。其后的自有股份的处分成为与新股发行并列的融资手段。其结果，自有股份的取得与该股份的处分之间的关系被切断，也就无法将取得价款与处分价格之间的差额认定为损害了。[47]

现在，有力的见解认为，取得自有股份时的公正价格与实际取得时的差额构成公司的损害额。[48] 或者说，自有股份的取得是利润分配的手段，既然违反公司法对股东进行了财产分配，将分配的全额作为损害额也有其合理之处。[49]

----

[47] 参见江头：前引注 28 文献第 258 页。

[48] 参见神田秀树："批判"，收录于《会社法判例百選（第 3 版）》，有斐阁 2016 年，第 47 页；山下：前引注 35 文献 20—21 页（藤田执笔部分）。

[49] 参见杉田贵洋："自己株式の取得"，收录于山本为三郎编《新会社法の基本问题》，庆应义塾大学出版会 2006 年，第 65 页。对于这个观点，当未向股东回购股份而产生利润时，会有疑问（山下：前引注 35 文献 21 页（藤田））。但是，这里成为问题的是公司的损害而非股东受到的损害。并且，履行了损害赔偿责任的董事根据民法第 422 条的类推适用代位取得自有股份的话，其他股东并没有得到利益。

七、日本法上大的不整合之处

在五(三)中介绍了现今日本法的种种不整合之处,此处将从与之不同的大的方面指出日本法的不整合之处。

重复以上介绍,现在的日本法将自有股份的取得定位于利润分配的手段,自有股份的处分成为与新股发行同列的融资手段。在此,所谓利润分配手段,是指将公司剩余的资金或资产分配给股东。而所谓融资,是指公司所需的资金从投资者或股东处获得。因此,两者属于"相对"的关系。

但是,现在的日本法如果将公众公司或通常的监事会设置公司作为典型,则利润分配需要股东大会的决议,而新股发行融资只要董事会决议即可。这点上,日本法与中国法(新股发行需要股东大会决议,见公司法第133条)存在不同。

理论上,两者需要统一(统一为股东大会决议或董事会决议)。

八、中国法的评价:"里"重于"表"

对于读不懂中文的我来说,我无法准确理解中国法的真实状况。但是,2018年10月全国人大的公司法修正案,我感觉对于公司法学者而言受到了冲击。其背景既有未听取专家委员会的意见[50],也有对规制缓和的疑虑。而且,从日本法的经验看,这样的规制缓和还会进一步持续下去,不久的将来可能会实现完全的自由化。其中,现在的中国法并没有对非公众公司的取得程序以及可分配利益范围进行规制。

从日本法的经验看,公司法学者应当注意的并不是自有股份取得时的表面规定。相反,其背后的持有股份的法的地位,以及处分自有股份方面,才是应当注意的。

特别在处分上,如果承认经营者广泛的裁量权而不进行任何程序

---

　　[50]　在日本,1997年商法修改中,新股预约权的修改(平成9年法律第56号)也是未经过法制审议会的议员立法。对此,以江头宪治郎为首的225名公司法学者发出"请求业已召开的商法修改程序的商法学者声明",进行了反论。参见中东、松井编:前引注8文献第116—118页。

上的限制,经营者出于自保会滥用自有股份进行不公正的公司支配。那么,这与新股发行需要股东大会决议之间存在平衡的问题。因此,中国比日本的问题更大。今后,如果取消数量规制,问题会进一步扩大。此外,如果认为公司持有的自有股份是"财产"或"资产",也存在问题。

最后,对采取以上规制后股份回购规制缓和的效果稍加赘言。如前所述,日本法将股份回购定位于利润分配的手段。那么,为何在既有的盈余分配之上,还需要承认新的利润分配的手段?

这来自于日本上市公司希望每年的盈余分配额固定的"信念"。这也是一种习惯,即即使公司收益出现一时的增长,也不会增加盈余的分配。日本的经营者认为,如盈余分配较前一年度下降,会受到投资者或社会的负面评价,故分配额一旦提高就无降低之理。因此,即使一时性的资金增加也不会提高分配的金额。但是,这样一来,对股东的剩余资金的返还就不足,公司的资产运用的效率性(ROA[51] 或者 TOBINq[52] 等指标)也会下降。所以,不以每年盈余分配的增减,而是通过回购自有股份的方法将剩余资金返还给股东,又不至于给市场传达错误的信息。[53]

在中国的证券市场,如果不存在盈余分配金额稳定这样的"信念",则缺少规制股份回购的现实需求。

作为中国独特的国情,国有股份占绝对比例,作为缓解这种状况的

---

[51] 所谓 ROA(Return on Asset,总资产利润率),是指表示总资产会产生多大利益的指标。作为企业的性能指标,经常被用于同一产业内进行比较。ROA = $\dfrac{春利润}{总资产}$

[52] 所谓 TOBINq,是指通过活用公司现有总资产,从(广义)投资者处获得多大程度的评价的指标。来自市场的投资者的评价,是用股份投资的投资评价之股份现价总额,加上以债权作为投资总额的负债总额(视为对公司持有待收账款的交易相对方在履行期届满之前,对公司提供信用、投资),其合计额作为企业价值。公司持有的总资产的再取得金额与企业价值的市场评价相比,前者大的场合(TOBINq 低于1),社会希望公司停止营业解散,后者大的场合(TOBINq 高于1),社会希望公司继续营业,公司会继续进行事业投资。严格来说(相比现在的表示企业价值的指标),是表示企业将来性的指标。TOBINq = $\dfrac{股份现价总额+负债总额}{总资产}$

[53] 滨田:前引注 8 文献第 47—48 页。

手段,可以考虑回购自身的股份。但是,这与日本缓解相互持股的方式类似。根据最近的实证研究,与公司经营团队无关的外部股东持股比例的增加,因股份回购规制的缓和而得到缓解(从 2001 年到 2014 年的 14 年间,外部股东的持股比例实际增长 3%,据推算,若没有规制的缓和,增长率将达到 24%)。[54] 这表明,股份回购的规制缓和在缓解相互持股上发挥了作用。但是,在结果上,抑制外部股东的持股比例会损害证券市场的活跃。这一点在政策论的评价上存在分歧。

---

[54] Julian Franks, Colin Mayer, Hideaki Miyajima, and Ryo Ogawa, "Stock Repurchases and Corporate Control: Evidence from Japan" RIETI Discussion Paper Series 18-E-074 (2018).

股权让与担保法律问题研究
——以司法实践为视角

刘惠明[*]　苗晓菲[**]

目　次

一、引言

　　股权让与担保是随着市场经济的发展及商业融资的需求新兴起来的担保方式,是当事人之间以让渡股权的方式为债务提供担保,待债务清偿后进行股权回购的一种交易模式。虽然该交易模式在商事领域普

　　* 作者:河海大学法学院教授。
　** 作者:河海大学法学院 2017 级民商法研究生。

遍应用,但由于我国现有法律尚未对让与担保制度予以规范,导致股权让与担保饱受理论界和实务界争议。在认定股权转让协议的性质以及股权让与担保的效力问题上,各地法院态度不一,莫衷一是,使得同一案件或相似案件出现截然不同的判决结果,即便法院对类似案件的审理结果一致,裁决理由和适用法律也不尽相同。另外,法院在股权让与担保对内效力认定时,对债权人股东权利和债权实行方式等问题的解决尚显生疏,在对外效力认定上也难以保证担保权人与受让第三人、担保人债权人、公司债权人之间的权益均衡。

在股权让与担保纠纷案件数量逐年增多的趋势下,笔者在裁判文书网上筛选出典型案例作为研究样本,试图对样本案例进行分析,了解法院审理该类案件的思路,归纳出司法实务中存在的问题,提出完善股权让与担保制度的建议,为股权让与担保规范的形成以及审理规则的统一尽一己之力。

二、司法实践中股权让与担保案件存在的问题

为深入了解股权让与担保纠纷案件在司法实务中存在的问题,笔者将"让与担保"作为关键词在中国裁判文书网上进行检索,出现2847个案例,在此基础上又以"股权转让"为关键词进一步检索,获得216份民事判决书,以上案例检索时间截至2019年3月。经过筛选,最后以79个典型案例作为研究样本。笔者试图通过对样本综合分析,对比总结各法院的不同观点和裁判依据,全面把握司法实践中该类案件的裁判现状。

(一)股权让与担保案件样本数据分析

1. 根据案件裁判日期统计样本

表1:股权让与担保案件的时间分布

裁判日期	2019 年	2018 年	2017 年	2016 年	2015 年	2014 年
案件数量(件)	2	35	23	10	7	2

虽然我国现行法律没有让与担保相关规定,但通过转让股权为债务履行提供担保的行为在实践中广泛存在,引发的纠纷也日益增多。

表1能够直观地反映出近年来涉及股权让与担保案例数目较多,且以逐年上升的趋势增长,因而解决此类纠纷在审判当中存在的困境迫在眉睫。

2. 根据案件审判程序统计样本

为了全面展现法院审理股权让与担保案件的裁判现状,笔者将所有的样本案例按照审判程序的不同,对样本进行分类分析,如表2所示。

表2:股权让与担保案件的审判程序

审判程序	一审	二审	再审
案件数量	29	49	1

在29份一审生效判决中,有2个案件是法院将当事人签订《股权转让协议》的行为认定为一般的股权转让行为,其余27个案件是法院认定当事人转让股权的行为性质为股权让与担保,法院对股权让与担保效力认定的具体情况,如表3所示。

表3:一审生效判决中法院对股权让与担保效力的认定

认定结果	无效	有效	担保行为有效但流质条款无效
案件数量	5	19	3

在49份二审民事判决书里,有6个案件涉及《股权转让协议》性质的认定问题。在股权让与担保效力的认定上,法院的处理结果如表4所示。

表4:二审生效判决中法院对股权让与担保效力的认定

认定结果	一审法院认为股权让与担保行为无效,二审法院认为有效	两级法院均认为股权让与担保行为有效,且认为流质条款无效,不影响合同其他内容	股权转让合同有效,但不产生物权效力	股权让与担保有效,但其作为从合同,因主合同未生效而无效
案件数量	5	34	2	1

在唯一的再审案件①里，一审法院在审理过程中未提及股权让与担保相关问题，二审法院虽然考虑到当事人之间的担保行为，但认为该担保方式并非法定方式，主张合同无效，再审法院则认为股权让与担保行为有效。

（二）股权让与担保纠纷案件在司法审理中存在的问题

通过对上述79份民事判决书进行分析可以得知，当前司法审判实务中对于股权让与担保纠纷案件的审理尚未形成统一的裁判规则，各法院观点不一，具体而言，主要存在以下三个方面的问题。

1. 法院对当事人之间签订的股权转让协议的性质认定不同

对于当事人之间订立的股权转让协议，不同法院对同一份协议有不同看法，这其中存在股权转让、股权代持、股权质押与股权让与担保之争。如肖某巧与翁某刚股权转让纠纷案中，一审法院按照股权转让合同明确当事人之间的权利义务关系，而二审法院则认为涉案《股权转让协议书》并不具有真实的股权转让合意，其实质为股权的让与担保。②黑龙江辰某投资公司与戴某宝股东资格确认案中，争议焦点之一就是当事人签订的协议是股权代持关系还是股权的让与担保。③亿某投资集团与北京安某信用担保有限公司、曹某华股权转让纠纷案中一审法院则把《股权转让合同》视为《股权质押合同》。④

2. 法院对股权让与担保效力的认定尚未统一意见

从上述样本中可知，认可股权让与担保效力的法院占大多数，但依旧有部分法院持反对意见，还有个别法院认为当事人签订的股权转让合同有效，但不发生物权效力。⑤即使法院在态度上保持一致，但裁判理由却众说纷纭。绝大多数法院认为当事人以股权转让的方式实施担保的行为是出于各方真实意愿，该行为没有违反法律法规的强制性规

---

① 参见最高人民法院（2017）最高法民再136号民事判决书。
② 参见上海市第二中级人民法院（2017）沪02民终8048号民事判决书。
③ 参见黑龙江省哈尔滨市中级人民法院（2015）哈民三商终字第341号民事判决书。
④ 参见广东省珠海市中级人民法院（2013）珠中法民二终字第400号民事判决书。
⑤ 参见江苏省南京市中级人民法院（2017）苏01民终8741号民事判决书。

定,因而有效;部分法院在认定股权转让协议性质符合让与担保特征后,未进行进一步阐述,直接默认股权让与担保行为的效力①;少数法院以"股权作为担保系隐匿行为"为由肯定其效力②;还有个别法院以合同自由原则为由承认当事人之间自由创设定的新型合同的效力③。另外,主张股权让与担保无效的法院阐明的理由也各有不同,主要有该担保方式违反物权法定原则、违背禁止流质规定、系虚伪意思表示、因主合同未生效而无效四种观点。

3. 法院适用法律混乱

法院在审理涉及股权让与担保纠纷案件方面尚未统一裁判规则,导致适用法律各不相同。有的法院依照《合同法》第52条的规定,判断当事人签订的协议是否存在合同无效情形;有的法院则以《民法总则》第143条为依据,将"意思表示真实"作为审理标准,明确民事法律行为的效力;还有的法院参照2015年最高人民法院出台的民间借贷司法解释第24条的规定,分析股权让与担保的效力。总之,法院审理该类案件判断标准不一、法律适用混乱。

综上,股权让与担保案件在司法实践中裁判标准未统一,无论是在判断当事人签订的股权转让协议的性质方面,还是认定以让渡股权方式为债务履行提供担保这种非典型担保的效力方面,各法院没有明确的审理依据,尚未形成统一意见,实务中出现法院裁判结果相互对立、判决理由混乱等问题。

三、股权让与担保行为性质的认定

通过样本案例分析,我们得知法院对当事人之间订立的合同存在不同的性质认定,换言之,法院对当事人之间实施的股权让与担保行为界定不清。法院需要厘清股权让与担保行为与股权转让、股权质押、股权代持等类似行为的区别,重点把握具体的合同内容,准确判断合同性质,正确认定股权让与担保行为。

---

① 参见甘肃省兰州市中级人民法院(2017)甘01民初747号民事判决书。
② 参见江西省鄱阳县人民法院(2018)赣1128民初1843号民事判决书。
③ 参见江苏省无锡市中级人民法院(2018)苏02民终954号民事判决书。

（一）股权让与担保与类似行为比较

股权让与担保是双方当事人通过转让股权的形式来实现担保目的，从手段上看与股权转让相似，从外在表现上看与股权代持类似，从目的角度看与股权质押相近。因而有必要将股权让与担保与类似行为进行比较，充分了解股权让与担保的含义与特征。

1. 股权让与担保与股权转让

股权转让，顾名思义是指股东将自有股权让渡给他人的行为。当事人签订股权转让协议的目的在于转让股权所有权，股权转让行为完成后，出让人所享有的股东权益以及应承担的责任义务全部由受让人继受。虽然股权让与担保中也有转让股权的行为，但当事人真实意愿是为保障债权实现提供担保，并非真正要出让股权所有权，待债务得到清偿后，该股权应返还给出让人，故转让股权的行为仅仅是担保的手段而已。

2. 股权让与担保与股权代持

股权代持，是指由名义出资人代实际出资人享有股东权利、履行股东义务的一种股权持有方式，名义出资人作为名义股东并不实际上享有投资权益。一般而言，根据当事人间的合同约定能够区分出其与股权让与担保。实践中之所以有法院在认定协议性质时产生股权代持和让与担保的分歧，是因为二者有共通之处。名实分离是股权让与担保与股权代持的共同结构模式[1]，从权利外观上看，股权让与担保权利受让人享有的是名义上的所有权，权利转移人是实际所有人，也就是说，债权人享有的股权所有权是一种假象。这与股权代持中匿名股东与名义股东之间的法律关系非常相似，因此在现行法律法规空缺的情况下，不妨可以类推适用股权代持规范来解决实践中股权让与担保纠纷。

3. 股权让与担保与股权质押

股权质押，根据《物权法》第十七章"质权"的规定，是指债务人或第三人为担保债务履行将其依法可以转让的股权出质给债权人所有的

---

[1]　参见杨立新、李怡雯：《让与担保的权利受让人对受让权利支配的限制》，载《中国应用法学》2018 年第 4 期。

行为,其与股权让与担保目的相同,均是为保证债权实现。两者之间的区别在于权利移让的性质是不同的,在股权质押行为中,出质人仅仅是移转股权的占有权,该股权的所有权依然由出质人所享有,而股权让与担保转移的则是股权所有权。另外,股权质押是法定担保方式,法律明文规定以股权出质的,要在工商行政部门办理出质登记。而股权让与担保是商事实践中新兴的非典型担保方式,法律尚未对其进行规制。因而,通过出质登记可以明确区分当事人之间的行为是股权质押还是股权让与担保。

(二)股权让与担保协议的认定标准

司法实践中,当事人签订的股权转让协议的性质认定成为许多案件的争议焦点,法院须通过综合分析协议条款和案件情节,探寻当事人的真实意思表示,以此作出性质判定。通过分析 79 个样本案例,笔者总结出以下四个将股权转让协议定性为股权让与担保的判断标准:

1. 当事人之间存在债权债务关系,协议中含有担保条款

一般情况下,股权让与担保案件当事人除了签订股权转让协议之外,还另签有借款合同。通常借款合同签订在前,股权转让协议签订在后,当然也存在借款合同签订在后的特殊情形。借款合同的存在能够充分证实当事人间具有债权债务关系,这是将股权转让协议认定为让与担保的重要依据。如果股权转让合同中含有明显的担保条款,比如:甲将自己所持有的 A 公司股权转让过户到乙名下用于担保债务履行等类似内容,可直接认定为当事人的股权转让协议实质是为担保。该情形下协议性质比较容易判断。

2. 签订股权回购协议或股权转让合同中含有回购条款

若当事人约定股权转让的初衷并不是真正要转移股权所有权,而是为了担保债务履行,那么多数情况下还有一个较为明显的特征,即当事人在订立股权转让协议的同时还订立一份股权回购合同,抑或是在股权转让协议中约定回购事项。如在荆州富某置业公司与余某企业借贷纠纷中,法院根据当事人订立的《股权回购合同》内容确定置业公司以收取转让款的方式使用原告资金,治某公司通过让渡股权为置业公

司提供贷款担保,三方当事人缔约目的在于借款而非转让股权①。

3. 股权转让款明显低于市场价

当事人约定的股权转让事宜与传统的买卖股权交易结构存在较大偏差。若存在出让方将自己的股权明显低价或无偿转让给受让方这种情况,很有可能属于股权让与担保。在亿某投资集团与曹某华股权转让纠纷中,双方约定亿某投资集团将其拥有的珠海亿某公司 14.29%的股权 1 元钱转让给曹某华,显然不符合股权转让的正常交易模式,法院据此并结合其他案件情节,最终认定该股权转让合同为新型的担保方式。

4. 权利受让人具有诸多权利限制

股权让与担保交易模式下,担保权人享有的权利范围与公司法赋予股东的权利有所不同,其会基于担保意图受到诸多因素。福建省稀某稀土有限公司与巨某投资公司合同纠纷案中,当事人签署的《股权转让协议》约定,“在合同解除条件满足之前,目标股权对应的未分配利润不作实际分配”“协议生效后,原由巨某投资公司委派的人员暂且保持不变,若巨某投资公司届期未清偿债务,则由稀某稀土有限公司按照持股比例选派”。② 通过权利受让人的权利义务内容来探寻当事人转让股权的真实意图,也不失为认定协议性质的一种方法。

综上,法院认定股权让与担保的关键在于正确认识当事人的真实意思表示。认定股权转让协议的性质应结合能够证明当事人债权债务关系存在的其他合同,整体分析协议内容,明确当事人转让股权的企图、权利义务、交易结构以及实际履行情况。当然,主张股权转让协议性质为让与担保的当事人要充分举证证明债权债务关系的存在,以及转让股权的行为实际是为债务提供担保,为法院判断协议性质提供依据,否则要承担举证不能的法律后果。

四、股权让与担保的效力认定

(一)股权转让合同的效力认定

通过分析样本案例可知,法院对实质意义上是为债务履行提供担

---

① 参见湖北省荆州市中级人民法院(2017)鄂 10 民终 758 号民事判决书。

② 参见最高人民法院(2018)最高法民终 119 号民事判决书。

保的股权转让协议的效力持不同观点。虽然随着司法实践的不断探索,绝大数法院逐渐肯定协议的效力,但仍存在不认可协议效力的情形。再者,即使法院对协议效力持相同态度,理由依据却截然不同,未形成统一的观点。笔者认为,对名为股权转让实为让与担保的合同应认定有效。合同内容系当事人真实意思表示,若无其他无效事由应肯定合同的效力,违反物权法定、法律或行政法规的强制性规定、禁止流质等无效的理由应是不成立的。

1. 不违背物权法定原则

在实务审判过程中,法院以股权让与担保不是法定担保形式,其违反了《物权法》第 5 条的规定为理由,有两种裁判结果:一是认为当事人约定的内容与法律规定的物权种类设定方式相违背,导致合同无效;二是将合同效力和物权效力予以区分,认为股权转让协议有效,但受物权法定原则的限制不发生物权效力。笔者对上述两种裁判观点均不予认同。首先,合同效力与物权效力是两个完全不同的概念,应区别认定。判断合同是否有效应以契约自由为原则,尊重合同当事人合意,只要合同内容不涉及《合同法》第 52 条规定的情形,应予以肯定合同的效力。而物权法定原则重在规范物权的设立,约束的是物权效力,不应对当事人出于自由意志达成的合同产生效力阻碍。其次,从立法本意上看,法律之所以设定物权法定原则,初衷是为避免契约自由发生的动态交易引起物权之间互相冲突,由此来保护社会财产秩序的静态安全。[①] 股权让与担保作为一种新型的担保模式,便于当事人融资,有利于市场经济发展,不应因法律未将其纳入法定担保方式轻易否定其效力。

2. 不是通谋虚伪表示

当事人出于真实意愿设计的股权让与担保交易模式,虽然形式上是转让股权的行为,但事实上是以转移股权的方式为债务进行担保,当事人的真实意思是为了实现担保这一经济目的,是真正的效果意思,而通谋虚伪表示欠缺效果意思,故该担保行为完全不适用虚假意思表示

---

① 王闯:《关于让与担保的司法态度及实务问题之解决》,载《人民司法》2014 年第 16 期。

理论。① 从另一方面来说，即使援用我国法律对于通谋虚伪表示的规定，法院否认股权让与担保效力的理由也不成立。股权让与担保交易方式表现为名为股权转让实为让与担保，那么转让股权的行为系基于虚假意思表示实施的行为，应属无效，而让与担保作为被隐藏的交易行为，并不存在其他效力瑕疵，应为有效。

3. 不违反禁止流质规定

法律规定禁止流质契约的意图在于保护债务人的利益，避免债权人利用债务人紧急需要的不利地位，迫使其以高价物品为少量融资提供担保，在届期债务人无法清偿债务时直接获得质押物的所有权，进而谋取不当利益。在股权让与担保交易模式中，股权虽然已经转移给债权人，但其尚未确定地取得所有权，在债务人不清偿债务时，债权人的清算义务可以使股权让与担保摆脱回避禁止流质契约规定的猜疑。当然，若股权让与担保当事人之间签订的合同含有流质条款，则该流质条款无效，不影响合同其他内容。

（二）股权让与担保的对内效力

股权让与担保的内部效力是指债权人和担保人之间的权利义务关系，从法院审理该类纠纷的现状来看，主要涉及债权人股权行使和债权清偿方式两个问题。

1. 债权人股权行使

债权人和担保人在签订股权转让协议时，通常约定限制债权人的股东权利，在此情形下，倘若债权人违反约定行使股东权利，其效力该如何认定，或者在当事人未约定股东权利义务或约定不明时，债权人行使股东权利的效力应怎么判断，结合样本案例来看，在涉及担保权人股东权利行使的案件中，法院普遍认为，债权人并非真实股东，未获得完整股权，行使股东权利受担保目的的限制。若当事人之间有权利限制的约定时，股权行使应在合同约定的范围内行使，否则其行为应认定无效；若当事人就债权人权利义务约定不明时，债权人仅为名义上的股

---

① 高圣平、曹明哲：《股权让与担保效力的解释论——基于裁判的分析与展开》，载《人民司法·应用》2018 年第 28 期。

东,不享有全部股东权利,不能完全行使股东权利。为避免当事人之间产生股东权利纠纷或为更加明确股权转让的性质,当事人在合同中应具体约定股东权利的行使以及义务的履行等相关内容,达成合意。

2. 债权清偿方式

股权让与担保交易模式设计初衷在于保护债权人债权的实现,那么股权让与担保权应如何实现,实现方式是否平衡当事人各方利益,是司法实务需要深入考虑的问题。从当前审理现状看,涉及债权实现方式的案件数量不多,这其中有的当事人之间事先就有关债权清偿实行方式进行了约定,主要有清算型和流质型两种方式,还有的当事人未进行约定或者约定不明。对于清算型实现方式,法院认可其效力。因为其针对的是优先受偿股权的变价款,而不是直接取得股权所有权,不违反我国相关法律的规定。而对于流质型实现方式,法院以违反禁止流质原则为由否认其法律效力。至于担保权应如何实现,法院未进一步作出裁判。在当事人就债权实行方式约定不明时,法院将其推定为清算型让与担保。

为了平衡各方当事人利益,笔者认为人民法院在实行让与担保时,应施与债权人以清算义务,当债务人届期无法偿还债务时,债权人有权将让与股权进行变价处置并就所得价款优先受偿,债权额与变价款的差额需返还给债务人或依法向债务人追偿。具体清偿方式如下:首先,当事人事先约定了清偿方式,在保证债权人践行清算义务的情况下,应遵循当事人的合意;其次,在当事人约定有流质条款时,只要求其履行清算义务,不以违反禁止流质规定直接否认效力;最后,让与担保股权在变价处置时,应保证其价款的正当合理性,尊重双方合意是前提,若当事人未达成合意,人民法院应指定一种公平的方式来确定股权变价款。

(三)股权让与担保的对外效力

从外部表征上看,股权让与担保符合股权转让的形式要件,在涉及第三人的情形下,由于第三人无法获知当事人的真实合意,且因对公示内容的信赖相信股权受让人系真正的股东。如何保护第三人的利益,协调好当事人与第三人的关系是理论界和实务界共同直面的问题。第三人主要包括新受让股权的人、担保人的债权人以及公司的债权人。

1. 涉及受让第三人

所谓受让第三人,即担保权人以自己的名义将股权转让的对象。依据公示公信原则,担保权人对受让第三人而言,是股权的所有权人,在符合善意取得的条件下,第三人应取得该受让股权,股权让与担保对善意第三人不具有效力限制。但考虑到善意取得制度不仅关系到第三人的所有权取得问题,还波及担保人的股权利益,因此对"善意"应赋予更严格的判断标准。主观上,第三人应是不知道股东名册和工商登记存在错误且自身又无重大过失;客观上,应是以合理对价取得股权并依法办理了登记手续。若在股权让与担保中,担保权人将股权转移给非善意第三人时,则不发生股权转移的效果,如果让渡行为已经完成,相关利害关系人可以主张该行为无效,申请返还股权。

2. 涉及担保人的债权人

当债务人到期未能清偿债务,让与担保权人对于担保人的其他债权人而言,可以优先受让股权的变价处置款。倘若担保人故意不履行债务而恶意处分其债权或财产,担保人的其他债权人享有撤销权。另外,当担保人的其他债权人在担保期间内向法院要求强制性实施处分受让股权时,①担保权人可以期待权为由保障担保权利。

3. 涉及公司的债权人

在公司正常经营过程中,担保权人与公司的其他债权人之间通常不会发生利益冲突,因为股权让与担保并不会侵犯公司的整体利益。但在公司破产的情况下,股权让与担保的效力认定将会影响公司债权人的利益。由于担保权人对外表现为真实的股东身份,当主债权尚未到期而公司因资不抵债进入破产程序时,受让股权被划入待清算资产,担保权人不再享有该股权的任何利益,非但不享有别除权,甚至受偿顺位低于公司的普通债权人。因此,债权人在选择股权让与担保方式时,要考虑到公司破产可能带来的风险,慎重选择担保方式。

---

① 董学立:《也论后让与担保》,载《中国法学》2014年第3期。

五、股权让与担保制度的完善建议

司法实务中,各法院对股权让与担保的效力有不同认定,关键原因在于:股权让与担保是商事实践中新兴的交易方式,尚未有法律法规对其明确规定,故相关纠纷的解决只能诉诸法官的能动司法。① 而不同地区、不同级别的法官对股权让与担保的认识和理解存在偏差,对该类纠纷具体的裁判理由和判决结果各不相同。同时,法院在认定股权让与担保对内和对外效力上,形成对内股权归担保人享有、对外归债权人享有的判决思路,不能最终确定股权归属,进而在处理债权人和担保人、第三人和当事人之间权利义务关系上还留存探索空间。因此,加快形成股权让与担保制度相关规范、统一司法实践裁判标准是当前学界和实务界探究的目标。

(一)建议在民法典中构建让与担保制度

关于是否应将让与担保纳入法定担保体系中,学界一直存在争议。有学者认为,将让与担保立法化,可为其他权利移转型担保的准用或类推适用提供基础。② 还有学者提出,让与担保具备立法的必要性和可行性,应采用担保物权的法律构造对其予以成文化规定。③ 当然,反对法律明文规定让与担保的观点也有很多,理由主要有:当前社会交易实践暂且无法为其提供足够需求根基、其与原有物权法律体系难以融合甚至会对原有体系造成冲击④或是其已经被其他制度包含或替代等。通过分析样本案例可知,近年来股权让与担保纠纷数量逐步升高,如果否认让与担保的效力,那么股权让与担保也就没有适用的空间,这无疑与现行商事交易的实质要求背离,不利于市场经济发展。正值民法典各分编编纂之际,笔者认为应于民法典物权编中规定让与担保制度,同时

---

① 蔡立东:《股权让与担保纠纷裁判逻辑的实证研究》,载《中国法学》2018 年第 6 期。

② 高圣平:《动产让与担保的立法论》,载《中外法学》2017 年第 5 期。

③ 何颖来:《让与担保的成文化与立法模式选择》,载《江西社会科学》2018 年第 10 期。

④ 杨翱宇:《民法典编纂背景下让与担保入法问题研究:范畴、争议与价值衡量》,载《齐齐哈尔大学学报》2016 年第 7 期。

设计条文对股权让与担保作具体明确规定。这样法院审理股权让与担保案件时才能有法可依,司法实践中的审理困境才能从根本上得以解决。关于股权让与担保规范设计的设想如下:

第一,对股权让与担保予以规制,应以当事人意思自治作为前提。为保证债权实现,担保人将自有股权转让给债权人,待债务得以清偿,该股权又返回给担保人的合同约定系当事人达成的共同合意,应予以认可。第二,在担保权实行方面,若届期债务人未清偿债务,债权人有权将受让股权变价处置,就股权价值优先受偿。同时,附加担保权人强制清算义务,即变卖股权价值超出担保范围的部分担保权人应予以返还。在担保权人承担清算义务的情况下,不应直接否认当事人之间的流质契约,可借鉴我国台湾地区的立法例,相对认可流质条款的效力。①第三,债权人仅为名义上的股东,原则上无权对受让股权进行使用和收益,不享有公司法规定的股东所享有的选举权、投票权、红利分配请求权等权利。第四,当事人转让股权未办理股权变更登记手续不得对抗善意第三人。当担保权人以自己的名义又把股权让渡给第三人时,第三人只有在主观上无重大过失、客观上支付合理对价、依法完成登记手续的情形下才能获取股权所有权。

(二)司法实践中形成统一的股权让与担保效力认定标准

1. 最高法颁布有关司法解释

倘若基于各种因素的考量,让与担保制度依旧无法被纳入民法典中,可以考虑通过颁布司法解释肯定股权让与担保的效力。于此之前,最高法出台了民间借贷司法解释对当事人签订买卖合同为民间借贷合同提供担保进行了规定,明确了此类纠纷的裁判思路。对于当事人签订股权转让合同为债务履行提供担保而引发的纠纷,最高院同样可以在相关司法解释中予以规范。当然,当事人以让渡股权的方式进行担保与以买卖合同作为担保在本质上是相同的,即使不出台新的司法解释对股权让与担保予以明确规定,可以直接利用上述司法解释相关裁判标准的解释精神审理股权让与担保案件。

---

① 高圣平:《民法典担保物权法编纂:问题与展望》,载《清华法学》2018 年第 2 期。

2. 发布指导性案例

虽然在我国判例不属于正式的法律渊源,其效力也无法与法律及司法解释相比,但有些典型判例在一定程度上对法院审理相似案件具有指导意义。在当前立法滞后的现状下,司法判例应当发挥其先行性的作用,通过确定典型性案例来承认股权让与担保的效力,使法官在处理相关纠纷时有统一的裁判标准。

例如,最高法再审的赵某莲与新疆爱某园投资公司合同纠纷案①以及深圳中级审理的美某投资管理公司与钟某芳保证合同纠纷案②,判决书中就股权转让协议的性质和股权让与担保的效力认定问题进行了较为充分的论证,可以选定为指导性案例。在合同性质判断方面:当事人之间转让股权的行为实际是为债务履行进行担保,而非通常意义上的让渡股权行为,应认定当事人行为构成让与担保;在对合同效力认定上:涉案《股权转让协议》中的内容系当事人真实意思表示,不违反法律、行政法规的禁止性规定,应认定有效,并不违反物权法关于禁止流押的规定以及物权法定原则;在股权让与担保对内效力认定上:在担保权存续期间,担保权人只能根据约定在有限范围内行使股权,若担保权人滥用股权,则构成违约,应对违约造成的损失进行赔偿。目前,涉及债权实现方式和当事人与第三人法律关系纠纷的案例相对较少,但这并不意味着我们可以忽视上述两方面的问题。法院在审理有关案件时,应充分考量各方权益,保持担保人与债权人、第三人与当事人之间的利益平衡。

3. 以会议纪要形式为法院提供审理思路

一则案例往往仅涉及股权让与担保效力的部分问题,若想对股权让与担保效力的所有问题均提供明确的审理方向,可能要甄选出好几则典型性案例,这不免有些烦琐。法院内部可以专门对股权让与担保效力问题进行全面深入的探讨,以发布会议纪要的形式为法官审理相关案件提供裁判规则。例如,2014年北京高院发布了关于在北京法院范围内适用房屋买卖案件疑难问题的会议纪要,统一了有关不动产让

---

① 参见最高人民法院(2017)最高法民再136号民事判决书。
② 参见广东省深圳市中级人民法院(2017)粤03民终16526号民事判决书。

与担保案件的审判思路和方法。当前,最高院民二庭法官第 4 次会议纪要明确了最高法对于股权让与担保案件处理的基本态度,即名为股权转让实为让与担保协议有效,若已经进行股权变更登记,则认定其具有物权效力,在主债务期限届满后仍未履行的情况下,名义上的股权受让人对变价后的股权价值享有优先受偿权。虽然该会议纪要提供了一定的审理思路,但其中肯定物权效力的观点还有待商榷,在对外效力的认定方面法院还需进一步讨论,尽早完善并统一意见。

六、结语

股权让与担保是在商业实践中逐渐兴起的一种交易模式,对商业融资和市场经济均有促进作用,无论理论界还是实务界应对其持有包容和尊重的态度。在认定当事人签订的协议性质是股权转让、股权质押、股权代持还是股权让与担保时,不能仅仅看合同的名称,而是要探寻当事人的真实意思表示。一般股权转让协议中含有担保条款、当事人约定了股权回购事宜、对受让人股东权利进行限制或是股权转让款明显低于市值,则可以认定该协议性质为股权让与担保。股权让与担保并不违背物权法定和禁止流质规定,也不是通谋虚伪表示,在不违反法律强制性规定的情形下,应肯定合同效力。在担保人和债权人内部法律关系上,股权让与担保的效力认定首先要尊重当事人合意,明确债权人仅为名义股东,不享有全部股东权利。实行让与担保时,应施与债权人以清算义务,当债务人届期无法偿还债务时,债权人有权将让与股权进行变价处置并就所得价款优先受偿。在涉及第三人时,从外部表现上看,债权人是股权的所有权人,故如何协调好债权人、担保人与第三人的利益关系是认定股权让与担保效力的关键。针对当前司法实务中存在的问题,建议在民法典各分编编纂之际,能够将让与担保制度纳入我国法律体系,并设计具体条文明确股权让与担保这一交易方式的正当性。鉴于立法工作不能短时间内完成,在司法审判方面可通过最高法颁布有关司法解释、发布指导性案例和会议纪要等方式统一股权让与担保效力的认定标准,为法官审理案件指明裁判方向。

浅谈母子公司中的"股东权缩减"问题
——以日本法对母公司股东的保护规制为中心

卢晓斐[*]

目　　次

一、绪论

关于母子公司规制问题,日本同中国一样,也主要是以子公司和子公司少数股东的保护问题为中心展开讨论的。然而,1997 年日本反垄断法修改,以前被禁止的纯粹控股公司得以解禁,自此关于母公司股东

---

* 作者:SBI 大学院大学经营管理研究科准教授。

保护的讨论越来越激烈①。

　　日本关于母公司股东保护的讨论,主要是以如何应对所谓"股东权缩减"问题为基础展开的。也就是说,在企业集团经营的情况下,对于母公司股东来说,尽管主要子公司的经营活动与自己的利益息息相关,但却无法直接干预子公司的经营活动②。这一问题,在日本学界称为"股东权缩减"或者"股东权的空洞化"。当然,这种问题,在通过股份交换或股份转移形成纯粹控股公司时最为典型。在此种情况下,原本对公司经营有各种参与权的股东从子公司股东变为母公司股东,在母子公司法人格独立的前提下,无法干预子公司经营。然而,现在,围绕该问题的讨论基本是以包括混合控股公司在内的一般的母子公司为前提来探讨的③。因为日本学界普遍认为,虽然纯粹控股公司的情况最为典型,但一般母子公司同样构造性的存在"股东权缩减"之问题,而应不应该恢复以及如何恢复被缩减的股东权,是日本的主要探讨课题。

　　然而,日本法中母公司股东保护的法律规制历史尚浅。最初在1999年商法修改时,在新设股份交换、股份转移制度的同时,规定了母公司股东对子公司会计账簿等的阅览权、复印权和母公司监事对子公司的调查权。接着,在2014年公司法修改之际,日本正式引入了母公司股东的保护规制。其主要内容是①构筑包括子公司在内的企业集团之内部管控体系之规制,②母公司转让子公司股份之规制,③多重代表诉讼制度。公司法试图通过这些制度来确保母公司股东利益并维护企业集团的健全运营,但因为适用范围过窄,究竟能不能在司法实践中发挥作用还不能断定。

　　而在我国,与少数派子公司股东的保护问题相比,母公司股东保护

　　① 参见藤田友敬:"親会社株主の保護",载《ジュリ》第1472号(2014)第33页。野田辉久:"親会社株主の保護",收录于,北村雅史=高桥英治编《グルーバル化の中の会社法改正》(法律文化社2014年)第116页。

　　② 参见前田雅弘:"親子会社をめぐる株主等の保護とその問題点——親会社株主保護の問題を中心に",载《ひろば》第51卷第11号(1998)第17页。

　　③ 参见森本大介:"子会社の重要な意思決定と親会社株主保護の承認",载《商事》第1908号(2010)第36页。

几乎没有被关注过④。其原因,一是因为考虑母公司股东保护问题一般会产生在股份分散的上市公司中,而我国企业集团的大部分都是国有公司改革的产物,母公司多是国有独资公司或国家控股的公司,如果能够掌控控制权,合理监督管理,那么经营者控制的危险性就不高;二是因为我国控制股东(母公司)侵害中小股东的情况严峻,而母公司掠取的利益仿佛自然而然就会还原为母公司股东之利益,因此会认为母公司股东保护之问题没有特别讨论的必要。但事实上,子公司被掠取的利益并没有直接还原到母公司或母公司股东之处。母公司经营者通过向子公司转让母公司资产等行为,切断母公司股东对公司经营的参与权和对经营者的监督权之行使,控制企业集团而获取私利,类似这种侵害企业集团利益的情况时有发生⑤。从公司法角度来看,与单体公司的股东权利相比,母公司股东之权利因企业集团的多层构造被缩减这一问题,是企业集团的固有问题,我国公司法亦不例外。而我国现行公司法之规定,只有以单体公司为前提的股东权保护规制,并没有对母公司股东的利益进行特别保护。近十几年来通过整体上市,纯粹控股公司越来越普遍化,母公司的一般股东的利益被弱化而无法律特别保护这一缺陷将会凸显出来,从公司法角度进行探讨将会是我国公司法所必须面对的重要课题。

由此,本文试对日本母公司保护的法律规制以及学说探讨作全面介绍,以期能够对我国母公司股东保护制度的构建提供有益启示。

---

④ 中国关于对母公司股东保护的论文有,李凡:《子公司重组中的母公司股东保护》,载《商事法论集》2009年1期,第112页以下;袁达松、王喜平:《股东查阅权穿越:母公司股东权益保护的利器》,载《东方法学》2010年4期,第118页以下。

⑤ 关于国有企业,与母公司保护相关的问题经常以国有资产流失形式在企业经营领域被探讨。国有资产管理机构的设立和运行使"谁是国有股股东,谁来行使股东权"这一问题有了明确的解决对策,但国有资产管理机构监督经营者的义务规制并不明确。在国有企业改革阶段,公司经营者通过设立子公司将母公司的优良资产转让于子公司,并通过兼任、投资等手段控制子公司的情况屡见不鲜。而同样,在民营企业,中小股东本来就处于不利地位,而控制股东滥用控制权设立子公司并将母公司重要资产转移,使得中小股东的利益侵害更为严重。本文的主要目的在于阐述并探讨日本的相关法律规制及问题,故不再对我国的现状以及问题进行展开讨论。

二、日本法中关于母公司股东保护的理论

(一)母公司股东保护规则的讨论背景

对母公司股东保护主要围绕如何恢复"被缩减的股东权"之讨论展开的。比如说,在一单体公司为规制对象的公司法前提下,事业部门分立为子公司时,对母公司股东来说,原本可以通过表决权行使选任负责事业部门的董事,但子公司化后无法选任子公司董事;子公司的分红也由母公司决定,母公司股东无法干预;事业部门如果作为营业转让,股东有权干预,但子公司化后母公司转让子公司股份却只是母公司董事会的决定事项⑥;因某一事业部门的不正当经营而引起公司损失时,原本可以追究母公司董事之违反善管义务的责任,但如果子公司化后,则首先变为母公司去追究子公司董事的责任,母公司股东没有直接诉权。鉴于此种"股东权缩减"的情况,学界主要讨论的问题是,在企业集团经济一体化的前提下,如何在发挥企业集团优势的同时,在一定范围内赋予母公司股东控制管理子公司的权利,保护其利益。

日本对"股东权缩减"问题之讨论,历史并不长。1953 年,大隅健一郎教授首次在纯粹控股公司的前提下提出该问题⑦,之后 1976 年西尾幸夫教授介绍了美国的表决权穿越制度,但这些讨论并没有成为该问题讨论的开端⑧。直到 1997 年反垄断法修改解禁纯粹控股公司(反垄断法第 9 条第 1 款)⑨,包括母公司保护在内的纯粹控股公司的相关法律问题,才开始真正受到公司法学界的重视并展开讨论。而与反垄

⑥　参见阿多博文:"会社法改正の意義と経緯(第二部、第三部)及び多重代表诉讼の幾つかの论点",收录于北村雅史＝高桥英治编:《グルーバル化の中の会社法改正》(法律文化社 2014 年),第 22 页。

⑦　参见大隅健一郎:《株式会社法变迁论》(有斐阁 1953 年),第 185 页。

⑧　参见西尾幸夫:"議決权のパス・スルーと親子会社调整",载《阪大法学》第 99 卷(1976)第 99 页。

⑨　纯粹控股公司在控制管理的统一性、组织机构的灵活性、控制成本的节约上有很大的优势。日本在泡沫经济崩溃后为了振兴经济,经济界以及当时的通产省都寄希望于解禁纯粹控股公司来摆脱长期经济不振的情况。1997 年反垄断法修改第 9 条,除了经济力量过度集中的情况以外放开了纯粹控股公司的设立。

断法对应,1999 年公司法(当时为商法)也引入了更加容易设立纯粹控股公司的股份交换(公司法第 2 条第 31 款)和股份转移制度(公司法第 2 条第 32 款),而且在 2000 年紧接着创设了便于整合子公司群、灵活管理整个企业集团的公司分割制度(公司法第 2 条第 29 款、第 30 款)。由此,在日本,通过纯粹控股公司的创设进行经营统合、业务统合急速发展起来,以纯粹控股公司为顶端的企业集团急剧增加⑩。继而,"股东权缩减"的问题也因此成为母子公司规制中最重要的课题被广泛讨论。

(二)围绕"股东权缩减"问题展开的理论探讨

"股东权缩减"问题刚开始是以纯粹控股公司为前提讨论的。也就是说,一般投资者投资于纯粹控股公司,而纯粹控股公司以此资金来持有子公司的股份,其主要业务是对子公司进行控制管理,而在公司法的解释下,这些一般都属于控股公司董事会的权限,控股公司股东无法干预。纯粹控股公司股东与一般公司相比经营支配权薄弱,在控股公司的权利行使与自己实际的利益的关联性小,有名无实。尤其在事业部门被子公司化,或是通过股份交换变为面对母公司股东的情况下,股东权的弱化非常显著。

面对股东权被实际缩减的纯粹控股股东,公司法是不是有必要对其进行特别保护呢?在解禁纯粹控股公司阶段,也有一些学者主张不需要特别保护。其理由是①"股东权缩减"问题是纯粹控股公司和一般母公司共同的问题,②是否通过股份交换成为母公司股东是投资者的自主选择,而且③母公司股东可以通过监督母公司董事来间接控制子公司业务,因此没有必要特别规制⑪。但与此相对,学界基本倾向于主张对纯粹控股公司股东加以特别保护。其理由是,①子公司的业务活动是纯粹控股公司的股东的利益源泉和投资风险的最主要原因,其与

---

⑩ 参见酒卷俊雄:"純粹持株会社とグループ経営",载《判夕》第 1122 号(2003)第 1 页。

⑪ 参见通商产业省产业政策局编:《企业組織の新潮流——急がれる持株会社規制の見直し》(1995)第 50 页;三枝一雄:"純粹持株会社の株主の保護——商法改正要綱案をめぐって",收录于保住昭一先生古稀記念《企业社会と商事法》,(北樹出版社 1999 年),第 171 页。

一般有主要事业的母公司有实质不同,需要赋予纯粹控股公司股东一定权利;②最初成为纯粹控股公司股东之时,未必对股东权的缩减问题有充分理解;而且③监督母公司董事的方法鉴于很难具体把握子公司管理的情况,加上对子公司管理行为和母公司损害之间的举证困难,很难实现⑫。因此,股东权缩减之问题,虽然是公司集团运营无法回避的问题,但也不能放任,在公司法范畴内,有必要通过一定的措施确保纯粹控股公司股东的股东权,以达到没有被缩减时同样的效果⑬。

在这一理论前提下,"股东权缩减"的保护范围究竟是限定于纯粹控股公司还是扩大到一般的母公司呢?虽然该问题的讨论起源于纯粹控制股东,但在一开始,公司法(旧商法)就是以一般母子关系为前提来探讨的。在学界也基本以一般母公司股东为对象来讨论。这是因为,通过企业重组,出现很多在纯粹控股公司和一般母公司之间的中间形态的企业,无论从资本构成、业务内容来看,还是从股东保护之必要性来看,都只有程度上的不同,严格区分这两者的意义已经不大。比如,如果只对纯粹控股公司的股东进行特别保护,一方面会对以控制子公司为主要业务但亦有本身业务的公司的股东来说并不公平,使得他们更愿意选择投资纯粹控股公司,另一方面则会让经营者萎缩,对设立纯粹控股公司产生消极态度。基于以上理由,现今,如何应对"股东权缩减"问题,应该以一般母子公司关系为前提已成为日本学界讨论的通识。

(三)如何恢复被缩减的股东权?

在日本法的相关讨论中,为了恢复母公司股东与单体公司的股东相比被缩减的股东权,考虑到两个方法论。一种是"追责方法论",即明确母公司董事之管理子公司的责任,母公司股东可以通过追究董事责任来达到恢复其被缩减的股东权之效果。另一种则是"赋权方法论",

---

⑫　参见江頭等:"座談会'親子会社法制などに関する問題点'を巡って",载《商事》第 1500 号第 39 页(1998)(江頭发言);菊池雄介:"企業グループの重層化と株主総会制度",载《判夕》第 1122 号第 61 页(2003)。

⑬　参见柳田直樹:"持株会社におけるコーポレート・ガバナンス——子会社をいかに支配・管理するか",载《取締役の法務》第 63 号第 51 页(1999)。

即赋予母公司股东直接参加子公司经营的权利和追究子公司董事责任的权利等⑭。主张"追责方法论"的学者认为,"赋权方法论"有一定的局限和解释论上的难题,为了保护母公司股东需要将母公司董事经营企业集团的义务和责任明确化。但如下文所示,日本虽然在解释论上展开对"追责方法论"的探讨,但在立法上主要采用"赋权方法论",在一定范围内赋予了母公司股东对子公司的干预权。然而,两种方法论如何相互关系、相互作用,如何规制才能既维持企业集团经营的灵活性和效率性,又能妥善确保母公司股东以及子公司少数股东之利益,这些问题日本学说和规制还没有明确答案,需要继续深入研究。

以下笔者将根据追责方法论和赋权方法论的划分,分别介绍对母公司董事监督子公司的责任的解释论和现行公司法的规制状况。

三、追责方法论——母公司董事之管理子公司的责任

2014年日本公司法修改之前,日本法制审议会曾在2011年公布公司法修改中间草案(征求意见稿),其中有一个选择性提案即是不引入多重代表诉讼,而明文规定母公司董事负有监督子公司的责任来代替多重代表诉讼制度。也就是说,明文规定"董事会的职务之一是监督子公司董事的业务执行"。最终的立法结果是采用多重代表诉讼制度,而没有将追责规制写进公司法。但虽然如此,在解释论上已经承认母公司董事有管理子公司之责任。

第一是解释论的发展。

以前,对因子公司董事的业务执行而引起的母公司损害,母公司董事是否有责任这一点,日本判例基本是持否定态度的。著名的野村证券事件中,东京地方法院明示,母公司和子公司(包括孙公司)都有独立的法人格,子公司的经营决策和业务执行都由子公司董事决定,因子公司董事的业务执行导致子公司的损失最终使得母公司遭受损失,没有

---

⑭ 参见舩津浩司:"'グループ経営'の義務と責任(一)",载《法協》第125卷第2号第234页(2008)。这一分类方法是舩津教授在其论文中第一次提到,后被多数学者认可。

特别情形,不会直接引起母公司董事对子公司的任务懈怠责任⑮。学说也基本和判例一致,对母公司董事的子公司管理责任作以限定性解释。

但是近二十年,企业集团经营越来越普遍,母公司董事对子公司管理成为不得不直视的问题。现今,主流学说普遍认为,子公司的业绩好坏与母公司利益密切相关,间接影响母公司股东的利益,子公司股份既然是母公司的重要资产,母公司董事就有维持并增加该资产之财产价值的义务,其内容也包括对子公司的业务监督的义务,这种义务是包含在董事的善管义务之中的⑯。

再者,集团经营多种多样,如何管理子公司才能为母公司以及整个集团获取最大利益则属于母公司董事的经营判断,需要根据每个企业集团的子公司管理理念来界定具体的义务内容。在日本的相关探讨中,将母公司董事对子公司的管理大体分为"意思决定介入型"和"监视监督型"⑰。前者情形之下,母公司董事需要积极介入子公司的经营。子公司董事顺从母公司的指示而使子公司受到损失,继而引起母公司损失的情况下,因为有母公司积极的介入行为存在,所以认定母公司董事违反善管义务的可能性较高。而在判例中也有因母公司董事指示子公司做出违法行为而最终造成母公司损失,认定母公司董事对母公司承担损害赔偿责任的判例⑱。不同的是,后者情形之下,母公司原则不介入子公司的经营,而是尊重子公司董事会的决策,但母公司董事必须构建作为内部控制体系的子公司监督体系,监督子公司的意思决定是

⑮　東京地裁平成13年1月25日判決,载《判时》第1760号第144页。所谓特殊情形,则是母公司董事实际控制子公司的意思决定,而且该控制行为是违反对母公司的善管义务的行为或违法行为。

⑯　参见江頭憲治郎等:"持株の取締役をめぐる問題(5)",载《取締役の法務》第80号第31页(森本发言)。塚本英巨:"平成26年改正会社法と親会社取締役の子会社監督責任",载《商事》第2054号28页(2015)。

⑰　参见川西拓人等:《判例から考えるグループ会社の役員責任》(中央経済社2017年),第98页以下。

⑱　三井矿山事件(最判平成5年9月9日)。可以说,在母公司董事积极介入子公司业务的情形下,母公司董事就子公司的经营判断和丑闻的发生有高度的注意义务,在某种程度上,与对母公司所负的注意义务有同等要求。

否合法合理。这种情形下,一般来说子公司董事不正当行为引起子公司损失时,只有子公司董事承担损害赔偿责任,但母公司董事在没有合理构建或妥当运用内部控制体系的情况下,有可能被追究违反子公司监督义务之责任⑲。而在判例中,福冈高裁平成24(2012)年4月13日的福冈鱼市场事件⑳是日本首次肯定母公司董事对子公司有管理监督义务的判例。当然,关于该责任的对象、责任范围等,还需要在考虑构建内部控制体系的前提下进一步探讨。

第二是内部控制体系构建义务,亦即软法的作用。

日本公司法明文规定董事有构建确保公司业务合理运营的内部控制体系之义务(公司法第362条第4款第6号),其中包括确保由公司和其子公司构成的企业集团整体的合理正当运营的义务(公司法施行规则第100条第1款第5号、第112条第5号)。如若违反此义务,母公司董事有可能被追究违反监视义务之责任。另外,母公司监事也有对子公司的调查权,即母公司监事在执行职务必要之时,也可以对子公司董事的业务报告请求权,或直接对子公司的业务和财产进行调查(公司法第381条第3款),这一制度也有利于集团治理。

近年,日本对软法规制非常积极。日本金融厅和东京证券交易所联合相继出台日本尽职管理守则(Japan Stewardship Code)(2014年公布、2017年修订),公司治理准则(Japan Corporate Governance Code)(2015年公布、2018年修订),就上市公司的公司治理的各个方面做出具体指引,进一步明确董事应该及时正确地公开信息,完备内部控制体系和风险管控体制。这些规制对保护股东和其他相关者的利益,推动公司长期持续发展起到了很大的推动作用。2019年6月28日,日本经济产业省又公布《关于集团治理体系的实务指南》。该指南在关于内部控制体系的规则中,明确指出母公司董事会有义务决定构建企业集团整体的内部控制体系的基本方针,监视、监督包含子公司在内的内部控制体系的构建及运营情况,且在该项注解中明确提出母公司董事有管

---

⑲　参见前注17:川西等文献,第99页。

⑳　该案件最终争讼到最高裁(最判平成26年1月30日集民246号69页)。最高裁也基本认定了东京地裁的判决。

理监督子公司之义务㉑。该指南结合集团经营的多样性和灵活性,做出了符合企业集团经营现实的具体方针和对策,日本学界和经济界都很期待其能够对企业集团的股东保护在内的公司治理发挥作用。

四、赋权方法论——日本现有法律规制和问题

如前所述,日本通过采用赋权方法,在公司法规定了一小部分保护母公司股东的规则。这些规则里,既有事前预防措施,比如,母公司股东知情权,对子公司决策的干预权,亦有事后追责措施,即多重代表诉讼制度。以下加以概括说明。

(一)母公司股东知情权

前文提到,日本公司法规定,持有母公司已发行股份总数或总表决权3%以上的股东(母公司是持分公司时为社员),在其行使权利有必要时,经过法院许可,可以阅览、复印子公司会计账簿以及相关资料(公司法第433条第3款)。3%的持股比例,以及法院许可之条件,都是为了防止知情权的滥用,而与一般的会计账簿阅览权一样,有法定拒绝事由存在时,母公司股东同样不得行使该权利(公司法第433条第2款、第4款)㉒。这一规定为母公司股东维权提供了有效的收集情报的手段,且没有对子公司范围进行限制,是顺利行使其他经营监督权的前提条件。

(二)母公司股东对子公司决策的干预——母公司转让子公司股份之规制

从以前开始,日本学界从比较法的角度对母公司股东能否直接干预子公司的重要决策(企业重组、董事选任、章程变更等)展开了广泛探讨。但现行法中至今也没有承认母公司股东对子公司的直接干预权

㉑ 经济产业省《グループ・ガバナンス・システムに関する実务指针》(2019年6月28日)第69页。

㉒ 以下情形下,法院不应许可母公司股东的请求:①请求人有与确保或行使权利相关的调查以外的目的;②请求目的妨碍公司正常的业务执行,损害股东共同利益;③请求人与公司存在竞业关系时;④请求权人为了将获得的信息告知第三人以获利而请求时;⑤请求人在过去两年内将获取信息告知第三人获得利益的事实(公司法第433条第2款)。但比如③的竞业关系,母公司股东与子公司之间,或母公司和子公司之间的竞业关系应该包括在内,而母公司股东与母公司的竞业关系是否包含在内并不明确。

利。对此有学者认为,母公司股东对子公司事项的干预属于讨论企业集团的最适当的治理体制中的政策性判断㉓,有灵活性和多样性。但笔者认为无论从保护母公司股东的角度出发,还是从防止规避制定法的角度出发,对于母公司股东对子公司事项的干预,都有必要明确干预方法和干预范围,向着赋予母公司股东干预权利的方向积极进行探讨。

而关于母公司转让子公司股份这一论点,以前在日本学说上都是从解释论方面探讨的。即如果母公司转让的子公司股份可以看作母公司全部或重要的一部分的营业时,必须经过母公司股东大会的特别决议㉔。这一解释论得到众多学者的支持。在法律规定方面,2014 年修改的公司法规定了子公司股份的账面价值超过母公司总资产额的 1/5 以上,且在股份转让生效日母公司不再持有该子公司表决权的过半数的情况下,子公司股份的转让需要经过母公司股东大会同意(公司法第476 条第 1 款第 2 号之 2)。引入该规定的理由是,营业转让和转让子公司股份在某些情况下会产生同样的影响,但原来的公司法上却只针对前者做出规定,要求股东大会审议,鉴于以上情况,该规定可以消除这种规制的不对称性㉕,也同时有利于保护母公司股东。虽然如此,该规制在适用范围和与营业转让的关系等方面还有一些法解释上的问题需要进一步探讨㉖。

(三)多重代表诉讼制度

多重代表诉讼制度作为 2014 年公司法修改的重点之一,备受关注。现行日本法中的多重代表诉讼,是指持有股份公司的最终完全母公司的总表决权 1% 以上的表决权或者最终完全母公司已发行股份的1% 以上的股份的股东(母公司为公众公司时要求有股 6 个月以上),有

㉓ 参见加藤贵仁:《企業結合法制に関する調査研究報告書》,商事法务 2010 年,第 36 页。法务省网:http://www.moj.go.jp/MINJI/minji07_00042.html 访问:2020 年 8 月 15 日。

㉔ 参见江頭憲治郎等:"純粋持株会社の規制緩和をめぐる諸問題",载《商事》第1388 号第 43 页(1995)。

㉕ 参见松中学:"子会社株式の譲渡・組織再編の差止め",载《商事》第 2064 号第 14 页(2015)。

㉖ 同上,第 15、16 页。

权提起追究重要子公司（责任追究原因之事实发生日时占最终完全母公司总资产额的 1/5 以上）董事"特定责任"的诉讼（公司法第 847 条之3）。该制度中，"最终完全母公司"是指完全母子公司中的母公司，多层构造的企业集团公司中最顶端的母公司。换句话说，该子公司的股份必须由最顶端的母公司或者其完全控股的子公司所有。而"特定责任"，同子公司股份转让之干预权一样，责任原因之事实发生之日该子公司股份的账面价格占最终完全母公司总资产额的 1/5 以上，且限定为子公司发起人等（董事、监事等）的责任[27]。而其他提起诉讼的相关程序和要件都基本与一般股东代表诉讼相同。

虽然日本法上的多重代表诉讼制度对于强化母公司股东的权利来说是非常有力的规制，但还存有不少问题。比如说，该制度与一般的股东代表诉讼不同，被规定为少数股东权，且以"特定责任"为要件。立法部门解释说这样规定是考虑到母子公司之间控制的间接性和防止滥诉，但学界却批判认为这种解释在理论的关联性方面并不明确[28]。还有，从现状来看，适用对象之上市公司基本限定于金融机构、流通产业等控股公司，而实际能够行使该权利的股东也只限于机构投资者等大股东[29]，再加上适用的子公司范围狭窄，还不包括外国子公司在内，由此有推测指出该制度对实务的影响并不会很大。[30]

五、结语

有学者指出，在日本引入一定的保护母公司股东的制度，其背后有为吸引多国籍企业在日本设立控股公司之政策性的背景，在这一点上，

---

[27]　一般的股东代表诉讼还可以追究虚假出资的股东和非法向股东提供利益时的股东。

[28]　参见藤田：前注 1 第 34 页；野田：前注 1 第 121 页。

[29]　参见藤田：前注 1 第 34 页；北村雅史"親会社株主の保護"，载《法时》第 1083 号第 38 页（2015）。

[30]　参见松山遥："親会社株主の保護——多重代表诉讼"，载《ビジネス法务》第 2012 号（3）第 43 页。

也可以说这些制度对保护母公司股东和提高母公司的便利性有一定效果。[31] 但是,上述制度非常有限,是否能够发挥立法时所预想的作用存有疑问。[32] 这不仅是因为上述制度是与经济界的强烈反对相妥协的产物,也是因为关于如何规制母子公司,相关法律的内容和方向性应如何把握这些问题在日本还没有明确的答案。

再者,在日本,企业集团法制中关于子公司少数股东保护的规制几次都被提案又被搁置。在集团经营已经普遍化的现在,母公司对子公司不正当行使控制权侵害子公司利益的情形依然存在[33],在此情况下,更应该强调探讨母公司对子公司的损害赔偿责任的重要性。[34] 还有一点在今后的探讨中需要留意,即母公司股东和子公司股东之保护虽然是两个独立的问题,但包括追究集团经营者的责任等在内,在强化企业集团治理方面,两者的规制相互关联又相互影响。

笔者认为,母公司股东在享受因集团经营(包括股东有限责任在内)所带来的利益的同时,完全排除因法人格的独立性所带来的不利因素,是缺乏正当性的。因此,如果要赋予母公司股东对子公司的干预权,则应该限定在必要的最小限度之内。而且,作为探讨保护母公司股东或子公司少数股东问题的前提,也有必要明确母子公司规制整体的理想状态以及方向性。

以上,本文通过概括介绍日本法中关于母公司股东保护的法律规制和解释论。期待日本法的相关规制和法律动向,对我国母子公司规制,特别是还没有充分讨论的母公司股东保护问题应如何应对提供些许启发。

㉛ 参见高桥英治:"会社法における企業結合規制の現状と課題〔上〕——平成二六年改正を踏まえて",载《商事》第 2036 号第 22 页(2014)。

㉜ 参见北村:前注 29 第 38 页。

㉝ 参见大杉謙一:"会社法改正で日本経済はよくなるか?親子会社",载《中央ロー・ジャーナル》第 12 巻第 3 号第 31 页(2015 年)。

㉞ 参见高桥英治:"現代日本における企業結合と企業結合法",载《商事》第 2075 号第 77 页(2015)。

日本关于上市的法律规制

伊达 龙太郎[*] 段 磊[**]

目 次

一、上市的意义和状况[①]

股份上市(Initial Public Offering,简称 IPO)是将本公司的股份向不

---

   * 作者:冲绳国际大学副教授。

   ** 译者:华东师范大学法学院副教授。

   ① 关于公司法,参见江頭憲治郎:《株式会社法(第 7 版)》(有斐閣 2017);神田秀樹:《会社法入門(新版)》(岩波書店 2015 年)、伊藤靖史等:《会社法(第 4 版)》(有斐閣 2018 年);森田章:《上場会社法入門(第 2 版)》(有斐閣 2010 年)。关于金融商品交易法,参见山下友信、神田秀樹编:《金融商品取引法概説(第 2 版)》(有斐閣 2017 年);川村正幸编:《金融商品取引法(第 5 版)》(中央経済社 2014 年)。关于实务上的讨论,参见东京证券取引所:《2019 新規上場ガイドブック(市場第一部・第二部編)》(东京证券取引所 2019 年)〈https://www.jpx.co.jp/equities/listing-on-tse/new/guide/index.html〉;あずさ監査法人编:《株式上場の実務ガイド(第 3 版)》(中央経済社 2019 年)、新日本有限責任監査法人编:《上場準備ガイドブック(第 3 版)》(同文舘出版 2018 年);みずほ銀行証券業務部=みずほインベスターズ証券引受部:《株式上場の実務(第 4 版)》(金融財政事情研究会 2011 年)。

特定多数的一般投资者开放,可以在证券交易所开设的股份市场上自由地交易。

日本现有4家证券交易所,即东京证券交易所、名古屋证券交易所、札幌证券交易所和福冈证券交易所。其中,东京证券交易所共开设了5个市场:第一部市场、第二部市场、MOTHERS、JASDAQ 和 TOKYO PRO Market。东京证券交易所第一部市场位于日本上市市场的顶端,本文以该市场的相关法律规制为中心进行探讨。

截至 2019 年 8 月 16 日,东京证券交易所的上市公司数量是:第一部市场有 2150 家,第二部市场有 488 家,MOTHERS 有 295 家,JASDAQ 有 711 家,TOKYO PRO Market 有 29 家,合计 3673 家。② 但截至 2019 年 8 月 2 日,日本股份公司的数量为 213 万 7088 家,上市公司所占比例未满 0.2%。③

股份上市后,对于上市公司而言一般有以下优点:融资的灵活性和多样性、企业社会信用度和知名度的提升、公司内部管理制度的充实以及员工士气的提升等。与此同时,股份的上市意味着股份将成为包括普通个人在内的不特定多数投资者的投资对象。因此,从保护投资者的角度来看,将要求公司公布结算内容,并及时以合适的方式披露企业内容等,产生新的社会责任和义务。

第一部市场以一定规模以上的企业为对象,其上市审查的形式要件④比较严格,例如,最近 2 年的利润总额为 5 亿日元以上等,因此其上市申请材料的制作数量也比其他市场都多。

此外,各国的证券交易所都在力争各国的潜力企业来自己的交易所上市。在此背景下,以前多是日本的大型企业去欧美上市,最近出现了考虑去亚洲的证券交易所上市的日本企业。目前,除日本以外,外国企业的股份上市的主要亚洲股份市场有香港交易所、台湾证券交易所、

---

② 参见东京证券交易所网站〈https://www.jpx.co.jp/listing/co/index.html〉。

③ 参见上市企业 search〈https://上場企業サーチ.com/analyses/number_of_compa-nies〉。

④ 关于形式要件,请见下文"二、关于上市的法律规制(二)形式要件(有价证券上市规程第 205 条相关)"。

新加坡交易所、韩国交易所等。但外国企业似乎还无法在上海证券交易所和深圳证券交易所等上市⑤。

本文主要探讨上市之前的法律规制。至于上市之后的法律规制，当然也是上市公司法制的重要问题，但由于篇幅的关系，本文将介绍重点放在上市前的法律规制上，以日本公司法和东京证券交易所的各项规则为中心。首先就日本关于上市的一般性法律规制进行概述，然后在分论中讨论母子公司上市等问题。

二、关于上市的法律规制

（一）总论

日本公司法上的公司组织形式有股份公司、合名公司、合资公司、合同公司四种。但上市的是"股份"，所以只有股份公司能够成为上市公司。其他组织形式的公司要上市的话，必须先变更组织形式为股份公司（公司法第746—747条）。

股份的上市基于股份发行公司的申请来进行（以下将申请上市的股份发行公司称为"申请公司"）。股份上市后将成为不特定多数投资者的投资对象，因此，从保护投资者的角度，东京证券交易所要进行上市审查，看其是否具备上市公司的适格性。东京证券交易所制定了关于新上市的各项规则，并依次进行上市审查。新上市的各项规则由《有价证券上市规程》《有价证券上市规程实施条例》《关于上市审查等的指引》构成。

各项规则确立的上市审查标准大致可以分为两类：①股东数和利润额等定量标准，即"形式要件"；②确认信息披露体制和公司治理结构状况等的定性标准，即"实质审查标准（上市审查的内容）"。以下主要就"形式要件""实质审查标准（上市审查的内容）"以及由此衍生出来的问题进行说明。

---

⑤　值得注意的是，中国和英国从2019年6月17日开始，实施连接上海和伦敦两个证券交易所的"相互上市（沪伦通）"制度［日本经济新闻（早刊）2019年6月19日第11页］。这是指可以发行与本国股票具有同等价值的存托凭证的并在对方市场上市的制度，从而间接地实现让外国企业来中国大陆市场上市。

如果上市审查的结果是申请公司具备上市适格性的,东京证券交易所会批准并公布申请公司的上市,其后再经过公募或卖出等程序正式上市。

(二)形式要件(有价证券上市规程第205条相关)⑥

上市申请时的形式要件适用有价证券上市规程第205条,上市前的公募和卖出等符合东京证券交易所各项规则⑦中的要件的,需要提出申请。

上市申请时的形式要件包括:①股东数,②流通股份,③市值总额,④事业持续年数,⑤净资产额,⑥利润额,⑦虚假陈述、不当意见以及上市公司监查事务所的监查,⑧股份事务代行机构的设置⑧,⑨单元股份数、股票的种类,⑩股份的转让限制等。

①股东数要件为800人以上(有价证券上市规程第205条第1项)。这是要求申请公司的股份由一定数量的股东分散所有。

该要件由前一个基准日⑨的股东数来计算,其目的是确保上市后股票的正常流通和公正股价的形成。因此,即便前一个基准日的股东数不满足标准的,在上市之前满足即可。

②流通股份要件是指,a)流通股份数4000单位以上,b)流通股份市值总额10亿日元以上,c)流通股份数(比例)上市股票等为30%以上(有价证券上市规程第205条第2项)。

所谓流通股份,是指上市申请相关有价证券中除大股东、董事、监事等持有的有价证券、申请公司持有的库存股等,其所有是固定的、几乎不被认为有流通可能性的股份以外的有价证券。该要件是为确保具有一定数量以上的流通可能性高的股份,将所有是固定的、几乎不被认

---

⑥ 前引注1:东京证券取引所,第21页以下。

⑦ 这里所谓"各项规则"是指《关于以上市前股份等的受让或转让以及定增等来进行的募集股份的分配等》和《关于新上市时的公募或者卖出》。

⑧ 东京证券交易所目前认可的股份事务代行机构有信托银行、东京证券代行股份公司、日本证券代行股份公司、IR Japan股份公司。

⑨ 所谓基准日,是指基于《公司法》和《优先出资法》的规定所设置的基准日,基于《关于公司债券、股票等登记结算的法律(登记结算法)》第151条第1款、第8款,登记结算机构通知全体股东时的基准日。

为有流通可能性的股份抑制在一定数量以下。

③市值总额要件为 20 亿日元以上(有价证券上市规程第 205 条第 3 项)。以上市时的拟上市股票等的数量乘以股价得到的金额,再加上该申请公司发行的其他一切股份[10]的市值总额来计算。

不过,2018 年 10 月 29 日,日本交易所集团声明将开始对其旗下的东京证券交易所的市场重新划分[11]。近年来,第一部市场采取了将其直接上市时的市值总额标准下调等措施,导致上市企业数增加,第一部市场的品牌价值有所下降。换言之,第一部市场目前面临的问题是,在收益、市值总额、经营体制和公司治理、信息披露等方面,存在着许多低水平的企业。

因此,作为改革方案将市值总额标准从"20 亿日元以上"上调至"500 亿日元以上"等,以此来严格筛选第一部市场的上市企业[12]。按照该市值总额标准来划分的话,目前第一部市场上市企业的过半数都会降级至第二部市场等,这将成为上市标准严格化带来的冲击。这一新的市场划分至早将在 2020 年 4 月引进。

④事业持续年数要件,是指从 3 年以前设置董事会,持续地开展事业活动。也就是说,在上市申请日的前一个事业年度的最后一日,申请公司的主要事业活动需要持续开展 3 年以上(有价证券上市规程第 205 条第 4 项)。

⑤净资产额要件,是指上市日的合并净资产额为 10 亿日元以上,单一净资产额不为负数(有价证券上市规程第 205 条第 5 项)。

⑥利润额要件,是指最近 2 年的利润总额为 5 亿日元以上等(有价证券上市规程第 205 条第 6 项)。

---

⑩　这里所说的"股份"仅限于在日本国内的金融商品交易所上市和在外国的金融商品交易所等上市、持续交易的股份。

⑪　关于东京证券交易所的市场重新划分,可参见神田秀樹:「〔経済教室〕東証市場区分見直しの課題:企業価値向上の動機づけに」,日本経済新聞(朝刊)2019 年 6 月 13 日 27 页。

⑫　参见:"特集:上場基準厳格化の衝撃",载《東洋経済》第 6843 号第 30 页(2019)。除市值总额标准外,①还引进了"外部董事比率达到 1/3 以上"这一治理标准,②母子公司上市中的子公司也可能成为筛选标准。

⑦虚假陈述⑬、不当意见以及上市公司监查事务所的监查要件,是指最近2年终止的事业年度有关的有价证券报告书等材料中没有"虚假陈述"(有价证券上市规程第205条第7项、第7项之2)⑭。

⑨单元股份数、股票的种类要件,是指单元股份数可以调整为每单元100股等(有价证券上市规程第205条第9项)。东京证券交易所为提高以投资者为首的市场参与者的便利性,设定了将全部上市公司的买卖单位最终统一为100股的目标。要求新上市的申请公司将其买卖单位(单元股份数)预先设定为100股。

⑩股份的转让限制要件,是指新上市申请的股份转让不得进行限制,以及在上市之前将不会进行限制(有价证券上市规程第205条第10项)。

(三)实质审查标准(上市审查的内容)(有价证券上市规程第207条相关)⑮

实质审查标准由作为上市公司所必需的5个适格要件构成。判断是否满足各个适格要件的具体标准规定在《关于上市审查等的指引》中。

实质审查标准有:①企业的持续性、收益性,②企业经营的健全性,③企业的公司治理结构和内控制度的有效性,④企业内容披露的合适性,⑤其他从公益、投资者保护的角度来看交易所认为有必要的事项。

①企业的持续性、收益性要件,是指持续经营事业,具有稳定的收益基础等(有价证券上市规程第207条第1款第1项)。

②企业经营的健全性要件,是指公平地、忠实地开展事业等(有价证券上市规程第207条第1款第2项)。

③企业的公司治理结构和内控制度的有效性要件,是指公司治理结构和内控制度能够合适地配备并有效地运转等(有价证券上市规程

---

⑬ 所谓"虚假陈述",是指关于有价证券报告书等,被内阁总理大臣等发出订正命令和课征金缴付命令或被告发的情形,以及提交了订正备案书等,且订正的内容属于重要的情形。

⑭ 省略⑧股份事务代行机构的设置的内容。

⑮ 前引注1:东京证券取引所,第49页以下。

第 207 条第 1 款第 3 项）。

④企业内容披露的合适性要件，是指处于能够合适地披露企业内容的状态等（有价证券上市规程第 207 条第 1 款第 4 项）[16]。

⑤其他从公益、投资者保护的角度来看交易所认为有必要的事项有，新上市申请人引进反收购防御措施的，应当遵守有价证券上市规程第 440 条规定的事项，如透明性、对流通市场的影响、尊重股东权利等。

在介绍完形式要件和实质审查标准（上市审查的内容）后，以下将讨论由其衍生出来的几个问题。

（四）股份的转让性

日本股份公司的多数是由少量股东构成的封闭性的非上市公司[17]。非上市公司中，股份由同族等特定有限的人员持有，通常设置了转让限制。这是为了防止无信赖关系的人成为股东。关于股份转让限制，一般是在章程中规定在转让股份之际，需要董事会等的批准（公司法第 107 条第 1 款第 1 项、第 108 条第 1 款第 4 项）。

由此可见，股份公司可以在章程中设置股份转让的限制。但是，证券交易所是不特定投资者参加的流通市场，如果对市场上基于买卖交易的股份转移进行限制，这在制度上不相符合。因此，形式要件中有要求：上市申请的股份转让不得进行限制，以及在上市之前将不会进行限制（有价证券上市规程第 205 条第 10 项）[18]。

所以，非上市公司转为上市公司的，要解除该转让限制。上市公司中，多数投资者之间进行股份买卖时，可以不经过公司的批准。股份转让自由原则（公司法第 127 条）适用于上市的股份公司。不过，上市公司中也会出现公司预想不到的股东，导致公司暴露在被收购的风险中。

---

⑯　这里的标准还包括以下几点：申请公司上市后能否及时、适当地披露对于投资者的投资判断而言重要影响的公司信息，以及从防范内部交易和信息传递、交易推荐行为于未然的角度来看，在公司信息公开之前能否适当地进行信息管理等。

⑰　关于封闭公司的讨论，请参见江頭憲治郎＝武井一浩编：『上級商法 閉鎖会社編〔第 3 版〕』（商事法务、2006）。

⑱　前引注 1：东京证券取引所，第 57 页以下。

此外,因上市而让股份自由转让时,要变更章程废除改转让限制⑲。章程变更原则上由股东大会进行特别决议(公司法第466条、第309条第2款第11项)。

(五)机关设置

1. 总论

有价证券上市规程的《企业行动规范》项目中,规定了作为上市公司应当遵守的行动规范。申请公司有必要设置有价证券上市规程第436条之2至第439条规定的机关和结构。

上市公司应当设置:①董事会、②监事会或监查等委员会或提名委员会等、③会计监查人(有价证券上市规程第437条)。

2. 董事会

董事会应当按照法律法规、章程中规定的召集程序等来召开(公司法第368条等)。公司法上要求最低3个月召开一次董事会(公司法第363条第2款)。如果目标是上市,每月讨论结算的内容,根据讨论结果来为下一个月的事业运营服务,因此每月都召开董事会。

此外,如果是以纯粹控股公司的形态上市,旗下的事业公司中可以不设置董事会而只设置1名董事。此时,形式上不会一律要求全部的旗下事业公司都必须设置董事会。而是根据事业公司的规模和集团内的位置、设立的细节等,考虑是否有不设置董事会的合理理由,来进行个别判断。

3. 董事

关于董事,要求是:①不存在名义董事、②同族关系人不占董事的过半数、③常勤董事原则上是专职的等。此外,上市公司为保护一般股东,要求在上市日之前要确保有1名以上的外部董事或外部监事这样的独立成员⑳(有价证券上市规程第445条之4)。

---

⑲ 除此之外,在上市前需要变更章程的项目还有:①设置监事会、监查等委员会、审计人等,②采用单元股制度等。

⑳ 所谓"独立成员",是指与一般股东无利害冲突之虞的外部董事和外部监事。所谓"外部董事",是指公司法第2条第15项规定的外部董事,且属于公司法施行规则第2条第3款第5项规定的外部成员。所谓"外部监事",是指公司法第2条第16项规定的外部监事,且属于公司法施行规则第2条第3款第5项规定的外部成员。

　　并且,上市公司作为构成证券市场的一员,应自觉通过充实公司的信息披露,以此来确保透明性。有价证券上市规程还制定了《企业行动规范》,从保护投资者和合适发挥市场功能的角度要求进行适当的企业行动。

　　《企业行动规范》由两部分事项构成,一是将作为上市公司最低应当遵守的事项规定为"应遵守事项",二是将要求上市公司尽到努力义务的事项规定为"期待事项"。违反"应遵守事项"的,会成为确保实效性手段的对象,采取公布措施等。作为确保实效性手段之一,《企业行动规范》还规定了:为保护一般股东,上市公司应当确保有 1 名以上的独立董事或监事。这也是"应遵守事项"。

　　关于《公司治理准则》[21],作为上市公司的"期待事项",《企业行动规范》规定:"上市公司尊重《公司治理准则》的目的和精神,应当努力采取措施充实公司治理"(有价证券上市规程第 445 条之 3)。

　　《公司治理准则》的规定是上市公司"至少选聘 2 名以上独立外部董事"(原则 4—8)。但《公司治理准则》并非给上市公司施加选聘 2 名以上独立外部董事的义务,而是在"遵守或解释(comply or explain)"的原则下,上市公司可以不选择遵守,但要说明不遵守的理由。上市公司未选聘 2 名以上独立外部董事的,要在有关公司治理的报告书中说明其理由。

　　(六)内控制度[22]

　　企业在公开股份成为上市公司之际,为确保、维持营收能力,确保

---

　　[21]　《公司治理准则》是指为实施企业统治(公司治理)而制定的指南。从 2015 年 6 月开始适用于上市企业。《公司治理准则》明确了一个基本原则:公司要站在股东、顾客、员工、地方社会的立场,进行透明、公正、迅速且果断的意思决定。并由 5 个原则构成:①确保股东权利和平等性,②与股东以外的利益相关人进行适当的协作,③确保合适的信息披露和透明性,④董事会等的责任和义务,⑤与股东进行对话。关于这点最新的探讨,请参见松井秀征:"コーポレート・ガバナンスをめぐる法的規律の諸層",载《法律時報》第 91 卷第 3 号第 4 页(2019)〔特集 わが国におけるコーポレート・ガバナンスの諸層〕;東京証券取引所:"コーポレートガバナンス・コード~会社の持続的な成長と中長期的な企業価値の向上のために~"(https://www.jpx.co.jp/news/1020/nlsgeu000000xbfx-att/20180601.pdf)。

　　[22]　关于内控制度,请参见伊藤靖史ほか:《事例で考える会社法(第 2 版)》(有斐閣 2015 年)〔大杉謙一〕340 页以下,前引注 1:東京証券取引所,第 49 页以下。

健全性,有必要有组织地、持续地实施适当的信息披露等。为此,有必要确立合适的公司治理结构。

因此,上市公司为了确保董事等的业务执行符合法律法规和章程,应当决定构建并完善必要的体制(有价证券上市规程第439条)㉓。

内部制度报告书并未包含在上市申请材料中,但上市审查时会确认应对内控制度的准备情况。不过,合规制度的构建和重要合同等是上市审查的对象。因此,为了成为具备上市适格性的公司,有必要在上市申请前进行相应准备,巩固收益基础,改善公司内部的管理制度等。

(七)资本政策

作为资本政策,在开展事业之际应思考如何活用资本。比如,确保安定性股东的表决权比例,调整经营事业所必要的融资手段和时间,对董事等和员工的激励。

换言之,经营者在策划谋定资本政策之际,要决定:①安定性股东对策、②融资、③股权激励计划、④创业者利益、⑤上市后的目标股东。

其中,作为③股权激励计划,激励的种类包括实物股份和股票期权。作为业绩联动型报酬,股票期权向董事等和员工无偿发行新股预约权(公司法第2条第21项)。这是以发行时设定的行使价格股份的权利。持有股票期权的董事等,在上市后的股票价格高于行使价格时,可以行使价格购入股份,再出售股份后获利。因此,公司股价越上升赚得就越多,这就让董事等有了提高公司业绩,进而提高股价的动力。

(八)母子公司上市㉔

在东京证券交易所的实质审查标准②企业经营的健全性中,如果(3)申请公司有母公司的,应当具有相对于母公司的独立性。这是因为申请公司有母公司的,将构成"母子公司上市""子公司上市"这一特殊

㉓ 构建公司法第362条第4款第6项、第399条之13第1款第1项c~第416条第1款第1项规定的体制等。

㉔ 关于母子公司上市,请参见江頭憲治郎:《結合企業法の立法と解釈》(有斐阁1995);宍戸善一等:"親子上場をめぐる議論に対する問題提起:法と経済学の観点から〔上〕〔中〕〔下〕",载《商事法務》第1898号第38页,同前第1899号第4页・第1900号第35页(2010);参见前注1;东京证券取引所,第61页以下。

情形。

　　所谓"母子公司上市"是指母公司和子公司均为上市公司。母公司维持对子公司的控制权,同时让少数股份上市。"母子公司上市"的优点是:①可以提高企业集团整理的协同效益,②作为企业集团的融资方法,相比于母公司融资后再分配给全资子公司,"母子公司上市"更为合理等。

　　东京证券交易所的上市企业中,截至 2019 年 8 月 2 日,有上市母公司且子公司也上市的 308 家㉕。但外资系基金对日本这一特有的实务情况有批评意见。从国外的情况来看,上市企业中有 50% 以上的控股股东的,美国仅有 28 家,不过占整体的 0.5%;德国和法国均未满 20 家;英国为 0 家㉖。

　　"母子公司上市"的问题是,在母公司下存在有少数股东的子公司,该少数股份在股份市场上交易,子公司有可能会为了母公司的利益而牺牲少数股东。换言之,"母子公司上市"的情形下,母公司与申请上市的子公司的少数股东之间存在潜在的利益冲突关系。母公司可能会行使对子公司的控制权,将利益从子公司的少数股东处转移至母公司。

　　举例而言,"母子公司上市"内在的利益冲突问题主要有:在母公司与子公司之间进行利益冲突交易时,母公司将不利的条件施加于子公司,以此来抽取子公司的利益。此时,子公司的董事被认定为违反忠实义务的,对公司承担损害赔偿(公司法第 355 条、第 423 条第 1 款)。

　　为应对该风险,东京证券交易所在子公司上市条件中设置了如下事项:①对集团外的销售比例原则上在 3 成以上,②原则上不存在母子公司之间的资产借贷关系等㉗。

　　㉕　日本经济新闻《早刊》2019 年 8 月 4 日第 7 页。

　　㉖　前引注 24:宍戸善一〔中〕,第 6 页指出,日本的母子公司上市是以长期为前提的稳定状态,而美国则是以短期为前提的过渡性现象,这点上两国存在很大差别。此外,在美国通常是让子公司的少数股份先上市,观察股票市场的反应后,再选择将其完全分立(spin off)或者全资子公司化。

　　㉗　参见丸山顕義:"子会社上場の考え方とその取扱い",载《商事法务》第 1229 号第 86 页(1990)。

"母子公司上市"内在的其他利益冲突问题包括:母公司的经营者在优先照顾企业集团整体利益时,有可能侵夺子公司的事业机会。为应对该风险,东京证券交易所在子公司上市条件中设置了如下事项:子公司的主要事业原则上不得与母公司的事业产生竞合等。

并且,在"子公司上市"的审查中,为确保申请子公司的少数股东的权利和利益不受损失,要审查其独立于母公司的情况是否符合一定的标准。

具体而言,①在母公司的董事等和员工来兼任董事,以及从母公司等派来的董事合计人数占到了子公司董事会的半数以上的,②在决定经营方针和业务执行之际,会受到母公司的强烈影响的情形下,从保护少数股东的角度出发,东京证券交易所在进行审查时会更加慎重㉘。

㉘ 本文提及内容以外的最新动向还有日美同时上市的情形,参见濃川耕平＝横田貴大:"日米同時上場に関する検討:LINEの上場を踏まえて",载《商事法务》第2115号第30页(2016)。

关于虚拟货币返还请求权的
日本下级审裁判例及若干考察
——以东京地方裁判所平成 30 年
1 月 31 日判决为中心

久保田 隆* 刘惠明**

本稿是在拙稿《关于虚拟货币交换业者 MT. GOX 破产债权确认异议之诉中顾客主张的比特币返还请求权等未被认可事例》(载《判例时报》2412 号、《判例评论》726 号,2019)基础上修正而成。

【事实】

本事例为曾经是互联网上的虚拟货币(2019 年的资金结算法将其法律上的名称改为密码资产)比特币(货币单位是 BTC)交换交易所的株式会社 MT. GOX(下称"マウントゴックス"或"破产公司")的破产程序中有关破产债权确认的纠纷。因顾客持有的比特币遭遇黑客而大量丢失从而导致破产的破产公司的顾客(利用者),以自己账户上曾持有的比特币余额而算出的金钱(包括迟延损失)作为破产债权申报,但

---

* 作者:早稻田大学教授。
** 译者:河海大学教授。

是被黑客破坏后的比特币余额部分未被确认,从而提起了破产债权确认之诉。

(一)关于破产公司的背景与本事例

破产公司是经营比特币的保管、利用者之间的比特币买卖及居间业务的公司,曾经号称拥有世界最大的交易量,但是,保管的比特币遭遇黑客,丢失了约470亿日元,其结果是偿付大幅迟延导致经营失败,2014年4月东京地方裁判所(下称东京地裁)决定开始破产程序。破产公司开始提出了民事再生程序申请,但因为多数债权人是在海外,难以进行实态调查,东京地裁驳回了该申请,而开始了破产程序。此后,因为比特币的价格高昂,破产管理人出售比特币给破产财团确保了相当金额的金钱,2018年6月终止破产程序,移送至了民事再生程序。2019年3月,再生债务人持有约六百九十五亿五千万日元的存款(其中约159亿日元部分设立了信托)及比特币,[1]超过了再生管理人已经认可的约460亿日元再生债权额,但是,再生管理人未认可的大额再生债权被提起了确认申请,在执笔时,再生计划的提出期限从2019年4月延期至同年10月。

在破产程序进行中的2015年5月,破产公司的利用者(原告X)向破产公司管理人(被告Y)提出了比特币的返还请求权及迟延损失请求权的破产债权申报,Y均未认可。X以持有全部申报债权为由,主张以债权申报表上记载的各比特币按市价换算的金额以及相关的迟延损失的破产债权。而Y对照了利用者账户信息和破产公司持有的数据库记录,依据数据库记录的余额对申报债权进行审查的结果是:确认X主张的账户上的债权只有2个,即破产债权[1]的余额0.05124001BTC(换算成日元为2564日元)和破产债权[7]的余额0BTC(后面详述)。因此认为破产债权是2564日元及迟延损失30日元共计2594日元。

尔后,X于2016年6月向东京地裁提出了破产债权确认的申请,同裁判所于2017年3月依据Y的确认决定作出了确认破产债权的决定

---

① 参见Mt. Gox再生管理人2019年3月20日向东京地裁提出的报告(https://www.mtgox.com/img/pdf/20190320_report.pdf)。

（破产法第 125 条），对此不服，X 于 2017 年 4 月提起了破产债权确认异议之诉（破产法第 126 条第 1 款），这就是本诉。

（二）裁判所的事实认定

东京地裁认定了依据 Y 数据库的事实，认为："从上述事实来看，本案申报债权中，能够认可破产债权［1］的 2564 日元及与此相关的迟延损失 30 日元，其余部分不能认可。关于破产债权［7］，不能认可原告持有（略）.com 的域名的电子邮件地址的账户，即使原告曾持有该账户，比特币的余额是 0。"

（三）破产公司的利用规约

根据破产公司的规约②，在破产公司开设账户，就可以参加到比特币买卖的平台（定义为"为完成本卖主与本买主的比特币交易的、Mt. Gox 管理的技术、功能及组织性的结构"），"Mt. Gox 管理的本平台，使得买主（略）及卖主（略）能够买卖被称为'比特币'的互联网上的商品。此外，本平台使得本平台上登录的所有成员（下称本成员）能够向其他成员发送金钱及比特币，以及购入特定的物品"（①）。一般而言，银行存款账户和虚拟货币交易所的账户的性质是不同的，银行和顾客是存款债权债务的当事人，银行万一破产时，通过存款保险制度可以得到一定金额的救济。虚拟货币交易所仅仅保管比特币，是利用者之间买卖的中介（因此，仅承担合理的注意义务＜后面②之 1 参照＞）。也没有交易所破产时账户利用者得到一定金额救济的制度，③本案也是如此。因此，交易所破产时保管的虚拟货币优先返还给利用者的法律在2019 年 5 月成立了。

此外，破产公司的业务是："Mt. Gox 表明和保证下列事项：1. 为通

---

②　Mt. Gox 的利用规约（最后更新日是 2012 年 1 月 20 日）从下列网站可以得到（https://web. archive. org/web/20140122204041/https://www. mtgox. com/terms _ of _ service? Locale＝ja_JP）。

③　交易所即使遭遇巨额的黑客但未导致破产时，补偿利用者损失的事例较多。例如，coincheck 交易所在 2018 年 1 月因黑客丢失了约 580 亿日元的虚拟货币 NEM，用自己的资金向 26 万利用者补偿了 460 亿日元（因 NEM 的行情大幅下降，使得换算的日元也减少了）。参见 2018 年 4 月 6 日《日本经济新闻》网络版。

过本平台完成本交易,为促进本网址上本成员间的报价匹配,尽合理的注意及使用技能……6. 本成员注入的所有金钱及比特币,以登录在本账户详细事项的本人名义为了本人而保管在本账户中"(②)。根据第6款,破产公司应当分别管理自己名义账户上的财产和利用者的顾客账户的财产,但是,破产公司的原社长篡改了交易系统的数据,将顾客账户的财产移送到了自己的账户上。然而,东京地裁对以侵占约三亿四千万日元罪名被追究的原社长,认为在篡改系统数据而使账户余额虚增这点上,构成私人电磁记录的不当作出·同供用罪,作出了有罪判决。但是,因为利用者移送至破产公司的金钱归属于公司,被告人从公司借款在相当程度上是被允许的,也有偿还的现实可能性,认为不构成职务侵占罪④(东京地方检察院放弃了上诉,该罪无罪得到确定⑤)。还有,黑客的详情尚未明朗,无法确定破产公司是否尽到了②之1所称的合理注意义务。

【判决要旨】

(一)X 持有的债权的性质

"原告主张破产公司代表人从本案中的交易所中不当取出比特币而丢失了比特币,即使原告主张的事实得到确认,从本案申报债权的性质、内容来看,这样的事实对本案申报债权的有无以及金额判断不会产生影响,原告的主张不能采信。

"比特币是虚拟货币,在购入或借入物品、接受劳务提供时,为支付价款,可以向不特定的人使用;并且,是能够以不特定的人为对象购入、卖出及交换的具有财产价值的电磁记录,使用电子信息处理组织可以移转的东西(略。参照资金结算法第 2 条第 3 款)。比特币(电磁记录)持有者的权利性质并不明朗,至少在认为比特币是虚拟货币的情形下,具有要求与货币类似对待的债权(破产法第 103 条第 2 款 1 号之 1)规定的'不以支付金钱为目的的债权'的一面。该债权(下称钱币债权)在比特币(电磁记录)通过电子信息处理组织移转时,从性质上看,是一起移转的。原

---

④⑤ 参见 2018 年 3 月 15 日《日本经济新闻》网络版。

告以其对破产公司拥有比特币的返还请求权为由，申报了债权。但是，比特币自身是电磁记录而不能返还，因此，原告认为钱币债权就是以破产法第103条第2款1号之1规定的'不以支付金钱为目的的债权'，用破产程序开始时评估价申报了破产债权。如果像原告主张的因破产公司代表人取出原告的比特币而使比特币丧失的话，比特币已经移往他处，同时钱币债权也就移往了他处，因此，破产程序开始时，原告对破产公司就不拥有钱币债权。如果将本案申报债权解释为原告对破产公司拥有钱币债权为前提的话，因为欠缺前提，原告的上述主张不能左右结论。"

（二）债权是否认可

"在本案交易所，采取了这样的构造：利用者在交易开始时登录用户名及邮箱地址，取得管理比特币的账户，通过账户持有比特币或货币，进行比特币或货币的交易。破产公司保有记录着利用者账户信息（利用者登录的用户名及邮箱地址等、利用者的比特币及货币的余额）的数据，被告在本破产案件中是否确认申报债权的问题上，将申报债权与上述数据进行对照，在数据库记录的比特币及货币的余额范围内确认申报破产债权。本案交易所采取了其他利用者用同样的用户名及邮箱地址不能登录的构造，在上述数据库上，用特定的用户名或邮箱地址作为关键词进行检索，就可以特定拥有该用户名或邮箱地址的账户，从而确认该账户上的比特币及货币的余额。被告在本破产案件中，为调查申报破产债权而对必要的数据进行分析、调查、统计及其他机器等的调查之后，因有必要借助相关专家的支持，委托有专门知识的有限公司A之B及C合作公司，取得了这些公司在申报破产债权调查上的支持，因此，上述各事实能得到确认。从这些事实来看，基本上能够认可通过检索破产公司保有的上述数据库而得到的特定账户上的比特币余额的信用性，基于此，也可以认可被告在本破产案件中对申报破产债权是否认可的内容的信用性。"

（三）结论

"能够确认原告持有在本案申报债权中的破产债权[1]的2564日元及与此相关的迟延损失30日元，其余部分不能确认。因此，关于本案争点，原告的主张没有理由。"

【评析】

(一)虚拟货币比特币与法律整备

在进入详细事实前,对必要的前提认识进行简单的说明。比特币是虚拟货币的一种,从时价总额来看,所有虚拟货币的时价总额约21.3兆日元(与股票市价总额第1位的丰田汽车的约21.3兆日元[6]市价几乎相同),其中比特币约12.4兆日元[7](与股票市价总额第2位的软银集团的约12兆日元市价几乎相同),所占金额最大,[8]与日元的时价总额(M3货币存量)约1344.7兆日元(2019年3月底的余额)[9]相比,交易量很少,因一时的投机热而受到关注,不必对其过高评价。虽然是拥有一定程度的货币功能的电子数据,不用说洗钱对策、利用者保护的规制,对本案中出现的破产时的私法上的处理问题等,各国均未完备必要的法律。因是互联网交易,交易很容易国际化,在探讨日本法的应对时,应注意活用信托的英美法及其他大陆法的动向。

虚拟货币与电子金钱不同,不仅不存在发行主体,也没有日元、美元等的法定货币的依据,是独自的货币单位。此外,大都是通过交易所进行虚拟货币的买卖和与法定货币的交换(当事人之间可以直接进行交易)。与法定货币不同,价格波动很大,保有虚拟货币的目的比起结算主要是投机,称之为货币并不贴切,变更称呼为密码资产的动向成为国际主流。此外,虚拟货币的买卖在法律上很大部分是不确定的,世界各国接连出现黑客事件,也有被当作洗钱工具的危险。国际社会及各国政府不断在进行摸索,中国已经一律禁止,但是,日本在逐步建立合法的规制。例如,日本在2016年5月修改(2017年4月开始施行)了关

---

⑥ 2019年5月10日18:40的雅虎财务股份市价总额(https://info.finance.ya-hoo.co.jp/ranking/? kd=4)。

⑦ 参见上注。

⑧ 根据 CoinMarketCap(https://coinmarketcap.com/ja/),2019年5月11日,0:02UTC 时为12404551767395美元(占所有虚拟货币21317887152576美元的6成)。

⑨ 参见日本银行调查统计局:《货币存量速报(2019年3月)》2019年4月11日(从 https://www.boj.or.jp/statistics/money/ms/ms1903.pdf 可以得到)。

于资金结算的法律(资金结算法),2019 年 5 月,以资金结算法的进一步修正和金融商品交易法等的修正为内容的法案⑩被国会通过(后述)。

(二)虚拟货币的资金结算法的对应:现行法与修正法

现行的资金结算法将虚拟货币规定为:"在购入或借入物品、接受劳务提供时,为支付价款,可以向不特定的人使用,并且,是能够以不特定的人为对象购入、卖出及交换的具有财产价值(略),使用电子信息处理组织可以移转的东西"(第 2 条第 3 款 1 项)。因此,比特币也是虚拟货币。在这一点上,现在的修正案并没有实质性的变化,仅仅是将虚拟货币改称为密码资产。但是,该定义是对虚拟货币交易所(交换业者)等进行的规制上的定义,虽然暗示其有些财产价值,但是尚没有达到明确利用者私法上的权利义务性质的程度。

然而,本次的修改就交换业者的分别管理义务,也涉及了私法关系。即在既存的交换业者的分别管理义务上明确了信托的概念,新设了第 63 条之 11 第 1 款("密码资产交换业者就其从事的密码资产交换业,应当对密码资产交换业利用者与自己的金钱分别管理,依据内阁府的规定,信托给信托公司等"),信托保全(将交易所的利用者的金钱放在信托银行的信托账户上进行管理)义务化了。此外,第 63 条之 19 之 2 第 1 款也明确了"优先于其他债权人受偿的权利"的优先受偿。

FX 交易的信托保全一直是被义务化的,对虚拟货币交易,仅是分别管理被义务化,信托保全未被义务化。本次修改是受托金钱的保全,曾希望也进行受托虚拟货币的保全,但被搁置了。⑪ 就虚拟货币是否是信托财产有不同意见,金融厅曾表示过"现在虚拟货币在私法上的定位尚不明确,有不能进行提存、信托的限制"⑫,但是,成为信托法上的信托

⑩　关于金融厅向国会提出、2019 年 5 月 31 日通过的《随着信息通讯技术的进步而对应金融交易多样化的资金结算法律等的部分修正的法律》,可参见 https://www.fsa. go. jp/common/diet/198/index. html。

⑪　可参见金融厅:《关于虚拟货币交换业者等研究会报告书》(2018 年 12 月 21 日)第 5—7 页。

⑫　可参见金融审议会:《关于结算业务等的高度化的工作组报告——面向结算高度化的战略措施》(2015 年 12 月 22 日)第 29 页。

对象的财产"并没有要达到具备具体名称这样程度的成熟的权利的必要,只要是可以评估其金钱价值的积极财产,并且可以从委托人的财产分离的东西,都包含在内"⑬。因此,虚拟货币当然是信托的对象。金融厅对信托谨慎的结果是进行信托保全与不进行信托保全的交易所(例如,本案中的破产公司等)混存,现在,金融厅也"希望虚拟交换业者在可能的范围内进行受托虚拟货币的信托"⑭,今后虚拟货币的受托保全有望得到推进。另外,受托人即使在收到破产程序开始的决定时,因为属于信托财产的财产,不属于破产财团(信托法第 25 条),①交易所与利用者之间是否有信托合同关系(依据本案中利用规约<事实(3)②第6 款>,有这样解释的余地。后述),②即使不是如此,交易所向信托银行进行信托保全,也可保护利用者的财产。瑞士也有同样的动向,2018年 12 月 14 日瑞士联邦会议(相当于日本内阁)的报告书⑮认为,关于破产时虚拟货币的处理,明确分别管理虚拟货币的立法(特别是明确虚拟货币的保有人是否拥有与所有权同样的权利,与其他权利人的虚拟货币混同时是否形成合同上的请求权)是必要的。⑯

(三)交易所与利用者合同关系相关的裁判例

将比特币寄存在与本案相同的破产公司的利用者作为原告,以破产管理人作为被告的裁判例是东京地裁平成 27 年(2015)8 月 5 日(LEX/DB25541521)的判决。⑰ 向被告主张取回权,被驳回了。即原告拥有比特币的所有权,被告占有不属于破产公司破产财团的比特币,依据比特币的所有权,根据破产法第 62 条要求交付,并且,以被告不向原告交付比特币妨碍了原告的自由收益处分,要求侵权损害赔偿,裁判所

---

⑬ 参见寺本昌弘:《逐条解说 新信托法(修订版)》,载《商事法务》2008 年第 32 页。

⑭ 参见注 10 金融厅第 6 页。

⑮ See Federal Council Report, Legal framework for distributed ledger technology and blockchain in Switzerland: An Overview with a focus on the financial sector, 14 December 2018. 可从 https://www. newsd. admin. ch/newsd/message/attachments/55153. pdf 得到。

⑯ 报告书第 8—9 页、50—52 页、63—70 页、78 页等。

⑰ 另有东京地裁平成 31 年(2019)2 月 4 日的判决(LEX/DB25562638),交易所的利用条款(因黑客被害时暂停服务)是否违反消费者合同法而无效的案件(判决认为是有效),与本案几乎无关。

驳回了原告的请求。

首先,判决认为"所有权在法律允许的范围内自由地对所有物进行使用、收益及处分的权利(民法第 206 条),其作为客体的所有'物',被民法第 85 条定义为'有体物'。有体物是指占据一定空间的液体、气体及固体,因为有像债权、著作权等的权利以及自然力(电、热、光)的无体物的概念,民法原则上限定包括所有权在内的物权的客体是有体物[此外,以权利作为对象的权利质(民法第 362 条)]等,是对民法物权客体是有体物的原则的例外的明文规定,虽然著作权、专利权等特别法认可具有排他性效力的权利,这些并未改变民法的上述原则)。此外,要成为所有权的对象,除了有体物之外,是能够排除他人对所有权客体的'物'的利用的权利,即排他的支配可能性,从个人尊严这一法的基本原理出发,应解释为非人格性是要件"。同时认为"能否成为所有权的对象,应从能否认可有体性和排他可能性(略)来进行判断"。在此基础上,首先,关于有体性,认为"比特币显然不具有占有一定空间的有体性"。其次,关于排他可能性,认为"从账户 A 向账户 B 的比特币的发送,不仅是从账户 A 向账户 B'发送象征比特币的电磁记录',其实还需要发送当事人以外的参与。(略)特定的参加者制作管理的比特币地址上的比特币的余额,是记录在区块链上的相同地址的所有交易进行结算后算出的数量,该比特币地址上,并不存在与余额相当的象征比特币自身的电磁记录。基于上述的比特币构造作成特定的比特币地址,其密钥的管理者在该地址上持有比特币的余额,因此,不能认定比特币地址的密钥管理者对该地址上的比特币的余额拥有排他性的支配权"。"从上面的分析来看,不能认定比特币具备了所有权客体所必需的有体性及排他支配可能性。因此,应该说比特币不能成为作为物权的所有权的客体……因为比特币不构成所有权的客体,原告对本案所涉比特币不拥有所有权,对破产公司管理的比特币地址上的比特币也无共有份额权。此外,以寄托物所有权为前提的寄托契约的成立也不能认定。因此,原告就本案所涉比特币不能行使以所有权为基础的取回权……既然不能认定原告拥有本案比特币的所有权,侵害比特币的侵权行为也不能认定"。对该判决所述的比特币不能成为所有权的客体的判断,

①关于有体性,根据我妻荣的"法律上的'有体物'意味着'法律上的排他支配可能性',应该扩展物的观念"[18]的主张,是否应随着电子化的发展作出柔软的解释?②关于排他可能性,虽然有议论说不应局限于迄今为止的中央集权型台账(中央管理者管理所有的利用者的余额的方式),区块链等的分散型台账(不设中央管理者,由复数的节点共同管理利用者的余额的方式)也应纳入视野,进行扩张,[19]允许物权返还请求权的情形存在,但是,还有赖于将来学说的发展,现在还难说有达到判决应采用程度的成熟的学说。在特殊情形下,认可现金的物权返还请求权的诸学说(四宫和夫:《关于物权返还请求权——金钱物权法的一个侧面》,星野英一编:《私法学的新展开》,有斐阁1975年第205页等》)还是少数说,比起现金,对法律权利尚未确立的虚拟货币比特币而言,很难说有很高的依据习惯来保护权利的需求。因此,从现行日本法的解释来看,可以说本判决是正统的判决。但是,本判决未涉及利用者在所有权之外还有何种权利,有各种对立的见解(后述)。

(四)关于虚拟货币自身的法律性质的各种见解与课题

虚拟货币的私法上的性质应如何把握?虚拟货币不存在特定的发行人,算法就如规范一样发挥功能,没有交易当事人之间的具体合意,难以构成作为人对人的请求权的债权。因为民法第85条限定所有权的客体是有体物,因此不是所有权的客体(可参照前述东京地裁平成27年8月5日判决),也不是像知识产权客体的信息财产。另外,民法除了限定是有体物的所有权之外,还存在认可物权、债权及其他排他性的归属关系,包括广泛财产利益的概念——"财产权"。此外,①可能有认可虚拟货币的保有者拥有与既存的财产权同样的权利,仅仅靠法律解释是不够的,有必要通过立法解决的观点。②即使日本法给予虚拟货币以私法的性质,跨越国境而交易虚拟货币时,因为有其他国家的法律

---

⑱　参见我妻荣:《新订民法总则》(岩波书店1965年),第202页。后注的片冈第162页等也引用了该文献。

⑲　参见久保田隆:"UNCITRAL模范法和区块链",载《国际商事法务》第47卷第5号,第619-621页,介绍的国际交易法学会研讨会上同志社大学高桥宏司教授的见解等。

介入,也不能完全得到解决。⑳ 例如,在中国,既有虚拟货币的交易得不到法律保障的立场(湖北省随州市中级人民法院 2019 鄂 13 民终 153 号判决,2019 年 3 月 25 日),也有作为财产进行保护的立场(广东省高级人民法院 2018 粤刑申 450 号,2018 年 11 月 19 日;深圳国际仲裁院 SCIA2018 年 10 月 25 日裁决等)。在此情形下,日本的学说就虚拟货币的私法性质展开了各种讨论。

一方面,①认为虚拟货币及其交易是由网络参加者的"合意"而成的存在,应依据合意而成的规范,不见得有必要明确其性质的学说㉑(合意说)(但是,该说是在认识到立法的必要性及国际交易的限界基础上进行论述的,这点需要留意),那样的"合意"不能看作是法律上的合意,这一点是个问题。㉒ 确实,如前所述,比特币的区块链交易在交易当事人之间并无具体的意思一致,不存在债权,也没有法律术语上的合意,但是,姑且的"合意"由几乎全体网络参加者形成了。然而,该"合意"并不表示利用者的具体的法律权利义务,在黑客、破产处理时,不能认为对是否认可请求权的具体问题起到作用。②[关于后述的物权说、准物权说认可的物权返还请求权,对照物权法定主义(民法第 175 条),作为现行法的解释是有困难的],虚拟货币的保有不是有什么权利,而是能够排他性利用的事实状态,这样的事实状态被认为有财产价值,其移转伴随的交易由合同法来规范的学说㉓(事实状态说)。但是,有批评意见说:不接受支付的转移及归属的观念,仅用事实状态来说明结算手段,在理论上是困难的。㉔

---

⑳　关于国际私法的分析,后注 21 第 85 页认为"应认为关于比特币,不能用准据法的观念",这是我的个人见解。例如,前注 14 第 74 页以后,瑞士适用国际私法的一般原则在讨论准据法,仅是日本"不能用准据法的观念",得不到解决。此外,马耳他赋予区块链以法人资格的立法预计在今年内完成,这样的立法出现后,不仅是实体法,当然会对准据法(冲突法)上的议论产生影响。

㉑　参见末广裕亮:"关于虚拟货币私法上的对待",载《NB》第 1090 号,第 98 页。

㉒　参见西村朝日律师事务所编:《财政法大全(下)全订版》(商事法务 2017 年)第 866 页(芝章浩执笔部分)等。

㉓　参见前注 22,西村朝日律师事务所编第 845 页(芝)。

㉔　参见后注 27,森田第 23 页。

另一方面,物权或者是准物权说认为,③虚拟货币具有人对财产的事实上的支配这样的物权或准物权同样的构造,用与此同样的逻辑构造,以法理作为法源而谋求对保有者的法律保护说㉕(准物权说)。④因为虚拟货币具有财产价值,值得法律保护,其归属和移转原则上应当适用物权法的规则的学说㉖(物权说)。对此,虚拟货币不存在如现金货币及现金存款的作为货币媒介的有体物及债权,因此,难以认为照原样适用物权、债权的一般规律是妥当的,用准物权及物权的概念来说明是不适当的。在此基础上,认为⑤虚拟货币有"财产价值"(资金结算法第2条第5款第1项),是以财产权的转移作为本质要素的买卖合同(民法第555条)的对象,属于财产权,作为财产权的虚拟货币的移转适用所有权移转同样的规范是不妥当的。适用基于所有权的返还请求权同样的规范是妥当的,应当适用反映货币法律性质的规范学说(财产权说㉗)。

笔者个人意见是,虚拟货币中,对满足什么样的要件在什么样的范围内认可物权返还请求权(不严格限定的话,有害于国际交易秩序),进行详细的论证,以此为条件,赞成财产权说。财产权不过是统称性的概念,解释论上,因后述的信托的成立,降低了其实用化的优点,不如说作为立法论的线索尚有一定的意义。假如裁判所接受因虚拟货币是财产权而一律允许返还请求权的解释的话,就大大损害了当事人的预见可能性,是不妥当的。虚拟货币中近乎欺诈的东西较多,保有者保护的必要性因案不同。因此,排他性的支配可能性的要件和其他的返还请求权的优先劣后等,有必要在事先通过立法加以明确。另外,因为虚拟货币交易容易成为国际化,仅有日本一国独自将返还请求权进行扩张,不

㉕ 参见片冈义广:"虚拟货币私法性质的论点",载《LIBRA》第17号第14页;片冈义广:"关于区块链和虚拟货币法律上的基本论点",收录于久保田隆编:《关于区块链的实务、政策和法》,第161—163页(中央经济社2018年)。

㉖ 参见森下哲朗:"关于FinTech时代的金融法的应有状态的概论性探讨",收录于江头宪治郎先生古稀纪念《企业法的进路》(有斐阁2017年),第807—808页。

㉗ 参见森田宏树:"关于虚拟货币私法上的性质",载《金融法务》第2095号(2018年),第64页以下。

用说通过解释,即使是通过立法进行扩张,均会引起承继德国法流派的严格的所有权概念的诸国的混乱,并可能与积累了以信托保护为中心的虚拟货币交易实务的英美法的解决方法产生分歧。所以,必须与国际上的意见相协调来进行讨论。

（五）本判决的问题

本判决并未依据上述的任何一个学说,将比特币的返还请求权作为破产债权,建立"钱币债权"的新概念,与金钱同样,比特币移转时比特币债权也一起移转,但是,与金钱不同的是,寄存款项被不当流出时,受托人对寄托人的返还债务被免除了（钱币债权说）。针对本判决,已经提示了各种疑问㉘,笔者个人也有几个疑问。

首先,判决要旨（1）认为:"至少在认为比特币是虚拟货币的情形下,具有要求与货币类似对待的债权（破产法第 103 条第 2 款第 1 号之1）规定的'不以支付金钱为目的的债权'）的一面",但是,如果相当于资金结算法上的虚拟货币,要求与货币类似对待的债权的根据,以及与破产法的关系是不明朗的。其次,认为"同债权（下称为钱币债权）",用电子信息处理组织将比特币（电磁记录）移转时,依其性质,是一起移转",似乎钱币债权与金钱的所有和占有是同样的。但是,如是通常的金钱,存款被不当流出时,受托人对寄托人的返还债务应当不能免除。然而,"如果像原告主张的因破产公司代表人取出原告的比特币而使比特币丧失的话,比特币已经移往他处,同时钱币债权也就移往了他处,因此,破产程序开始时,原告对破产公司就不拥有钱币债权。如果将本案申报债权解释为原告对破产公司拥有钱币债权为前提的话,因为欠缺前提,原告的上述主张不能左右结论"。这样的话,比起金钱债权,钱币债权就欠缺保护。但是,并未说明理由。即使代表人违反利用规约不当取出（但是,如前所述,本案中,职务侵占罪是不构成的）,利用者不能行使返还请求的判断失之偏颇,也违反交易上的诚实信用。所以,钱币债权说不能与上述的各见解相提并论。

㉘ 参见森下哲朗:《（判例研究）在虚拟货币交换事业上进行的法人破产程序上的虚拟货币的顾客债权的确认（东京地裁平成 30 年 1 月 31 日判决）》,载《现代消费法》第41 号（2018）,第 64 页以下。

（六）虚拟货币的预托的法律性质和在本案的应用

虚拟货币交易中,通过交易所或 IT 由少数的利用者自己管理密钥,大多数利用者将虚拟货币预托在被称为钱包的交易账户上,向受托人发出移转等指示而间接进行支配。该预托关系是合同法上的债权关系,其管理形态相当于①信托和②寄托(并非对有体物,因此不是民法第 657 条规定的寄托,方便起见称为准寄托)。片冈律师[29]认为:"虚拟货币的管理委托时,通常受托人并无裁量权仅仅是保管,因此,除了特殊的像投资信托这样的构成金融商品的情形,不是信托,可认为是准寄托。"(准寄托说)。但是,本案中,构成信托的见解(信托说[30])也是有说服力的,笔者个人是支持信托说。本案中也构成信托。说明如下。

首先,依据片冈说,接受预托的受托人如有一定的裁量权则是信托,如没有裁量权则是准寄托。本案中,利用规约有"Mt. Gox 随时依其单独的裁量,保留变更、追加或删除部分本条件的权利","本成员就 Mt. Gox 依其单独的裁量,通过通知,可以终止本成员对本网站以及本账户的登录之事,形成了合意",是有一定裁量权的信托。破产公司不是受寄人而是受托人。

其次,在判断本案中的利用规约［前述,事实(3)］是不是信托合同时,依据信托法的规定来确认信托合同的成立要件。信托是指"特定人根据一定的目的(仅为其谋取利益的目的除外。略),管理或处分财产以及其他为完成该目的而进行的必要行为"(信托法第 2 条),就如利用规约规定的,不是仅为自身谋取利益,以本成员间的买卖成为可能为目的而管理财产,满足要件。另外,信托是委托人与受托人之间通过签订信托合同而得以设定(信托法第 3 条第 1 款)、产生效力(信托法第 4 条)。本案中,因为特定人(Mt. Gox)根据一定的目的进行财产管理,满足信托合同的要件。此外,关于信托合同的成立要

---

[29] 参见前注 25,片冈区块链论文第 164—165 页。

[30] 参见前注 21,末广 71—72 页。此外,根据瓜生丝贺律师事务所的网站记载,2018年 2 月 19 日,针对 Mt. Gox,比特币是破产法上认可取回权的信托财产的一种,请求返还的诉讼在东京地裁提起了,其后的进展等尚未公开。

件,学说上有争议。㉛ 大致分为:①关于信托法第 2 条、第 3 条 1 项规定的明文要件是否存在,现行法上没有必要考虑另外的要件之说;㉜②在此基础上,加上要求存在分别管理的合意之说,㉝这两个对立的学说。其中,只要满足信托法条文规定的要件之说的要件已经满足了。依据需要"存在分别管理的合意"之说的情形是怎样的呢? 利用规约[前述,事实(3)②第 6 款]规定,Mt. Gox 在表明、保证条款(违反事实承担损害赔偿责任的约定)中明确了分别管理合意。因此,利用者(成员)是受托人及受益人、破产公司 Mt. Gox 是受托人的信托通过合同得以成立(信托法 3 条 1 款),受托人即使收到了破产程序开始决定,归属于信托财产的财产不属于破产财团(信托法 25 条),原告 X 享有比特币的返还请求权。与钱币债权说不同,代表人违反利用规约不当取出时,不仅是利用者单方受损,受托人的责任(忠实义务、注意义务、分别管理义务等)当然会被追究。黑客的情形下,依据 Mt. Gox 就其对策是否尽到了合理的义务,是否因不可抗力免责,受托人的责任程度也得以增减。但是,利用者有必要保持对破产债权的确认必要的有充分信赖性的较高记录。本案中,被告 Y 出示了破产公司数据库作为确认的根据,原告 X 有必要提交对抗辩有较高的信赖性的记录,比如,随时保存每个账户的详细的交易记录的对策是重要的。

㉛　关于学说的对立情况,详细请参见竹中悟人:"关于信托合同成立要件的备忘录",载《信托奖励金论集》(信托协会,2014 年)63-74 页。该论文可从信托协会的网站上获得(https://www.shintaku-kyokai.or.jp/archives/007/seikaronbun3505.pdf)。

㉜　参见前注 31,竹中论文第 69 页。

㉝　参见道垣内弘人:"最近信托法判例批评同(9. 完)",载《金融法务》第 1600 号第 81 页以后(2001)。

法律实务

不动产登记制度的变化
——所有者不明土地问题和不动产登记的应有状态

加藤 政也[*] 渠 涛^{**}

目　　次

一、所有者不明土地问题

目前在日本,所有者不明土地的问题已经成为一个大问题。

关于日本的不动产登记制度,一直以来存在着诸如山林以及房屋长期无人问津等土地和建筑所有者不明的问题。尤其是在 2011 年东

---

　* 作者:日本司法书士会连合会副会长。
　** 译者:中国社会科学院法学研究所研究员(退休)。

北地区大地震和福岛核事故之后,进行住宅高地迁移和废弃物处理等公共事业时,所有者不明土地的问题更是亟待解决。这些土地中,既有已经发生了继承而没有进行继承登记的,也有已经发生住址或姓名变更而没有进行相应的变更登记的,使要掌握土地真正的所有者变得费时费力,进而使公共事业的开展受到了影响。

高地迁移是在宫城县和岩手县等遭受海啸的地区展开的公共事业,是为了该地区的居民不会再次遭受同样的灾害,将他们移居到邻近的山林地带。为了实施这项事业,作为实施该项事业主体的地方公共团体需要从山林等土地的所有者手中直接取得这些土地所有权,但由于仅凭登记簿上的记载无法联系到现在的所有者,使得这项事业的推进受阻。

此外,日本政府为了清除放射性废料,在 2013 年开始了旨在对土壤和废弃物集中管理而建设中转性储存设施的事业。为此也需要确保用地。然而,在取得用地问题上,原本没有想到的困难,与高地迁移事业一样遇到了同样的问题。这就是,可推测出该地块的所有权已经发生继承,而继承未履行登记,以及按照登记簿上的住址或姓名无法联系到所有者等问题。于是就导致了公共事业整体在推进,而用地却无法得到保障。

行政部门和媒体指出,继承的未登记和登记簿中无法正确反映所有者现住址和姓名的土地的存在,是导致公共事业推进受阻的重要原因。因此呼吁,需要考虑建立一种制度来保障一旦出现继承时或住址姓名等变更时,能够及时将其反映在登记簿上。现在,法制审议会民法和不动产登记法部会正在探讨建立证制度。

二、不动产登记制度原则的改变

我国不动产登记制度的原则是"当事人申请主义",即基于当事人的申请来公示权利(不动产登记法第 16 条)。这种当事人申请主义所采取的具体方法是,基于私的自治原则,通过向参与物权变动的当事人展示登记的利益和不登记的不利益,引导他们将符合实际权利付诸登记。

值得注意的是,近年来,随着少子化和价值观的转变,人们对土地的绝对价值观念已经无法维系,为此,有人指出,以当前的方式更新登记信息存在一定的局限性。因此,有人认为有必要引入一种制度,将继承登记申请作为国民(包括拥有日本土地的外国人)的公共义务。这一点,在法制审议会现在的讨论中,基本上已经被定位成了半个前提。

然而,如果将继承登记申请作为国民的义务,将给不动产登记制度的原则带来巨大的改变。我们认为,应该从更多的元素和角度去审视整个不动产权利登记制度,而不仅仅是从让实际权利尽可能快地得到反映(尽管这本身是当然需要的事情)这一点出发去寻求结论。这也是笔者对这一问题的疑问。

三、对继承登记义务化的考察

将继承登记申请作为国民在公法上的义务,笔者基于以下理由认为无法期待继承权利变动登记义务化的实效性。

(一)如果将继承登记申请确定为义务,并对未履行登记申请义务的情况设置罚款等制裁手段,就需要有效地通知继承人,继承登记申请是公法上的义务,且存在罚款的制裁。然而,要做到这一点的有效方法(法理依据——译者)何在?

(二)可以想象的是,那些在履行登记义务期间过去后才得知存在登记义务的继承人,可能会因为害怕罚款等制裁,反而不去申请继承登记。然而,在当前的法律制度框架下,登记所等察知此情况后又应该用什么方法去劝告未申请继承登记的继承人去申请登记?具体方法难以构思。

(三)为了减少义务违反者,登记所需要被赋予对继承关系进行调查的职权等。然而,从显示状况看,从登记簿中检索继承人所需要的工作量和时间过大,因此在登记所实施这样的检索并不现实。

(四)如果要规定负有义务的继承登记是法定继承的登记,那么在现行制度下,法定继承后还需要做依据遗产分割的登记申请,这将会给继承人带来两次的登记申请程序的麻烦和注册许可税的负担。此外,在当前的不动产登记法制下,依据法定继承登记之后,如果还要做依据遗产分割的登记时,不同于仅需单独申请的继承登记的是,它需要在遗产分割上使得目标土地份额增加的人和份额丧失或减少的人的共同申请。此外,法定继承的登记因为是单独申请,登记识别信息只对申请人发放,后续的遗产分割协议的登记需要共同申请,这又会出现阻碍。如果要改变这些,就需要对不动产登记申请制度进行根本性的修改。然而,对于这一点,在现在的法制审议会中所展开的讨论则是,重新审视(修改准备——译者)法定继承登记后的依遗产分割或依遗嘱等登记制度,总体思路是认为应该简化。

四、"继承的附注登记"制度提案

在上述认识的基础上,笔者提出的建议是,建立一个新的"继承开始的附注登记"制度。这不是将法定继承等的申请作为继承人的义务,而只是将所有权登记名义人的"死亡"或"开始继承"记录在不动产登记簿上。其"义务"只限于在登记名义人死亡时,有义务申请提交其死亡的事实。此外,如果在"继承开始的附注登记"后的一段时间内,没有进行继承权利变动的登记(现行的"继承登记"),则应根据"继承开始的附注登记"申请时的信息,允许登记官劝告继承人履行"继承登记",以此促进"继承登记"。

这种"继承开始的附注登记"的方法,因为有《关于未知所有者土地使用等特别措施法》(平成30年法律第49号)第40条第1款的存在,故与其规定的现行"继承人调查结果附注登记"成为同样的制度,也可以说是保证了制度的连续性。进而,如果未来能实现登记与户籍信息的联动,登记所就可以立即了解继承发生情况,甚至在申请(提出)之前就可以做"继承开始的附注登记"的处理。因此,这个"继承开始的附注登记"制度,直到实现登记与户籍信息的联动,并在登记所能掌握继承发生情况时,将作为过渡性的制度。但由于它与处理过去的未登记的继承以及将来由职权进行的附注登记是同一制度,所以无须对现行的继承登记原则进行大规模修改。

需要说明的是,即使设立这个"继承开始的附注登记"制度,也不是要去否定法定继承登记,在遗产分割未完成阶段,还是希望人们去履行法定继承的登记。这一点没有改变。但这里需要解决的问题是，为了鼓励申请法定继承的登记，应该探寻免除注册许可税，以及在为确定法定继承登记后的继承登记方面，如何简化申请方法等措施。

还有，也许会有人提出疑问："继承开始的附注登记"是否会给公共事业造成程序上的障碍？对于这一点的答案是否定的。因为，对于从事公共事业的人而言，只要将其权限规定为不仅限于公开的登记信息，还及于"继承开始的附注登记"等在申请（提出）时保存在登记所的附属信息的话，就不会出现这种障碍。

五、关于非因继承原因登记申请的义务化

继承登记的义务化在法制审议会提出之前，在"登记制度与土地所有权的定位等问题的研究会"上一直有过讨论。该研究会在讨论该问题伊始提出的问题就是："近年来，由于不能直接通过不动产登记簿等所有者名册确定所有者，或者即使确定了所有者也无法取得联系，存在大量难以确定所有者的土地，这在公共事业用地的取得、农田的集约化、森林的适当管理等各种领域都成为共同问题"（研究会资料 1 "第一，本研究会的研究课题"）。在此问题意识下，重点讨论的就是，从公共或公益目的出发，如何设定促进继承登记的策略。但是，后来的讨论中又将重点转到了如何符合不动产登记的实体，将继承登记作为公法上的义务，并将此作为继承登记的基本形态。其结果是，既然将申请继承登记作为义务，同为不动产登记的，即以意思表示为原因的赠与或买卖等权利转移登记，以及其他非因继承原因的登记申请，是不是也要作为公法上的义务。反过来说，只对继承登记课以公法上的义务，而其他登记没有这种义务，这恐怕是说不通的。

需要注意的是，如前所述，现在作为问题讨论的对象，其前提是源于公共或公益事业的要求，研究也只是为了解决这些问题，而没有对不动产登记制度进行根本性的探讨。本来，对于源于公共或公益方面的要求，应该考虑的是将这种权利登记作为不动产登记制度的例外，而不应该轻易将其扩大到被作为问题提出的事项之外。仅就非因继承原因的权利取得而言，目前并没有出现像继承登记那样存在公共或公益的

要求,通过买卖等交易发生的权利变动登记都通过不同的机制做最新登记,它运转正常,并没有发生什么不对头或有问题的事例。如果要对继承登记以外的登记申请制度上同时改变现在的原则,就需要对包括不动产交易在内的实际情况展开探讨,而不应该仅仅为解决继承未登记问题而一味地讨论申请义务化,并试图将其作为基本制度。笔者认为,应该做的是,在维持不动产登记制度中私的自治原则的基础上,考虑如何解决继承未登记的问题。

还有一点需要提及,这就是有人认为"登记信息应该保持最新状态"的要求并不仅仅是为了公共或公益性事业顺利实施,同时可以为参与不动产交易商提供信息。如果是这样,笔者不禁要问:这是要通过对国民强制施加公共义务来为民间的不动产交易商提供便利吗?!

六、对未来的展望

关于就该项立法计划是:首先,在法制审议会层面上的讨论结果会在今年内公布中间试案,然后公布于众,到社会上征求意见。会在对诸如"所有者不明土地问题的所有权、财产管理"、"继承登记的义务化"、权利人中存在失踪者时的登记处理方式等问题进行研究的基础上,对有必要修改的法律提出咨询。最后,在咨询的基础上,计划在2020年秋季的临时国会商中,对以民法为中心的实体法以及以不动产登记法为中心的程序法等法律进行修订。

关于商业登记的真实性确保

西山 义裕[*] 王万旭[**]

目 次

一、引言

在日本,若交易主体是股份公司,对方通常会认为其信用较高。但是,也不乏利用股份公司的外衣,从事信用恶用,以及消费者欺诈犯罪、欺诈性投资以及洗钱罪等犯罪的事例。实际上,股份公司作为欺诈性事例

---

[*] 作者:日本司法书士会连合会。
[**] 译者:大连大学副教授。

加害者的例子也很多,关于股份公司欺诈的消费者咨询事例屡有发生。

商业登记制度为公示制度,是公司等在经济社会中的重要基础,而不单单只是申请与登记。公司法规定的程序能否合法地得以履行,登记部门通过对公司会议记录等书面材料进行审查,其真实性得到担保。

记载于商业登记簿事项的真实性是基本的要求,同时,登记公司不得不正使用的呼声也很高。

本报告针对日本商业登记制度的真实性确保,从制度修改、股份公司不正使用的观点进行论述。此外,在意见部分阐述笔者的个人见解。

二、作为商业登记制度代表性功能的公示功能

商业登记制度,是将作为公司的法人等应当登记的事项记录于商业登记簿并进行公示的制度。因此,可以达到维持公司等信用、保障交易安全、顺畅的目的(商业登记法第1条)。

在日本,即使是中小企业,因有登记,公司的存在以及代表人等交易上重要事项得以公示,其营业活动也便于开展。

法人格是观念性的存在,其本身无法保证交易的安全与迅速。而根据商业登记的公示,公司就没有必要特别说明自身的组织、商号、营业内容等,交易对方也没有必要调查具体登记事项。假如无法分辨登记的真实性,则公司以及交易相对方会因调查与争执而产生额外费用。

另外,要使商业登记作为法律关系的公示发挥作用,真实的法律关系就必须正确地进行公示。

因此,要使商业登记申请真实,除了提供印章制度(商业登记法第20条)以外,法令规定了证明登记事由的各种书面材料,且审查登记的登记人员认为存在登记事项无效或被取消的原因时,必须驳回申请(商业登记法第24条第10号)。此外,当存在虚伪的登记申请时,可能会以电子公证文书原件不实记录罪而被处以刑罚。

三、关于日本商业登记制度的真实性确保

(一)关于真实性确保的制度变迁

关于日本商业登记制度的变迁[明治至昭和(1868—1989年)],总

结表 1 如下。如表 1 所示,明治 23 年(1890 年)旧商法上,以印章确认公司申请登记的意思,可以保证申请与申报事项的真实性。另外,如表 1②-⑤所示,其后的修改在商业登记制度真实性确保的方法上,与旧商法没有大的变化。

表 1:日本在商业登记真实性确保上的制度变迁
[明治至昭和(1868—1989 年)]

①明治 23 年(1890 年)旧商法、司法省令
·旧商法:登记的申报采当事人署名按印的陈述状;司法省令:为了证明登记事项,同陈述状上添加必要材料。 ·旧商法:公司必须制作公司印章,同印章上要镌刻商号,并交到管辖商业登记的法院,同公司印章用于面向官署以及关于其他权利义务的一切书面材料。
②明治 32 年(1899 年)商法、司法省令
(旧商法关于公司印章的规定被删除)在司法省令上,要保证申请书为真实的当事人所写,应当在申请书上按印者必须事先将其印章提交至登记处。
③明治 31 年(1898 年)旧非讼事件程序法昭和 24 年(1949 年)修改
与②同样的规定在旧非讼事件程序法昭和 24 年(1949 年)修改中被创设,商业登记法沿袭了同规定(参照后记 4)。
④商业登记法的施行
昭和 39 年(1964 年)施行的商业登记法大致沿袭了旧非讼事件程序法的规定,但创设了确保登记真实的规定(例如,公司合并时,进行了相关的变更、设立登记,为了防止不进行解散登记,在总公司所在地进行的解散登记,应当与存续公司或新设公司总公司所在地进行变更、设立登记的同时,经由管辖登记处申请)。
⑤商业登记规则昭和 42 年(1967 年)、47 年(1972 年)修改
·由于没有措施确保代表董事变更登记书面材料(董事会会议记录等)的真实性,利用同会议记录伪造(虚假的代表董事变更登记)进行篡夺公司的情形多发,昭和 42 年(1967 年)商业登记规则修改中,在代表董事就任的变更登记申请书上,要求董事会会议记录的印章必须添加由市町村长制作的证明书。 ·由于没有措施确保代表董事就任书面承诺的真实性,以虚构人物作为董事的公司大量存在并成为社会问题。昭和 47 年(1972 年)商业登记规则修改中,除了再任的场合,代表董事(有限公司为董事)的就任承诺书必须添加由市町村长制作的证明书[现行商业登记规则第 61 条第 4~6 款上],维持了前记昭和 42 年(1967 年)、47 年(1972 年)修改的内容]。

(二)商业登记规则平成 27 年(2015 年)、28 年(2016 年)修改

最近,基于商业登记真实性确保的来自各界的意见,商业登记规则进行了修改。

1. 本人确认证明书

根据平成 27 年(2015 年)法务省令第 5 号[以下称平成 27 年(2015 年)修改省令],新设了商业登记规则第 61 条第 7 款,股份公司设立登记或者董事等就任(再任除外)变更登记的申请书上,根据商业登记规则第 61 条第 4 款或第 5 款,或同条第 6 款的规定,关于董事等的印章,除了添加由市町村长制作的证明书以外,必须添加记载与该董事就任承诺书上的姓名及住所一致的、由市町村长及其他公务员制作的证明书(包含记载内容一致的副本)。

商业登记规则第 61 条第 7 款的真实性担保措施亦适用于公司代表机关以外者,这样规定是为了防止虚构人物作为董事登记从而被恶用之情形。

2. 关于代表董事等的辞职通知的修改

平成 27 年(2015 年)法务省令的修改新设了商业登记规则第 61 条第 8 款,在代表董事等(限于提出印章者)辞职的变更登记申请书上,除了在该代表董事的辞职通知上盖的印章与提交到登记处的申报印章一致的场合以外,必须在该印章上添加由市町村长制作的证明书。此修改可以说是对辞职通知真实性的确保措施。

商业登记规则第 61 条第 8 款的规定仅适用于提出印章的代表董事,理由如下:

① 法人代表交替时登记的场合,由新的代表申请,因之前的代表不参与登记手续,公司代表有可能在不知情的情况下进行虚假的退职登记。

② 提交到登记处的印章,只有在登记申请书上盖章时才被作为真正的登记申请受理(商业登记法第 24 条第 7 项),当申请对提交印章者进行辞职登记申请时,其后该提交印章者就不是在公司登记申请书上按印的人,为了确认其意思并防止假冒代表者虚假登记,要求在证明辞职的书面上加盖个人的真实印章或提交到登记处的印章。

③ 要求股东大会决议等场合的主要股东名单的添加。

根据平成 28 年(2016 年)法务省令第 32 号[以下称平成 28 年

(2016年)修改省令〕,新设了商业登记规则第61条第2款、第3款,作为登记事项的股东大会决议或全体股东同意时的添加材料,除了股东大会会议记录或全体股东的同意书以外,必须添加股东姓名或名称以及住所、证明该股东持有的股份数及表决数的"股东名单"。

其理由可以从平成28年(2016年)修改省令公布前实施的征求意见稿时法务省令的"修改理由等"中列举以下3点:

① 向登记处提交股份公司主要股东等信息,可以防止通过制作不实的股东大会会议记录进行不实的登记,此举可以保证登记的真实性。

② 因股东名册保管于登记处,即使关系人事后因股东大会决议效力发生争执也有益。

③ 从国际趋势上看,要求登记处通过把握法人的所有者信息,确保法人的透明性,防止法人格的滥用。

四、关于应当登记者(代表人)的印章提出制度

根据商业登记法,具有申请权限的代表人(代理申请时为代理人)必须在申请书上署名按印(商业登记法第17条)。应当在登记申请书上按印者(申请人或者其代表人或法定代理人)的印章必须事先提出至登记处(商业登记法第20条第1款)。未按照商业登记法第20条的规定提出印章时,或者在申请书等盖的印章与提出的印章不符的,该登记申请将被驳回(商业登记法第24条第7项)。

此印章提出制度是通过担保登记申请人的同一性,实现真实登记的制度。此外,印章的提出除了必须书面(商业登记规则第9条第1款)以外,该书面必须根据商业登记规则第9条第5款的规定,当公司的代表人是个人时,添加由市町村长制作的、三个月以内的印章证明,以保证申请人的同一性。

五、公证人的参与

(一)章程认证制度

股份公司的原始章程不经认证不发生效力(公司法第30条第1款)。所谓章程认证,是指在公司、法人设立的程序中,公证人确认章程的真实性、创业者的本意、记载内容的合法性等的程序,昭和 13 年(1938 年)商法修改时引进的。章程认证制度在确保章程制作、是否存在(公司章程)以及记载内容的合法性等的确实性及明确性,以及防止随之而来的纠纷和不正行为等方面,发挥着重要的作用。因这个制度的存在,可以减少设立无效之诉的风险。

现行公司法广泛承认章程自治,通过公证人的章程认证,制作符合发起人意思的合法的原始章程,可以防止纠纷以及不正行为的发生。另外,因公司设立登记申请前要进行公证人的章程认证,故真实的登记可以迅速进行。

(二)防止股份公司不正使用的公证人的活用

近来,通过把握法人的事实上的支配人以提高法人的透明性,是国内外的一致趋势,公证人在认证股份公司等(其他一般社团法人以及一般财团法人)的章程时,要求此类法人的事实上的支配人进行不得违反社会势力的申告[公证人法施行规则修改,平成 30 年(2018 年)11 月 30 日开始实施]。

六、休眠公司的整理

根据公司法第 332 条第 1 款、第 2 款的规定,股份公司的董事任期原则为 2 年,最长为 10 年。董事交替或再任时需要进行登记,因此,董事的每个任期(至少 10 年一次)应当进行董事的变更登记。不限于董事的变更,股份公司在其登记事项发生变更时,在所定的期间内进行变更登记。

长期未进行登记的股份公司,其发生停业或没有实体的可能性高,若放任之会有损国民对商业登记制度的信赖。

因此,股份公司对于最后登记后经过 12 年的,只要没有进行法务大臣公告、2 个月以内"还未停止营业"的通知或重要人员变更登记的申请,将被处以"视为解散"的登记(公司法第 472 条)。这一系列措施成为"休眠公司的整理工作",平成 26 年(2014 年)以后每年实施。

另外,"视为解散"登记后 3 年以内,视为解散的公司通过特别决议可以继续公司的营业(公司法第 473 条)。

"休眠公司的整理工作"在公示公司的存在上,是商业登记制度的公示功能上必不可少的工作,并可以防止休眠公司的不正使用。

七、商业登记制度余下的课题

下面,笔者想指出商业登记制度余下的两个课题。

（一）总公司登记真实性的确认

从前,并不存在审查虚构人物作为代表人登记的制度。现在也存在同样的问题,即同样不存在审查无营业实体的虚构的分公司登记的制度。

公司的住所以其总公司所在地为准（公司法第4条）,总公司定义为"统括公司营业的营业所"。这样,实际上营业的总公司和登记的所在地存在不一致,或不进行实质性营业的虚构的总公司所在场合被登记的事例,从确保商业登记真实性的观点看,是不被允许的,应当作为电子公证证书原件不实记录罪被处以刑罚。

在总公司登记申请上,对于总公司的所在场所,要求作为证明其合法决定的书面材料,将董事会会议记录等添加在登记申请书上,但也存在该申请书上记载的总公司所在场所没有任何实体的情况。从确保商业登记真实性的观点看,除了决定总公司所在场所的会议记录外,要求添加公司所有或代表人所有的物件的不动产登记事项证明书,或租赁合同等复印件,对申请人而言并不会构成过大的负担,故这种提议值得探讨。

（二）法人设立后的实质所有人的把握

如上所述,公证人在进行原始章程认证时,会要求法人的实质支配人进行非反社会势力的申告,故法人设立时的效果值得期待。但是,由于股权转让等事由,会发生实质所有人变动的情况,因此,法人设立以后,也有必要把握实质支配人的情况。

笔者认为,股份公司设立后,为了把握实质支配人的情况,需要将实质支配人作为商业登记的登记事项,在实质支配人发生变动时,必须进行变更登记。此举可以根据登记事项证明书确认交易开始时的实质支配人,并且因为存在登记懈怠的行政制裁,彻底实现规范的中小企业股东名册置备。

一带一路倡议中合同法共同基础形成的可能性

平野 温郎[*]　刘惠明^{**}

目　次

一、绪论

对中国倡导的一带一路(The Belt and Road Initiative,下称为 BRI),我国以经济界为中心展开了具体活动。很多民营企业参加了去年(2018 年)10 月召开的日中第三方市场合作论坛,两国政府、企业之间,

---

* 作者:东京大学大学院法学政治学研究科。

** 译者:河海大学教授。

在包括基础设施建设的广泛范围内签订了 52 份合作备忘录。① 在 BRI 中,从基础建设项目开始,正在开展各种各样的国际交易,在这种交易中包含的法律风险的影响,与国内业务相关的风险相比,要大得很多。妥当管控法律风险而使项目成功的管理是必要的,在这方面,企业法务部门起着重要而又决定性的作用。关于这一点,对中国企业而言也是同样的,强化企业国际法务力量是紧要之事,形成日中之间企业法务部门的合作基础也符合双方的利益。计划在今年 11 月召开的第 2 次日中企业法务论坛上,上述的日中合作问题也会被讨论。

另外,仅凭企业及法务部门的努力而无法回避的法律风险也不少。其中,西南政法大学赵万一教授所指出的域内法系、法制协调性的欠缺,是特别大的风险因数。② 这个问题是古老的新问题,日本企业多年为此烦恼。要根本解决的话,有赖于国际性商业法统一化的推进,但这不容易实现。然而,比如欧盟已经实行了这样的统一化(包括软法),另外,在东盟,就竞争法有地区性统一化的具体推进。有人认为,BRI 中,以中国为核心形成供应链地区内商业法的统一化有很大的可能性。中国主张 BRI 是沿线国家的共同体,是国际性的公共财产。这样的话,在尊重现行国际规则的基础上,遵循互惠和不歧视原则,就能够通过提高企业面对的域内特有法律风险的预测可能性,减少该法律风险,从而提高公共财产的质量,发挥健康的影响力。这不仅仅是对进行商业活动的中国企业是有意义的,也关系到海内外对 BRI 的信任形成。

二、作为统一合同法的《联合国国际货物销售合同公约》

为促进 BRI 域内供应链的健康发展和贸易系统的顺利进行,当然首要的是通商法律的统一。从企业法务的角度来看,作为主要商事法的合同法的统一具有重要的作用。关于这一点,有将 UNIDROIT(国际统一私法学会)的国际商事合同通则(UPICC),《联合国国际货物销售

① 日本贸易振兴会(JETRO)要闻:《第一次日中第三方合作市场论坛召开》(2018 年 10 月)。

② 东京大学现代中国研究据点一带一路班研究会报告:《从法律观点看一带一路的课题和论点》(2018 年 2 月 8 日)。

合同公约》(CISG)作为统一合同法的见解。① 因为中国现行的合同法也是参照 UPICC 和 CISG 制定的②,对拟切实推进 BRI 的中国来说,以此来主导域内法律基础建设的观点是有说服力也是可行的。如果成功的话,将对地区商业环境的优化作出重大贡献。特别是 CISG 是国际条约,而且包括中国在内的约半数的沿线国家是 CISG 的缔约国,可以说是统一化的重要的基础候补。CISG 的缔约国中出现的判决和仲裁裁决案件在 2016 年 1 月 25 日时有 3125 件,在沿线国中中国的案件多达 432件,较为突出。从世界范围来看,德国的案件数量是其次的,应当再次予以关注。③

观察像 CISG 这样的商事法统一条约是否成功,可从以下三个方面进行评价。①以缔约国数量、当事国的属性为基准的评价,②以是否起到国际商事交易的模范法的作用为基准的评价,③以在国际商事交易中是否起到实际规范作用为基准的评价。④ 对照这些基准,可以说在①和②上,CISG 是成功的(但是,在亚洲,缔约国的数量增长缓慢),就③而言,不选择的很多,难说是成功的。这是由于看不到以 CISG 作为准据法的优点、调查及接近的成本较高等原因。最大的问题是预测可能性较低。为了大幅提高预测可能性,必须①在主要国家,就重要条款的解释,要积累没有本质性差异的判例(统一解释的实质性进展)。②普遍增加如官方解释似的,有权威的体系性的全面性的书籍资料,以及由主要律师事务所等专家提供的信息。③主要国家的法院根据 CISG 第 7条第 1 款(条约的解释及补充)的规定,从 CISG 的国际性质(international character)及其促进适用上的统一(uniformity in its application)和国际

---

① Bruno Zeller, "One Belt One Road-One law?", Chapter 8, Part V, China's One Belt One Road Initiative and Private International Law, Routledge 2018, p. 144.

② Fang Yang, "Contracts for the International Sale of Goods in China", Wolters Kluer, 2012, p.4.

③ Country Case Schedule, CISG Database, Institute of International Commercial Law, Pace Law School http://www.cisg.law.pace.edu/cisg/text/casecit.html(2019 年 8 月 17 日最终访问)。

④ 增田史子:《国际运输领域私法统一条约的功能和课题》,2019 年 7 月 27 日国际交易法学论坛定例研究会报告。

交易上的信义遵守(observance of good faith in international trade)的必要性出发,进行解释,并维持这样的基本立场。中国因为有上述的丰富的案件和现行合同法的特点,以自身的经验积累为基础,具有主导 CISG 缔约国的扩大,促进其利用,从 CISG 第 7 条第 1 款的宗旨出发,提高预测可能性的研究活动,以及和司法机关、法律工作者的交流活动的环境。

三、每个个别问题的统一化尝试

亚洲的合同法统一化,实际上在日本已经有尝试。① 但是,尽管有如此崇高的理想,却陷入不能说是成功的状况。其中一个原因是在亚洲地区内有两个继受法国家集团,即新加坡等英美法国家地区和包括日中韩的大陆法国家。两者之间,就法律原则、规范难以形成全面的一致意见。马上全面推进统一化是困难的,但是就容易产生跨境纠纷的个别问题,筹划制定对 UPICC 和 CISG 进行的准则,形成域内条约化是现实的;而且,从上述提高预测可能性的观点来看,也是充分的。

在此情形下,有必要进一步探讨应当抽出怎样的事项,与 BRI 相关的业务中,如长期买卖合同、代理店、经销店合同等,所谓的继续性合同常常被利用。这里,将业者之间继续性合同的终止(拒绝续约或中途解约)相关的纠纷,作为希望统一化的典型事例来进行探讨。

四、继续性合同的定义

关于继续性合同的统一定义,无论在日本还是在中国都没有。日本的债权法修正中,有继续性合同是长期合同(期间有约定,没有约定),相当于 CISG 第 73 条规定的分期履行合同以外的合同等的议论。但是,考虑到继续性合同是多种多样的,适用范围不明确会引起实务上的混乱,约定期间的合同在期间届满时合同就终止是合同当事人的意思等的公众意见,不仅是定义,连包括终止在内的草案的条文化也被搁置了。

---

① 关于 PACL 的意义和概要,参见金山直树:"PACL 的尝试",载《NBL》第 973 号 (2012 年)。

UPICC 在 2016 年增加了长期合同的条文。长期合同被定义为:是一定期间内应履行的合同,虽然有一定程度差异,通常还包含交易的复杂性和当事人之间的连续性关系(1.11 条)。该条的注释中,举出了长期合同的事例,即商业代理人、销售店、特许经营。但是,对终止的限制,没有增加新的条文和注释。此外,CISG 除了分期履行合同,没有设置关于连续性或者长期买卖合同的特别规定。然而,在 CISG 适用的长期买卖合同的终止条款的解释上,通过第 7 条第 1 款,影响了 CISG 的基本想法。

五、终止(合同解除)中的问题

(一)销售代理店的保护

在开展国际性业务中,代理店(Agent)、经销商(Distributor)等合同方式被广泛应用。前者的法律形态是缔约代理商、中介代理商,不介入买卖。后者是买卖的当事人,与代理店是不同的。本报告中作同义处理,合称为"销售代理店"。

销售代理店相对于起用人而言处于弱势地位,因此不少国家法律规定限制起用人解除合同从而保护销售代理店。比如,根据印度尼西亚商业大臣 11 号规定,赋予代理店合同应在商务部进行登记的义务,供应人解除代理店合同、登记证有效期间届满前启用新的代理店时,当事人之间应当形成称为 Clean Break 的合意(原则上 3 个月内不能达成合意的,可以启用新的代理店)。此外,这样的保护不仅在新兴国家,欧盟也在保护代理店的指令(The Commercial Agents Directive Council Directive 86/653/EEC)中有规定。根据该指令,代理店合同在期间届满时终止,但是,在期满后继续履行时,就变成了未定期限的合同。要解约的话,必须按持续期间是 1 年以内的 1 个月,2 年以内的 2 个月,3 年以内的 3 个月以上事先通知。除了代理店在有损失时应赔偿,原则上,还可以在过去 5 年的年平均收益的限度内得到补偿。巴西也有赋予起用人按照持续的期间支付解约金的义务的法律规定。

(二)日本的状况

日本通过判例同样确立了销售代理店的保护制度。这是在尽可能延续继续性合同的价值判断之下,对合同的起用人的合同解消(拒绝续约、约定"中途"解约权的行使)进行限制。合同解消如违反诚实信用原则①就不应认可,但如有不得已的事由也可以认可。也有要求长期的解约告知期间、赔偿销售代理店的人力物力"投资"因解消而导致的"损失"(该损失包含不一定和合同解消有因果关系的内容)的判决。

关于不违反诚实信用原则,或者有不得已的原因的解消,无论在何种情形下,在日本法的判断构造上所要考虑的因素有,①合同是否是长期连续的? ②是否有自动延期条款? ③合同的长期连续是被预计的吗? ④被解除一方是否制定过以长期连续合同为前提的业务计划? ⑤合同解消对被解消者产生的影响,⑥被解消者对该交易的依赖度,⑦被解消者对该交易有无投入高额投资或进行了体制准备等,是颇为复杂的。② 哪一个是决定性的,各种因素的优先度、考虑比例是不明朗的,结果是集中到信赖关系(联结)的强度、经济方面的落差,很难说是确定的。另外,当事人的交涉经过、人力物力投资经过、风险承受状况等,对销售代理店的起用人有利的事由显然未包含在内,有违和感。

我国债权法修正时的继续性合同的解消相关的议论中,与其制定具体的限制规定,不如交给诚实信用原则(也就是法官)处理的意见较为有力。但是,这种想法至少在跨境交易上是不妥当的。诚实信用原则确实是在日本被广为灵活应用的法律原理,是在民法全领域甚至超越民法领域而被应用的"黄金定律",中国也是如此。诚实信用原则在实现(补正)合同当事人的公平上起着重要的作用,但是,因其是抽象的法理,存在着问题。施温茨(Schwenzer)指出:诚实信用原则(good faith)不仅对 CISG,对国际条约、示范法均有应用,就 CISG 第 7 条第 1 款的解释,将诚实信用原则作为一般条文的基准是困难的,对条约特定条文的解释适用诚实信用原则的结果将会产生什么结果也是不明朗的,这些

---

① 日本民法第 1 条第 2 款规定:"行使权利及履行义务时,应当恪守信义,诚实实行。"中国合同法称之为"诚实信用原则"。第 6 条规定:"当事人行使权利、履行义务应当遵循诚实信用原则。"

② 清水建成、相泽麻美:"关于企业间继续性合同解消的裁判例和判断构造",载《判例タイムズ》第 1406 号第 34 页,2015 年 1 月。

是问题点。①

(三)中国的状况

中国合同法没有关于继续性合同的一般规定②,继续性合同的终止相关的规定,在属于继续性合同类型的劳动合同、委任合同等典型合同上,有个别的规定。继续性合同在未规定期间时应有适当的预告期间,规定期间时在期间届满时终止,其效果没有溯及力。继续性合同的期间是长期的,在合同有难以继续的事由时,信赖关系丧失、关系难以继续时,也有应当由当事人自由解除的观点。③ 进一步说,为减少继续性合同的危害,也有应当认可因特殊事由的解除(非任意解除)的观点。④从整体来看,多数观点是认为应慎重进行继续性合同的解消。但是,关于具体应当认可何种解消事由,与日本的债权法修正、韩国的民法改正中关于继续性合同解消的议论一样,虽然有着眼于德国民法第314条的重大事由的议论,但具体并未明朗化。

另外,从裁判例来看,直到现在,尚未发现像日本法那样运用诚实信用原则等方法来限制销售代理店合同的例子。

六、结语——针对问题的解消

从销售代理店的起用人来看,尽管特意在合同中设置了合同的解消约定,但法官在保护弱者的价值判断下,将诚实信用原则随意地带进案件,产生了能否顺利解消合同、因解消合同产生的成本负担的预测可能性被严重损坏的风险。而且,如果是国际交易,不能期待法庭所在地、仲裁地的法官、仲裁员的判断已经被纳入了统一的系统中,在审判制度及法官的信赖性上存疑的沿线国也不少。另外,企业,特别是英美

① Schlechtriem & Schwenzer: Commentary on the UN Convention on the International Sale of Goods (English Edition) 4th Edition, Oxford 2016, p. 126.

② 屈冒辉、张红:《继续性合同:基于合同法理与立法技术的多重考量》,载《中国法学》2010年第4期第25页。

③ 陈爱碧:《继续性合同解除制度探析》,载《山西高等学校社会科学报》第25卷第7期(2013年7月)第56页。

④ 前注3陈爱碧论文第56页。王文军:《论继续性合同解除》,载《法商研究》2019年第2期第165页。

企业,实务上更为重视跨境交易的合同的预见可能性,尽可能自己完成合同内容,合同准据法尽可能用英美法。[①] 诚实信用原则的介入会毁坏预见可能性,因而被"嫌弃"。在进行与包含英美法国家地区的 BRI 的域内以 CISG 和 UPICC 为基础的合同法统一时,明确诚实信用原则的外延,规范适用的标准,是不可避免的。

因此,关于 BRI 域内的跨境交易,应尽量就每个个别问题对诚实信用原则(公平、合理)进行类型化。如果是继续性合同的解消,应当像上述的日本法那样明确具体地判断构造。从实务上经常成为问题的个别领域出发开始标准的规范化、准则化,积累实绩,这样的积累就如上述欧盟、巴西那样,建立保护法律制度,提高预测可能性。具有民法上各种观点相关的大量的学说、判例的日本,和以 CISG 这样的世界标准为准则的中国,共同拥有各种问题意识和实践课题,共同在域内形成合同法的统一基础,绝不是不可能的事情,对域内商业的稳定发展也有重要的意义。

---

① Guiditta Coredero-Moss (ed), Boilerplate Clauses, International Commercial Contracts and the Applicable Law (Cambridge University Press, 2011) p. 52.

关于对外国法院判决承认执行的日中比较

——一带一路与司法协助

宇田川 幸则[*]

目　次

一、引言

众所周知,日中两国间因为不存在相互保证机制,而不承认相对国的判决在本国执行的效力。这种双方谁都不愿意率先打破僵局的对峙一直持续到了今天。但是,最近随着德国和新加坡判决得到认可,中国也承认了加利福尼亚州的判决。本报告将通过考察日中两国从拒绝到

---

* 作者:名古屋大学教授。

承认泰国判决的历史以及最近中国承认的德国、新加坡和加利福尼亚州的案例,提出一些可供参考的思考。

二、日本的情况

日本民事诉讼法第 118 条规定的承认外国判决的要件是:①判决国对于日本来说具有国际裁判管辖权(管辖要求);②败诉方被告曾接受过传唤或进行了应诉(送达要求);③判决内容和程序不违反日本的公序良俗(公序要求);④双方国家有相互保证(相互保证要求)。

这其中,相互保证要件是日中之间在这种关系上的障碍。在判例上看,继平成 15 年(2003)4 月 9 日大阪高等裁判所判决①(以下称 2003 年大阪判决)否定了与中国之间存在相互保证之后,平成 27 年(2015)11 月 25 日东京高等法院判决②(以下称 2015 年东京判决)也作出了相同的判断。

2003 年大阪判决认为:"中华人民共和国作出过解释称:承认外国判决和执行的前提条件是两国间存在司法协助的条约和协定。"但是,"我国裁判所作出过的判决的效力,不曾有过在中华人民共和国得到承认的先例,事实上也没有承认上述相互互惠关系的有权解释"。

2015 年东京判决认为:中华人民共和国的法院"仅以与日本之间不存在互惠关系为由确定了日本裁判所作出的判决不予承认的方针",而且还认为不能仅以"中华人民共和国的法院作出过判决有过在日本得到承认的实例"作为判断对中国的法院互惠关系认定时的标准。据此,拒绝了对中国法院判决的承认和执行。

三、中国的情况

中国关于承认外国判决的法律法规包括,民事诉讼法第 281 条和第 282 条③,最高法关于民事诉讼法适用的解释第 543 条、544 条、546

---

① 参见《判时》第 1841 号第 111 页,《判夕》第 1141 号第 270 页。

② 参见 2015 年(ネ)第 2461 号、LEX/DB25541803。

③ 中华人民共和国民事诉讼法 1991 年 4 月 9 日通过·公布·施行,2012 年 8 月 31 日修改。

条、547条和548条④。从上述规定可以总结出是否承认外国判决需要满足6项标准:①中外之间已存在民商事案件裁判或决定的互惠关系或承认并执行条约关系(合同关系);②申请承认和执行的判决或决定是外国法院作出终局且有效的裁判或决定,且判决或决定具有明确的事实依据和适用外国法律的依据;③外国法院在其管辖权范围内作出了该判决或决定;④外国法院的诉讼程序已经公正合法地进行;⑤该判决或决定不与已存在的其他判决或决定相矛盾;⑥承认和执行该判决或决定不违反中国的国家主权、安全和社会公共利益。

综上,中国法院是否承认和执行外国法院的判决的前提是,与对象国之间是否存在承认和执行民商事案件判决或决定的条约关系或互惠关系。两国或多国间的跳跃关系可以从客观上作出明确的判断,而互惠关系有无的判断恐怕会有些麻烦⑤。如果仅从对条文的朴素解读,可以看到的是,在两国间尚未就承认和执行对方判决缔结条约时,需审查是否存在互惠关系;如果可以判断互惠关系存在,再开始对承认和执行判决进行审查。

然而,仅以本人不尽全面的检索,至今为止还没有任何法律文件或法律文件显示出可作判断是否存在互惠关系的明确准则,也看不到最高法公开的见解。在这样的情况下,值得注意的是最高法2015年发布的《关于人民法院为"一带一路"建设提供司法服务和保障的若干意见》的第6条⑥,即促进与各国间的司法协助和承认彼此的判决,在没有条约的情况下,当对方国家有意愿建立合作关系时,中国法院应主动提

---

④ 最高人民法院关于适用《中华人民共和国民事诉讼法》的解释(法释〔2015〕第5号)2014年12月18日公布、2015年2月4日施行。

⑤ 参见奥田安弘、宇田川幸则"中国における外国判決承認裁判の新展開",载《国际商事法务》第45卷第4号。

⑥ 最高人民法院《关于人民法院为"一带一路"建设提供司法服务和保障的若干意见》(2015年6月16日公布、同年6月16日施行)。

供司法协助⑦。据此可以理解为,所谓"互惠关系"的意义在于有司法协助实例的存在⑧。这种理解的依据是,最高法民事审判第四庭庭长在总结对审理外国判决的承认和执行案件时作出的解说⑨。他在解说中明确指出:在对象国有承认中国判决的先例时,可视为互惠关系的存在;这一立场,在最高法 1995 年 6 月 26 日[1995]民他第 17 号《最高人民法院关于我国人民法院应否承认和执行日本国法院具有债权债务内容裁判的复函》(最高法关于"无味事件"对辽宁省高院请示的回答)以来未做过改变⑩。

四、中国法院对外国法院判决承认和执行的实例

最高院庭长指出的一以贯之的立场,从中国以往对外国法院判决的予以承认和执行的判决实例上更可以得到佐证⑪。这些实例中无一存在关于互相承认对方判决的条约,而之所以相互之间的优惠关系所依据的就是对象国以往是否对中国的判决的承认和执行作出过认可这一事实。

---

⑦ 意见第 6 条:"加强与'一带一路'沿线各国的国际司法协助,切实保障中外当事人合法权益。要积极探讨加强区域司法协助,配合有关部门适时推出新型司法协助协定范本,推动缔结双边或者多边司法协助协定,促进沿线各国司法判决的相互承认与执行。要在沿线一些国家尚未与我国缔结司法协助协定的情况下,根据国际司法合作交流意向、对方国家承诺将给予我国司法互惠等情况,可以考虑由我国法院先行给予对方国家当事人司法协助,积极促成形成互惠关系,积极倡导并逐步扩大国际司法协助范围。要严格依照我国与沿线国家缔结或者共同参加的国际条约,积极办理司法文书送达、调查取证、承认与执行外国法院判决等司法协助请求,为中外当事人合法权益提供高效、快捷的司法救济。"

⑧ 该观点详见:森川伸吾"日中間における判決の承認・執行——'相互の保証'に関する状況の変化",载《国际商事法务》第 45 卷第 8 号(2017 年)第 1086 页。

⑨ 参见张勇健:《一带一路司法保障问题研究》,载《中国应用法学》2017 年第 1 期第 157—165 页,特别关注第 163—164 页。

⑩ 1995 年的最高院的"回答"在平成 15 年(2003)4 月 9 日的大阪高裁判决(判时 1841 号 111 页、判夕 1141 号 270 页)中也有引用,但该判决并没有准确理解最高院的"回答"。关于这一点参见奥田安弘:"外国判決の承認執行における相互の保証要件の合憲性",载《法学新报》第 123 卷第 5・6 号(2016 年)第 83 页。

⑪ 以下实例详见奥田:前注 10 第 88 页以下;奥田、宇田川・前注第 5500 页以下。

例如,武汉市中院于 2013 年 11 月 26 日对德国法院判决的承认和执行作出认可决定([2012]鄂武汉中民商外初字第 00016 号)的理由是,"柏林法院承认过中国法院的判决";南京市中院于 2016 年 12 月 9 日对新加坡法院判决的承认和执行作出认可决定([2016]苏 01 协外认第 3 号)的理由是,"新加坡共和国已于 2014 年 1 月执行了我国江苏省苏州市中级人民法院作出的民事判决。"特别在后者的判决中还明确指出:"根据互惠原则,我国法院可以承认和执行符合条件的新加坡法院的民事判决"。由此可见,有过承认中国判决先例的国家的判决,根据互惠原则,也可以得到在中国的认可⑫。

武汉市中院于 2017 年对美国加利福尼亚州判决的承认和执行作出认可决定([2015]鄂武汉中民商外初字第 00026 号)的理由与上述判决基本上是一脉相传,"美国与我国之间并未就相互承认和执行民事判决缔结和加入国际性条约,因此,是否认可申诉人的申请须审查互惠关系的存在与否。可以明确的是,在美国曾有过承认和执行我国法院作出的民事判决的先例,因此可以认定美中双方之间存在相互承认和执行民事判决的互惠关系"。这一判词更进一步明确了一点,这就是,在并未缔结相互承认对方判决的条约的国家之间,判断与对象国之间是否存在互惠关系的标准就是中国的判决是否在对象国中得到过承认。

从这一点上看,前述 2003 年大阪判决作出的否定与中国之间存在相互保证关系的判决以及 2015 年东京判决需要尽快改正了。

五、代结语——一带一路与国际私法协助的新局面

2018 年 7 月,在丝绸之路的东大门西安和作为改革开放最前沿的深圳,分别设立了最高院的国际商事法庭。其背景,有人归结为:一带一路的展开和因此引发的新兴经济贸易圈的生成⑬。

随着经济贸易活动的大规模展开,纠纷的增加是必然现象。因为

---

⑫ 参见奥田、宇田川·前注 5 第 502 页。

⑬ 《中共中央办公室·国务院办公厅印发〈关于建立"一带一路"国际商事争端解决机制和机构的意见〉》,载最高人民法院国际商事法庭网(http://cicc.court.gov.cn/html/1/218/149/192/602.html)。

时间的关系,本报告无法对国际商事法庭展开深入的探讨。但是,鉴于国际商事法庭的设置已经形成一种潮流⑭,无论从一带一路与国际司法协助之间关系的角度,还是从它与中国长期以来致力于以国际经济贸易仲裁(CIETAC)为代表的 ADR 之间的关系的角度,无疑都是值得深入研究的课题。国际商事法庭的开设时日尚短,今后值得予以关注。

⑭ 目前为止,英格兰威尔士、荷兰、迪拜阿布扎比、卡塔尔、卡扎克斯坦、布鲁塞尔、新加坡等都设立了专门解决国际商事纠纷的法庭。

《宪法草案初稿讨论意见汇集》中
财产法、家族法相关事项

高见泽 磨* 渠 遥**

目 次

一、引言

中华人民共和国最初的宪法典（以下简称 54 宪法），于 1954 年 9 月 20 日在第一届全国人民代表大会第一次会议（以下简称会议）上通过。宪法制定的过程中，1954 年 6 月 14 日在中央人民政府委员会第 30 次会议上通过的 54 宪法草案向社会公开，供全体人民讨论。该讨论

　＊　作者：东京大学东洋文化研究所教授。

　＊＊　译者：东京大学法学政治学研究科博士。

的总结,可参考上述会议期间由刘少奇在 9 月 15 日进行的《关于中华人民共和国宪法草案的报告》(以下简称《报告》)的第三部分"关于全民讨论中提出的对宪法草案的意见"(以下简称报告之三)。但是,其中所触及的内容主要以历史性、政治性认知、所有制、国家机构等的内容居多,而更贴合民生的财产制度(包含交易)以及家族制度、婚姻制度的内容却没有提及。

在《报告》的起始部分介绍时,中共中央委员会在 1954 年 3 月提交宪法起草委员会的《宪法草案初稿》,有约 8000 人参与了意见征集,《宪法草案初稿讨论意见汇集》(以下简称《汇集》)所整理的正是这些意见。以这些意见为基础修改并得以公开的就是上述 6 月 14 日草案①。

据笔者所知,北京大学藏有两部《汇集》②。其中一部收藏在大学图书馆,标注为马寅初寄赠。另一部在法学院。《汇集》所示的初稿,除"序言"(6 个段落)外,有 4 章:"总纲""国家组织系统""公民基本权利和义务""国旗、国徽、首都";共 97 个条文。与此相对,6 月 14 日的草案,分为"序言"(6 个段落)及 4 章:"总纲""国家机构""公民的基本权利和义务""国旗、国徽、首都",共 106 个条文。9 月 20 日通过的宪法在结构和条文数上与 6 月 14 日的草案完全一致。6 月以后的全民讨论这部分内容是笔者今后的课题。如果各位有资料等的信息,请不吝赐教。

本报告将从财产法以及家庭制度有关的序言以及各个条文中,采集与制度的实质有关的意见。同时以笔者的问题意识和与主题关系密切的内容作排序整理,而非各种意见逐一顺序整理。

二、54 宪法的序言

(一)初稿第二段落

该段主要表述的是,社会主义社会的过渡时期的定位,其中包括土

① 关于《政治协商会议共同纲领》与宪法草案、54 宪法三者之间的比较参见高知中国学会:《研究资料中华人民政治协商会议中华人民共和国宪法草案中华人民共和国宪法》(1955 年 1 月)誊写版印刷。此为日本早期研究,本人有幸在旧书店中淘到。

② 关于《汇集》在北京大学馆藏的详细情况可参见拙稿:"立法法及び立法に关する若干の资料の绍介",载《东方》第 234 号(东方书店,2000 年 8 月),第 5 页以下。

地制度改革:从中华人民共和国成立到社会主义社会建成,这是一个过渡时期。国家在过渡时期的总任务,是逐步实现国家的社会主义工业化,并逐步完成对农业、手工业和资本主义工商业的社会主义改造。我国人民在过去几年内已经很有成效地进行了土地制度的改革、抗美援朝、镇压反革命分子、完成经济恢复等项大规模的斗争,这就为有计划地发展建设和逐步过渡到社会主义准备了必要的条件。

对这一部分似乎会有如下问题思考:

① 针对"逐步完成国家对……改造",总路线学习文件中写道"逐步实现国家对农业改造",要求是否提高了?

② 为什么没有提到 5 年计划?

③ 为什么没有"在一个相当长的时间内"?

另外,根据资料显示,在 6 月稿中,可见到如下修改:

① 对于"我国人民在过去几年内已经很有成效地进行了土地制度的改革、(略)",将"很有成效地"改为了"胜利地"。

② "完成经济恢复"改为了"恢复国民经济"。

③ "发展建设"改为了"进行经济建设"。

最终的宪法成文与 6 月稿相比,除却一些标点符号之外没有变化。

最终的结果是,在初稿中列举的需要讨论的事项,事实上似乎没有得到明文回应。

三、54 宪法的总纲

(一)关于自然资源

针对初稿第 6 条第 2 款(关于自然资源的国家所有),"中华人民共和国的矿藏、水流、大森林、大荒地和其他由法律规定为国有的资源都属于全民所有,由国家经营,或者委托合作社经营,或者租给他人经营"的规定。《汇集》上显示有如下意见提出:

① 建议删除"大"。

② 在同款中增加"大草原""自然力源""交通运输""邮政""领空""领海""大湖沼"。

③ 需要探讨:山上的药材是否也属国有,是否允许人民采集。

在 6 月稿中显示的是,"矿藏、水流由法律规定为国有的森林、荒地和其他资源都属于全民所有"。对于森林或荒地,加上了"依法规定"的定冠词,即依法规定的属于国有。另外,删除有关经营委托等内容。在这一点上,最后通过的 54 宪法与 6 月稿相同,至于针对初稿提出的其他问题,就留给了嗣后制定的法律来回答。

(二)关于包括农村土地在内的私人财产所有权

关于这部分的内容,集中规定在第 8—11 条。其中所涉及的主要内容有:农民土地所有权以及其他财产所有权;手工业者以及非农业个体劳工的生产资料所有制以及其他财产所有权;资本家的生产资料所有权以及其他财产所有权;劳动收入、储蓄、住宅以及其他生活资料的所有权及继承权等。

关于这一部分内容在初稿中的规定如下:

第 8 条:国家依照法律保护农民的土地所有权和其他财产所有权。

国家帮助和指导个体农民增加生产,并且鼓励他们在自愿的基础上组织生产互助合作、供销合作和信用合作。

国家对富农的剥削制度采取限制到逐步消灭的政策。

第 9 条:国家依照法律保护手工业者和其他非农业的个体劳动者的生产资料所有权和其他财产所有权。

国家帮助和指导个体手工业者和其他非农业的个体劳动者改善经营,并且鼓励他们在自愿的基础上组织生产合作和供销合作。

第 10 条:国家依照法律保护民族资本家的生产资料所有权和其他财产所有权。

国家对资本主义工商业采取如下的政策:利用资本主义工商业的有利于国计民生的积极部分和积极作用,限制它们的不利于国计民生的消极部分和消极作用,鼓励和指导它们转变为各种不同形式的国家资本主义经济,逐步用社会主义的全民所有制代替资本主义所有制。

国家禁止资本家从事投机、垄断、盗窃国家财产等危害公共利益、扰乱社会经济秩序、破坏国家经济计划的行为。

国家经过政府机关的管理、国营经济的领导和资本主义工商业内工人群众的监督,改造资本主义工商业和防止资本家的非法活动。

第11条:国家保护公民的劳动收入、储蓄、住宅和其他生活资料的所有权和继承权。

针对这4条《汇集》上显示的建议和意见内容比较庞杂,仅缩写如下:

1. 对于所有权保护,建议删除"依照法律"四个字。

2. 建议删除"其他财产权"。

3. 第8条中是否应该禁止农民之间的土地买卖?

4. 第10条的"民族资本家"应改为"资本家"。

5. 第10条的民族资本家财产保护是否包含子女的继承权?

6. 第11条,若借鉴苏联宪法10条加上"均受法律之保护"这样的语句进去,以备将来制定相关法律之需。

7. 应该包含"生产资料"的继承权。

8. "劳动收入"应改为"合法收入"(出于对资本家和华侨的照顾)。

9. 应该增加"家庭副业"的规定。

10. 应该对著作权和发明权加以保护。

11. 来自住宅房租的收入是否视为"生活资料"?

12. 是否保护储蓄。尤其在资本家接受赎买而得到生产资料的货款,对于该项货款的存款是否予以保护。另外,来自剥削的财产,包括继承在内,是否构成保护的对象。

13. 农民的养蚕、制丝、织机以及纺织等,既是生产资料也是生活资料,是否受同样的保护。

14. 饲养的牛、羊(尤其在山地)是否受到保护?

15. 畜牧业和渔业应该如何定位?

关于财产、生产资料、生活资料的相关问题,有来自各个方面的具体讨论。恕不一一排列。

基于上述意见和建议,6月稿的修改如下:

第8条第2款:国家指导和帮助个体农民增加生产,并且鼓励他们根据自愿的原则组织生产合作、供销合作和信用合作。

——没有互助2字。

第9条第2款:国家指导和帮助个体手工业者和其他非农业的个体

劳动者改善经营,并且鼓励他们根据自愿的原则组织生产合作和供销合作。

——第8条、第9条都是指导二字在先,帮助二字在后。自愿不再作为基础而是成为原则。

针对第10条则有较大幅度的修改:

第10条:国家依照法律保护资本家的生产资料所有权和其他财产所有权。

国家对资本主义工商业采取利用、限制和改造的政策。国家通过国家行政机关的管理、国营经济的领导和工人群众的监督,利用资本主义工商业的有利于国计民生的积极作用,限制它们的不利于国计民生的消极作用,鼓励和指导它们转变为各种不同形式的国家资本主义经济,逐步以全民所有制代替资本家所有制。

国家禁止资本家的危害公共利益、扰乱社会经济秩序、破坏国家经济计划的一切非法行为。

——这里,不再有民族资本家这样的语词,统一为资本家。也明确规定了由国家行政机关进行管理。

第11条:国家保护公民的合法收入、储蓄、房屋和各种生活资料的所有权。

第12条:国家依照法律保护公民的私有财产的继承权。

——初稿在讨论当初的意见中,有一些被采纳,有一些被否定,或有一些被保留给今后的立法。

刘少奇在报告之三中说:第11条是保护财产所有权的一般规定,第8—10条,是个别规定。而第10条中的“其他财产所有权”,是生产资料形式以外的资本,其举的例子是“商业资本”。亦即马克思主义经济学中的G-W-G,其中的典型是上市交易的货币,或提供商事交易的商品库存。

最终成文的宪法中,第8、9条与6月稿相同,第10条则再次经历了较大的修改,在第10条第1款中,“其他财产所有权”被改为“其他资本所有权”。

(三)关于公共利益

初稿第12条规定“国家在公共利益需要的时候,可以根据法律规定的条件,对城乡土地和其他生产资料实行征购、征用或者收归国有"。
对此,《汇集》显示有如下意见提出:

① 此条是否包括祠堂、住宅、庙宇?

② 对象是否包含其他财产权或所有权,而不限于生产资料?

6月稿中,在第13条规定:"国家为了公共利益的需要,可以按照法律规定的条件,对城乡土地和其他生产资料实行征购、征用或者收归国有。"并做一些较少的文字修改。而且规定的对象仅限于土地以及其他生产资料。

（四）交易

初稿第15条规定:国家实行对外贸易的统制和国内贸易的管理。对此有如下意见:

在共同纲领第37条中规定"……实行国内贸易的自由",此文案需要调整。

但在6月稿中不存在与此相对应的条文,成立后的宪法亦同。

（五）劳动光荣

初稿第16条规定:劳动是中华人民共和国一切有劳动能力的公民的光荣事业。国家鼓励公民在劳动中的积极性和创造性,并且保证他们的劳动得到适当的报酬。

对此有意见指出:

因创造或发明而提升生产力时的报酬是否归在其中,还是说针对的是所有的劳动。另外,后者的情形中是否由国家支付报酬。

6月稿第16条中比喻为"光荣的事情",而没有使用"事业"一词。另删除了"并且保证他们的劳动得到适当的报酬。"发布的宪法第16条在将文案定稿为"光荣的事情"以外,其余部分与草初稿相同。

四、54宪法第三章:公民的基本权利和义务

（一）妇女的权利

初稿第87条规定:中华人民共和国妇女在政治的、经济的、文化的、社会的和家庭的生活各方面享有同男子平等的权利。

婚姻、家庭、母亲和儿童受国家的保护。

对此有意见指出:应当增加婚姻自由。

但 6 月稿第 96 条文案相同,发布的宪法第 96 条亦同。

五、结语以及今后的课题

1954 年宪法规定了多种所有权形态和经营形态,并以此作为前提进行民法起草工作。其结果呈现在两次民法草案,即收录于何勤华、李秀清、陈颐编《新中国民法典草案总揽》(上),1955 年 10 月 5 日民法总则草稿、1955 年 10 月 24 日民法典第二次草稿。原本计划通过 3 个五年计划完成的社会主义改造,于 1956 年加紧完成立法,所以在 1956 年 12 月 17 日总则篇(第三次草稿)以后的内容,可以说相较于 1954 年宪法之初设想的成果,是立足于完全不同的体制的"从头来过"的一个工程。而民法最终没有得到制定的背景中,似乎看到在围绕上述"交易"展开的是否对交易予以限制(典型的是土地)的讨论产生出的影响,应该是巨大的。

围绕"初稿"的讨论纷繁复杂,讨论中,一方面显示了通过对财产权保护来调动农民、资本家、华侨的积极性的愿望,另一方面也显示了旨在对扩大国有财产范围和国家统治的范围的必要性的认识。而 6 月稿正是这些愿望和认识的投影体。在经过 6 月稿的若干修改之后,草案最终形成了宪法草案定稿(法案)。因此,探讨 6 月稿的起草过程,对于中国 54 宪法以及宪法史的研究至关重要。笔者会将此作为自己今后一段时间内的研究课题。

值得注意的是,当年对于宪法立法的讨论,与围绕财产关系相关的讨论相比,围绕婚姻自由及男女平等的讨论却寥寥无几。更不见涉及继承与男女平等的意见,只有"子女继承"这样的表述,从中只能看到仅有的关于女性继承权的考量而已。1950 年的婚姻法制定及其实施,是否能够看作实现了这样一些意见,也是笔者设定的子课题之一。

参考文献

1.《中华人民共和国宪法》(人民出版社 1954 年 9 月)。此书中除宪法条文外,还收录了毛泽东在中华人民共和国第一届全国人民代表大会第一次会议上的开幕词，以及刘少奇"关于中华人民共和国宪法草案的报告"。此书也是在旧书店中购得。书上有"中国纺织工会上海申新纺织总管理处委员会图书组"的馆藏印章。

2.《中华人民共和国宪法草案（一九五四年六月十四日中央人民委员会第三十次会议通过）》（人民出版社 1954 年 6 月）。

3. 中国共产党中央华南分局宣传部编《中华人民共和国宪法草案讲话》（华南人民出版社 1954 年 8 月）。此书应该是农民为对象的宣传资料。书中对农民的土地所有权保护有充分的说明，同时还讲到了"合作化"的必要性。关于男女平等则只有对条文的解说。

附　录

中日民商法研究会第十八届（2019年）大会

议　　程

主　办：中日民商法研究会
承　办：云南大学法学院
协　办：北京市中伦律师事务所
　　　　北京市金杜律师事务所
　　　　日本司法书士会连合会
　　　　北京大成律师事务所
　　　　北京大学出版社
　　　　上海市海华永泰（昆明）律师事务所
后　援：中国社会科学院法学研究所私法研究中心

会　期：2019年9月14日（周六）至15日（周日）
会　务：宇田川 136-9108-2074
　　　　渠　涛 133-7161-1991

9月14日（周六）

会　场：云南大学
※酒店出发：08：00

开幕式(08:30~09:00)

主持人:渠涛
会长梁慧星教授致开幕词
日本学者代表近江幸治教授致辞
嘉宾王泽鉴先生致辞
承办方院领导法学院院长高巍教授致辞
日本司法书士会连合会副会长里村美喜夫先生致辞
北京市金杜律师事务所代表闵炜先生(合伙人律师)致辞
北京市中伦律师事务所代表丁恒先生(合伙人律师)致辞
北京大成律师事务所代表马巍主任(昆明分所)致辞

纪念合影(09:00~09:10)

报告会第一部:民法部会之1——立法论(09:10~10:30)

主持人:梁慧星/大村敦志/高见泽 磨
09:10~09:25 姚辉(中国人民大学)——渠涛(同声传译,以下同)
"荣誉权"立法考——兼评中国民法典草案中的相关规定
「荣誉权」立法考——民法典草案の関係規定に対する評価を兼ねて
09:25~09:50 道垣内 弘人(东京大学)——杨东
日本物权法修改的动向
日本における物权法の改正動向
09:50~10:15 青木 则幸(早稻田大学)——章程
集合动产让与担保的立法论与占有改定
集合動产讓渡担保の立法論と占有改定
10:15~10:30 刘得宽(东海大学)——夏静宜
日本民法修改重点概论——以债权法为中心

日本民法改正の重要ポイント——債権法を中心に

休　息
10:30~10:40
报告会第一部:民法部会之 2——立法论(10:40~11:55)

主持人:道垣内 弘人/姚辉/宇田川 幸则

10:40~11:00 竹中悟人(学习院大学)——渠遥

日本民法修改与和解契约

日本民法の改正と和解契約

11:00~11:25 大村 敦志(学习院大学)——解亘

现代日本家族法的修改——与民法其他制度修改的比较

现代日本の家族法改正——その他の民法改正との比較を中心に

11:25~11:35 朱晔(静冈大学)——渠遥

继承法上的特留份制度

相続法の遺留分制度について

11:35~11:55 石绵 はる美(东北大学)——王冷然

2018 年继承法修改——配偶居住环境的保护

2018 年相続法改正——配偶者の居住環境の保護

午餐·休息
11:55~13:00(午餐:原农新村餐厅)
报告会第一部:民法部会之 3——专题研究(13:00~13:50)

主持人:竹中悟人/加藤 政也/章程

13:00~13:20 中原 太郎(东京大学)——渠遥

"机会丧失"论比较法上的差异

「机会の丧失」论の比較法的位相

13:20~13:30 解亘(南京大学)—— 王冷然

意思表示真实的神话可以休矣

意思表示の真実神話は終わろう

13:30~13:40 李一娴(云南大学)——宇田川 幸则

基因技术医疗应用中的人格权益保护——兼评民法典草案人格权编三审稿第七百八十九条规定

遺伝子工学の医療への応用における人格権保護——民法典草案人格編三審稿789条に対する評価を兼ねて

13:40~13:50 白纶(云南大学)——宇田川 幸则

未成年人利益最大化视角下的监护与收养制度改革

未成年者の利益の最大化という視座からの後見・養子制度の改革

休 息
13:50~14:00
报告会第二部:商法・实务部会(14:00~16:20)

主持人:平野 温郎/里村 美喜夫/李伟群

14:00~14:20 田泽 元章(明治学院大学)——王万旭

基于公司法修改纲要的公司补偿制度

会社法改正要綱による会社補償制度について

14:20~14:40 得津 晶(东北大学)——王万旭

日本对自持股份限制的缓和的正反两面

日本の自己株式取得規制の緩和の表側と裏側

14:40~14:55 刘惠明(河海大学)——段磊

股权让与担保法律问题研究

株式譲渡担保に関する問題

14:55~15:05 卢晓斐(SBI大学院大学)——夏静宜

浅谈日本公司法中对母公司股东的保护

日本法における親会社株主の保護に関する一考察

15:05~15:25 伊达 龙太郎(冲绳国际大学)——段磊

围绕上市法规制

上場をめぐる法規制

15:25~15:45 久保田 隆(早稻田大学)——刘惠明

关于虚拟货币返还请求权的下级法院案例与若干分析

仮想通貨の返還請求権を巡る日本の下級審裁判例と若干の考察
15：45～15：55 鷗田 えみ（早稲田大学）——渠遥
中国的虚拟资产与法
中国における暗号資産と法

休 息
15：55～16：10
报告会第三部：实务部会与其他（16：10～18：00）

主持人：田泽元章/久保田 隆/ 刘奔
16：10～16：30 加藤 政也（日本司法书士会连合会）——渠涛
不动产登记制度的变容——所有权人不明土地的问题与不动产登记
不動産登記制度の変容（所有者不明土地問題と不動産登記の在り方）
16：30～16：50 西山 义裕（日本司法书士会连合会）——王万旭
如何确保商业登记中的真实性
商業登記制度における真実性の確保について
16：50～17：10 李伟群（华东政法大学）——渠遥
保险科技对保险监管的影响及因应之道
保険科学技術の保険業務の管理・監督に対する影響とその対応策
17：10～17：30 平野 温郎（东京大学）——刘惠明
一带一路倡议中契约法共通规则基础形成的可能性
一帯一路イニシアティブにおける契約法の共通基盤形成の可能性
17：30～17：40 宇田川 幸则（名古屋大学）——渠涛
关于对外国法院判决承认执行的日中比较——一带一路与司法协助
外国裁判所の判決の承認執行に関する日中比較——一帯一路と司法共助
17：40～18：00 高见泽 磨（东京大学）——渠遥
《宪法草案初稿讨论意见汇编》中的财产法和家族法相关事项
『憲法草案初稿討論意見彙集』財産法・家族法関連事項

9 月 15 日(周日)

会　场:入住酒店二层 翠竹轩·芙蓉轩

讨论会　民法部会之 1(9:00~12:00)

会　场:入住酒店二层 翠竹轩
主持人:道垣内弘人、解亘、王冷然

休 息
10:30~10:45
讨论会　商法·实务部会之 1(9:00~12:00)

会　场:入住酒店二层 芙蓉轩
主持人:平野温郎、久保田隆、刘惠明

休 息
10:30~10:45

午餐·休息　12:00~13:00
讨论会　民法部会之 2(13:00~16:00)

会　场:入住酒店二层 翠竹轩
主持人:青木则幸、宇田川 幸则、章程

休 息 14:30~14:45

讨论会 商法·实务部会之2(13:00~16:00)

会 场:入住酒店二层 芙蓉轩
主持人:田泽元章、董惠江、段磊

休 息 14:30~14:45

闭幕式(16:10~16:30)

会 场:入住酒店二层 翠竹轩
主持人:渠涛
日方学者代表 道垣内弘人教授致辞
承办方院代表 法学院副院长杨舒然女士致辞
会长梁慧星宣布大会闭幕

参会人员名单

参会人员名单 中方

梁慧星 男 中日民商法研究会 会长
王泽鉴 男 台湾大学 名誉教授
姚 辉 男 中国人民大学法学院 教授
董惠江 男 黑龙江大学法学院 教授
姜一春 男 烟台大学法学院 教授
丁相顺 男 中国人民大学法学院教授
刘惠明 男 河海大学法学院 教授
解 亘 男 南京大学法学院 教授
李伟群 男 华东政法大学 教授
赵秀梅 女 北京理工大学 教授
李立新 男 上海大学法学院 副教授

段　磊　男　华东师范大学 副教授

王万旭　男　长春理工大学法学院 副教授

章　程　男　浙江大学光华法学院 副教授

方斯远　男　暨南大学法学院 副教授

王文军　男　南京航空航天大学人文与社会科学学院副教授

叶知年　男　福州大学法学院

赵银仁　男　河海大学法学院 讲师

夏静宜　女　扬州大学法学院 讲师

刘　鹏　男　中国社会科学杂志社 编辑

金赛波　男　北京金诚同达律师事务所 高级合伙人

李海容　男　北京中伦律师事务所 合伙人

闵　炜　男　北京市金杜律师事务所上海分所 合伙人

张雨溪　女　河海大学法学院 硕士生

先时龙　男　河海大学法学院 硕士生

黄子晋　男　暨南大学法学院民商法 硕士生

李凯莉　女　澳门大学 博士生

渠　涛　男　中日民商法研究会 秘书长

在日华人

刘得宽　男　东海大学 名誉教授

朱　晔　男　静冈大学 教授

王冷然　女　南山大学 教授

卢晓斐　男　日本 SBI 大学院大学 准教授

刘　奔　男　TMI 律师事务所 日本律师

杨　东　女　东京大学 博士生

黄雨杰　女　东京大学 博士生

日方

近江 幸治　　男　早稻田大学 教授

大村 敦志　　男　学习院大学 教授

道垣内 弘人　男　東京大学 教授

高见泽 磨　　男　东京大学 教授

平野 温郎　　男　东京大学 教授
青木 则幸　　男　早稻田大学 教授
竹中 悟人　　男　学习院大学 教授
田泽 元章　　男　明治学院大学 教授
久保田 隆　　男　早稻田大学 教授
中原 太郎　　男　东京大学 教授
得津 晶　　　男　东北大学 准教授
石绵 はる美　女　东北大学 准教授
伊达 竜太郎　男　冲绳国际大学 准教授
里村 美喜夫　男　日本司法书士会连合会 副会长
加藤 政也　　男　同上 常务理事
西山 义裕　　男　同上 常务理事
浅江 贵光　　男　日本大使馆 二等秘书官秘、法官
鹬田 えみ　　女　早稻田大学 研究员
渠 遥　　　　女　东京大学 博士生
宇田川 幸则　男　名古屋大学 教授

中日民商法研究会第十八届(2019年)大会
2019年9月15日民法讨论会记录

民法部会之1(9:00~12:00)

主持人:道垣内弘人、解亘、王冷然

第一阶段 9:00~10:30

道垣内弘人(东京大学):

我们的讨论会正式开始,讨论会是在昨天报告基础上展开的,讨论会发言顺序主持方不做安排,请大家自由发言。请大家注意,我们讨论会的内容会放在中日民商法研究的论文集中,请大家发言之前务必报告本人的姓名和所属,使用麦克风,以便录音记录。现在请自由发言。

梁慧星:

我想问的是日本的继承法修改,关于配偶的民事居住权和居住权的问题,我听报告中有探讨,说只在继承法中改变不够,应该改变家庭财产制,想请介绍一下这方面的观点,家庭财产制怎么改变。

石绵はる美(东北大学):

作为前提,日本采取的是夫妻别产制,这样就导致家庭主妇在婚姻期间是不能取得财产的,只有在对方死亡的时候通过继承才能取得财产。继承法修改开始设定的画面是,一对夫妇有孩子,那继承人是配偶和孩子时,配偶继承的份额是二分之一,这样他是无法取得不动产所有权的,所以为了保护生存配偶可以继续居住在原先居住的房子之内,只通过夫妇财产制是无法很好地保护,如果赋予配偶居住权就能进行更好地保护。

梁慧星:

我对日本设立居住权制度基本了解了,我的问题是,为什么不从夫妻财产制上进行改革,将夫妻别产制改为夫妻共同所有制,一举解决配偶居住权的问题。

石绵はる美(东北大学):

我自己认为,没有导入夫妻共同财产制的理由,主要是社会大众可能不接受,没有这样的社会背景,学者虽有这方面的讨论,但未上升到法制审议会的层面去讨论,日本的夫妇别产制已经根深蒂固了。

道垣内弘人(东京大学):

我提下问题,现在梁老师和石绵老师讨论的夫妻财产制改为共同财产制是否可以解决生存配偶居住权的问题,我觉得有点不可理解。因为刚开始石绵老师说,如果夫妻一方死亡,生存配偶继承二分之一,再加上居住权,那么生存配偶的份额可能超过原有的二分之一的份额,这样会产生什么样的问题? 改成共同财产制能否保证居住权的问题? 我不是很相信。

石绵はる美(东北大学):

我主要意思就是,夫妻一方去世后如何让生存配偶得到更多的财产,以现有夫妻共同财产制来看,配偶双方都有二分之一,一方去世后,生存配偶可以继承对方二分之一的二分之一,最终得到的是3/4的财产。法国的夫妻共同财产制大致就是这个样子的。日本没有夫妻共同财产制这样的社会基础,那没有这样的基础想解决类似问题怎么办呢? 所以我就提议在继承法修改的时候增加居住权,作为一种措施来保证生存配偶可以得到更多利益。在没法改变夫妻别产制的前提下,通过增加生存配偶的继承份额来解决这问题。

近江幸治(早稻田大学):

我想问石绵老师两个问题,一个是论文集中第 57 页脚注 28 的倒数第二行,引用了法制审议会民法第十九次部会的资料,这个资料比较旧,其对居住权的价值进行评价的方法是否已经不再采用;另一个是日本修改继承法后的第 1044 条的解释。

石绵はる美(东北大学):

我认为我论文中提到的这个计算式现在还是被采用的。

近江幸治(早稻田大学):

刚开始讨论配偶居住权的时候,日本立法者根本不考虑配偶居住权的财产价值,因为这没有办法评估,从立法者角度来看,对居住权的财产价值已经毫无兴趣。但后来,日本的税务系统强烈反对,认为其收税的时候必须算清所有财产的价值,而立法者又说这无法评估,因此日本立法者又开始研究居住权的财产价值。石绵老师论文中第 57 页的脚注就是当时提到的计算式,之前确实是这样做的。据我的了解,2018年 12 月 26 日,日本内阁府通过一项决定,提到了对于居住权的财产价值评估新的方案,而新的方案中是没有提到计算标准,我认为应该根据这项新的决定来进行研究。

道垣内弘人(东京大学):

近江老师的问题很细,正如石绵老师提到的,关于配偶居住权财产价值到底怎样来评价关系到这个制度最终是否能被有效利用,如果居住权财产价值评价过高,那就无法把居住权赋予生存配偶,如果评价较低,那在将其赋予生存配偶之后,生存配偶还可以继续取得其他遗产,这个问题可以讨论,但是具体的算法问题不是我们学者讨论的范围,遗产分割、如何分割才是我们应该研究的,针对这个问题暂停讨论。

刘得宽(东海大学):

中国台湾也是采取共同财产制,当发生继承的时候是完全以登记为标准的,登记的是先生的名字,就按先生的财产来继承。日本虽然是分别财产制,但在继承发生的时候也是按登记为标准,如果登记的是先生的名字,先生死亡,那么按照先生的财产来继承。如果登记的是夫妻共有财产则另当别论。如果登记的是太太名字,先生死亡,财产依然是太太的,不发生继承问题。日本继承法的修改就是说现在社会越来越复杂,私生子、前妻、前妻之子等复杂情况,使得生存配偶的权益得不到保护。也可以通过生前赠与、遗赠的方式保护居住权。

道垣内弘人(东京大学):

现在讨论的是关于继承和夫妻财产制的问题,昨天报告中朱晔教授提到了中国的特留份制度,我想知道中国现在有没有类似的问题,听听朱教授的意见。

朱晔(静冈大学):

昨天报告中对中国的特留份制度进行了肤浅的分析,正如我报告中所说,中国在继承的时候,是充分尊重被继承人的意思的,几乎没有限制。现有的特留份制度只是对一些需要被抚养的继承人做了保护而已。那么个人认为,通过对过去的历史进行考虑,有必要维系特留份制度,详细内容可以参阅有关论文。

关于居住权问题,中国沿海地区的发达城市和农村地区的做法大相径庭,在城市里离婚率不比日本低,由此造成一个很大的问题,一般婚前男方父母提供买房首付,然后夫妻双方一起还按揭贷款,这就涉及到离婚后房屋财产怎么分割的问题。登记制度过去与现在的做法也有不同,就个人的例子而言,登记制度在过去,大约在2002—2003年,夫妻婚后购买的房屋强制登记为夫妻共同财产,而现在登记制度已取消上述做法,一般都采用个人登记的方式。

渠涛:

我说几个问题吧。现在第一个问题就是,结婚才有夫妻财产的意义,中国结婚和日本不一样,中国结婚现在欺诈性的结婚比例比日本高。在中国结婚前,一方父母付首付,按揭贷款由夫妻两人来还,这样离婚时就涉及财产分割的问题。而登记是在付了首付后进行的,比如说预登记或附担保的登记,这时候不合适写出资父母名字或夫妻一方名字,一般都是按照共有登记,因为中国人普遍只能接受感情婚,这样做不会影响夫妻感情。

下面说一下居住权,居住权在中国不光有刚才石绵老师说的通过继承取得居住权,因为若通过法律取得居住权应该为法定居住权,那么在中国还有人讨论任意居住权,比如说某教授想在死后将房子留给长期照顾他的保姆居住,这就是任意居住权的设定,关于这个权利设定有很多人持反对意见,我仅介绍一下中国在居住权上的研究背景。

道垣内弘人(东京大学):

我们可以继续这个话题,当然也可以换一个,请下一位发言。

程坦(浙江大学):

日本之前民法中的代替履行的损害赔偿请求权是履行请求权在履行不能或解除合同之时,履行请求权消灭,填补赔偿请求权产生,两者之间是转化的关系。修改后的日本民法第415条第2款,替代履行的损害赔偿请求权也就是填补赔偿请求权,不只是在履行不能或合同解除的时点产生,包括债务人在明确拒绝履行的时点以及解除权发生的时点,都可以提起填补赔偿请求权,此时履行请求权和填补赔偿请求权不仅是转化的关系,还是并存的关系。比如说解除权发生了,但是权利人并没有选择解除,而是直接提起填补赔偿请求权,我想请问一下日本为什么有这种变化?有什么样的意义?另外我国台湾地区的债务不履行最近也在改革,不知在台湾地区法律中履行请求权和填补赔偿请求权是什么样的关系?是否只要债务人违约,不需要其他条件,债权人就可以提起填补赔偿请求权,还是需要达到根本违约,经催告后仍不履行,或必须先行使解除权才可以提出填补赔偿请求权?

李庭鹏(云南大学):

刚才谈到的夫妻财产中房子的问题,我谈一下自己的看法。在中国最高人民法院有一个专门的司法解释,就是结婚时一方父母为其子女结婚的目的买房,如果没有明确是给两个新人所有,就认定是给其子女单独所有,对于这一点司法解释是明确的。但是中国购买的房子多为期房,需很长的时间才能真正地完成交付和登记,所以我了解到的中国的案例,如果在这期间发生纠纷认定为共有,因为中国婚姻法规定的是夫妻共同财产制,婚姻期间取得的财产由夫妻双方共有。中国的期房实际上完成交付和登记的时间很长,通常是结婚后几年,所以通常还是会判定为夫妻共同所有。

那么接下来我想问青木教授关于集合动产的让与担保问题。中国大陆物权法只规定了动产抵押,动产的浮动抵押,您的论文讲的是集合动产的让与担保,日本可以通过占有改定作为公示方法,且具有对抗力,那么这个对抗力对抗人的范围是什么样的情况?中国动产抵押只能对抗普通债权人,不能对抗担保物上其他的物权取得人,比如善意取得所有权的人。

青木则幸(早稻田大学):

感谢李老师的提问,日本与中国制度不同,关于集合动产让与,中国将登记视为生效要件,在日本是对抗要件,让与担保是一种物权变动,就按照日本物权变动的规则来进行操作,只要发生物权变动就要有对抗要件,对抗要件成立后,不仅在当事人之间有对抗的效果,对第三人也有对抗的效果。所以只要有对抗要件,就可以对抗第三人,不仅仅是普通债权人。然后呢,在日本,关于对抗要件主观上的要素要不要考虑也有讨论,只是我的报告中没有提到这一点。

李庭鹏(云南大学):

假设提供动产让与担保的担保人,因为他占有改定后依然占有动产,那他又擅自处分给第三人,比如,转让或设定质押,那让与担保中担保权人的利益怎么保护?

青木则幸(早稻田大学):

在日本,虽然没有具体的法律规定,但是有判例的法理,现状就是集合动产的让与担保一旦设立合同之后,集合动产的所有权就转移到担保权人手中,原担保人就没有所有权了,他也就不可能再将动产设立其他担保或转让给第三人。日本的立场是,这个所有权虽然没有公示,担保权人也得到了很强的保护,所有权也已经转至担保权人。

李庭鹏(云南大学):

但是物还在担保人手上,事实上他是可以为处分行为的。

青木则幸(早稻田大学):

关于物的占有还在担保人手里,担保人将物转让或继续为该物设立担保的情况怎么处理的问题,分三种情况:第一种如果是特定动产,那就用善意取得制度处理;第二种如果是集合动产,那会为原担保人留一定的处分权,但这个处分权有一定的范围,就需要判断原担保人的行为是否超出这个处分权的范围,如果是正常的经营活动在处分权的范围内,就没有违反任何约定,不用处罚;第三种就是集合动产的特定使用跟场所有关,比如,仓库里的东西是让与的对象,如果部分动产从仓库里已经搬出去了,那么集合动产让与的效力是否及于已搬出的动产之上,在日本,如果动产已经不在特定场所,就没有集合动产让与的效力了。

杨东(东京大学):

关于集合动产的设定方法,在日本很特殊,因为没有办法确定集合动产的范围,集合动产的范围是可能发生变动的,在怎样的范围内认可他在被担保的前提下可以进行处分,这是有争论的。集合动产是一个范围的物,而非一个具体的物,所以如何确定哪部分属于集合动产哪部分不属于集合动产,现在最常用的推定标准就是在某一个场所里面,比如在某一个仓库里。

渠涛：

首先这个不是仓库，集合动产不可能放在仓库里，但肯定是在一定范围内，而且集合动产的范围肯定是特定的。李老师和青木老师的侧重点不同，李老师想说，本来已经设定的集合动产的让与担保，又有第三人来了，不了解情况的前提下又与第三人设定了集合动产的让与担保，如何预防这样的情况发生。而青木老师侧重讲原则上法律是如何处理的问题。

道垣内弘人（东京大学）：

所有出现的混乱是因为集合动产的问题，那我们先确定一下特定动产，比如说我有一个特定动产，我把它让与担保给解老师，但是动产还在我手上，然后我又向王老师借钱，再将该物让与担保给王老师，但物还在我手上没有动，设定了让与担保，但王老师什么都拿不到。我们在讨论集合动产之前先搞清楚特定动产的问题。

渠涛：

我认为在特定动产上是没有问题的，关键还是要讨论集合动产，李老师说的问题就是集合动产占有改定后没有明确的公示，那确实容易出问题。

梁慧星：

对于这个问题，中方学者要理解日本集合动产让与担保的制度，要注意两个前提：一是日本是登记对抗主义，二是日本有让与担保法。按照日本让与担保法，动产设定让与担保只需一个让与担保合同生效，债权人就取得了所有权，问题是，如果设定担保人重复担保，前一个债权人权利如何保护。道垣内教授报告中讲到了，日本的商业习惯是让与担保合同加上占有改定，现在的问题是这种方法是否足以对抗善意第三人的问题。而中国解决同样的问题，是以集合动产抵押来解决，集合动产抵押是登记生效，因此不发生日本讨论的这些问题。

道垣内弘人(东京大学):

目前为止有两个问题,一个是让与担保的第三人如何保护的问题,另一个是对抗问题,休息之后我们继续讨论这些问题。

第二阶段 10:45—12:00

梁慧星:

我补充一下之前说的。第一,中国的集合动产抵押是在物权法第181条规定:未经登记不得对抗第三人,是登记对抗主义。第二,我重复一下,日本商法习惯认为占有改定可以对抗第三人,我是赞成的。

李庭鹏(云南大学):

我也补充一点,中国大陆是不承认让与担保的,我曾经统计过裁判文书,下载了不少案件的判决,最高人民法院关于民间借贷的司法解释第24条,明确否定了让与担保的效力。我们认为让与担保应该是不产生物权的效力,但往往在判决中,让与担保债的效力也被否认,对于这一点我是不太接受的。

道垣内弘人(东京大学):

我们休息之前总结了两个问题,现在请青木教授来解答。

青木则幸(早稻田大学):

道垣内老师总结了两个问题,一个是进行了重复让与担保情况下,第二位、第三位担保权人权利怎么保护;另一个问题也就是第一个担保权人怎样防止后面担保权人的出现。就这两个问题我做一下解答。

先说第一个问题,关于第二位、第三位的担保权人怎么保护,刚才道垣内老师也基本提到了,这个基本是按照善意取得来保护,但是日本善意取得的条件不仅是善意无过失,而且开始进行占有这个条件也很重要,这个占有如果是占有改定是不被认可的,必须是实际上已经占有了(现实占有),这样才能保护后来取得的担保权。

第二个问题,如何防止后发的担保权人出现,防止的方法就是如何阻止后面的人发生善意取得。主要还是通过登记,日本有一个动产让与登记的特别法,要求第三人必须知道已经进行登记了,这样后发的担保权人无法举证自己是善意无过失的,通过这种方法可以阻止后发的担保权人出现。

白纶(云南大学):

我想请教日本教授,尤其是道垣内教授和青木教授一个问题,是关于占有的基本概念。日本采用的是占有权概念,与大陆法系传统不一样,根据日本民法典第 203 条,占有权因为占有者意思的放弃,或者占有物持有的消灭,占有权也随之消灭,如果在提起占有物返还之诉的时候,不受此限制。这个规定我觉得十分复杂,不太理解,请问日本当时设计占有权的时候是如何考虑的?

道垣内弘人(东京大学):

白老师这个问题应该从两个方面进行解答。第一个,从历史上这个条文是怎样制定的;第二个,从现在的法解释学上来进行解释。首先第一个,从历史上,这个条文为什么制定成这样呢? 我也不清楚,可能近江老师可以来解答。第二个从现在日本法解释论上看为什么这个条文这样规定,如果没有这个条文,占有权人在失去占有之后就没法取回占有物了,所以虽然失去占有了,我们必须认为他有权利要求对方返还,这个问题来自罗马法,是一个复杂的问题,也许我现在解释有错误,懂法制史的老师可以做一个补充。

渠涛:

白老师问的问题和中国法律教育有关系,首先,占有权也是大陆法的概念,比如德国法就有,而我们一般说占有是事实,那占有到底是事实还是权利,在大陆法系各国规定不一样。我来回答这个问题可能有点僭越,在座有好多专家学者。以我了解的情况,日本民法典立法最初参考的是法国法,后来又有了德国法,但当时还不是成文的德国民法典,而是德国民法典的第一草案和第二草案,日本民法参考了德国民法典的两个草案,这在日本是有研究的,参考了第一草案是绝对没有问题的,是否有参考第二草案存在争论。大家都知道,德国法是重视占有的,它与罗马法原始的时候是不一样的,所以将占有作为权利而承认,应该是德国法的一个特色,日本民法典在立法的时候,就这一点应该是受到了德国法的影响,这是我的理解。

白纶(云南大学):

日本的占有权要不要求占有人有主观要件,换句话说日本区不区分占有权和持有?

道垣内弘人(东京大学):

日本民法上对于占有权是要求有主观意思的,占有权人必须是有为自己进行占有的意思,但判例上对这个条文的解释很松,成了一个有形无实的条文,不会因为没有为自己占有的意思而否定占有权。法律条文虽然有主观要件,但是在实践中没有太大意义。

刘得宽(东海大学):

渠老师说得很对,日本民法由法国民法来,后又采取德国民法典第一次草案,德国民法典第一次草案是参考了拿破仑民法典,它采用的就是占有权的概念,所以日本民法也规定了占有权。而中国台湾民法后来才有的,所以采用的是德国民法第二次草案,也就是现在的德国民法,它就不讲占有权,它认为占有不是权利,而是一种事实状态。

道垣内弘人(东京大学):

大家现在讨论的占有权问题,占有权实际上就是占有,那世界各国有的认为是占有权,有的认为是占有,做法不同,为什么不同我们也应该进行探讨。中国关于占有的规定是物权法第245条,中国的占有是事实占有而不是权利,但中国物权法第245条又规定了占有返还请求权,既然占有是事实状态,为什么基于一个事实状态又延伸出一个权利,占有返还请求权,这样一个工具性权利?

近江幸治(早稻田大学):

刚才白老师提出的问题,关于占有权要体现其效果的话有两点,一个是占有的主观意思,一个是占有的事实。事实状态的占有和占有权当然有不同,从法律角度看,要保护实际状态的占有就要赋予一个权利,也就是占有权。占有权的构成要件道垣内老师已经解释了,一个是为自己占有的意思,还有一个是实际上已经占有的状态。但在日本,为自己占有的意思这个要件已经有形无实了,就补充说明这一点。

赵银仁(河海大学):

我想请教白纶老师一个问题,白纶老师论文第 92—93 页中,有一个关于《家庭寄养管理办法》和民法总则中监护制度的一个比较,根据白老师的意见,是寄养办法的规定更加优越,能够更好地保护儿童权益,在脚注里也罗列了关于寄养人的一些条件。但是,我有个疑惑的地方,监护本身是一种权利还是义务是有争论的,那如果监护是一种义务的话,父母应该是第一顺位的监护人,在父母不存在的情况下,让其他人来担任监护人,很多人会认为,这是一个义务,本身不愿意担任监护人,若再设定极为苛刻的诸如寄养条件这样的规定,相当于是设定了一个免除他义务的条件。我本身就不愿意承担这样的义务,现在又设定了这样苛刻的条件,我正好可以不承担义务了。而关于《家庭寄养管理办法》是有一个前提条件,是说我虽然没有监护的义务,但我主观上积极地想成为收养人,那这两者性质是完全不一样的,如果监护参照这样的条件,可能导致很多未成年人变成没有监护人的状态,反而会使国家机关和民政部门不得不承担寄养的义务。那这一点白老师是如何考虑的呢?是否可以两者之间简单地比较然后陈述谁更优越?

白纶(云南大学):

家庭寄养属于国家监护的一种履行方式,具体来说,有寄养意愿的家庭与儿童福利机构签订一个合同,根据合同寄养家庭是可以获得报酬的。一方面,寄养家庭有强烈的抚养儿童的主观意愿,另一方面,寄养家庭可以获得国家经济方面的补偿,因此很多家庭都愿意成为寄养家庭。其次,我想说的问题是,我国民法总则在规定监护人的选任的程序中,国家基本上是不介入的,对于监护人的资格、经济状况、抚养能力没有任何的评估程序,这样就无法保证被监护人的利益的最大化。那我的主要观点是,既然国家在必须担任监护人时其委托一个家庭寄养小孩,这时候有严格的评估程序,一定的评估标准。但反过来,在国家不担任监护人时,对于其他人担任监护人国家却没有任何的评估和评审机制,这个做法是不恰当的。

赵银仁(河海大学):

白老师刚才提到的,从未成年人利益保护最大化的角度,我完全赞同,我也认为在民法总则的相关规定中,没有特别细致化。关键是,我们在选任的前置化程序中就规定这么苛刻的条件是否合适? 关于未成年人利益最大化的保护,很多国家是后置化的保护,比如在后期进行一些相关的监督,对监护人是否有最大限度保护未成年人进行监督保护,如果在前置程序选任的时候就设置这么多苛刻的条件的话,会不会使大量的未成年人需要由国家来监护,我国又是人口大国,国家是否有能力来担任这么大数量的未成年人的监护人?

白纠(云南大学):

赵老师的观点我也比较赞同,比较监护和家庭寄养,毕竟是两个不一样的制度,那么关于寄养家庭的选择标准和一般监护人的选择标准是不一样的,但尽管不一样,还是必须要有一定标准。监护人的选任,根据我国现行立法,主要在近亲属中进行选择,根据通常民间的习惯,在父母死亡或丧失监护能力之后,往往是爷爷奶奶外公外婆来进行监护,当然法律也可以考虑,在选择爷爷奶奶外公外婆进行监护的时候,选任监护人的标准可以大幅度降低,甚至不予限制都可以。但如果是兄、姐或是其他第三人,我认为应当相应提高这个选任标准。我的意思是,这个寄养标准只是一个参照,不可能照搬,重点是要设立一定的标准和程序。另外补充一下,在我看来选任监护人,法律不见得要有像成文法一样严格明确的标准,而是更多地让更了解孩子及家庭的社会工作者、居委会、村委会等介入,这不是一个简单的标准问题,而是应综合考虑的问题,但关键就是要有介入。

道垣内弘人(东京大学):

我想问一下中国学者,先说一下日本,日本确实对监护人有监督,对家庭寄养上也有监督人。但实际上是否能真正进行监督,是有保留的。这些监督人可以提交一些书面的报告,但是他是否能真正进入家庭里进行监督,这就有很大难度。我想问一下在中国,刚才赵老师也提到了后置化的监督,那么中国这种监督已经做到什么程度?

赵银仁(河海大学):

这个后发性的监督确实是我们目前正在推进的,立法上只有一个原则性的规定,即最佳利益原则,但何为最佳利益没有具体标准。有很多研究开始启动,实务中也并非没有任何作为,实务中我们看到的,诸如一些妇女儿童权益保护组织、老年人权益保护组织、民政部门下设的一些权益保护组织,在积极介入、从事监督保护,乃至这些组织作为原告提起诉讼要求变更监护人,这种案例也并不罕见了。但不得不说,目前在后发性的监督方面,中国还属于起步阶段。从英国2005年的《意思能力法》(*Mental Capacity Act*)到日本对于监护制度的改革,中国也吸取了很多养分,只是在推进上还有很多不成熟、不完善的地方。

渠涛:

我想说的第一个问题是,白老师说的问题确实存在而且很大,但民法总则不便设定特别细的东西,这个问题应该用特别法解决,特别法我们有《未成年人保护法》,这个是行政方面的。另外未成年人监护和成年人监护应该并列起来考虑,因为它们有相当类似之处。

接下来的一个问题是,刚才提到的有没有人去积极地接收寄养。

其实监护和寄养区别很大,监护总的来说比寄养的责任、花费精力要小得多,那我们以复杂一点的寄养为例。首先,赵银仁教授说中国人口特别多,但人口再多需要寄养的人也是有一个比例的,不可能有特别多的需要寄养人口;其次,接收寄养的家庭不会是特别优越的家庭,所以对其监督就更为重要。那这个制度应该怎么办呢?这个制度其实在过去中国的社区、社会是不成问题的,因为我们有居委会、街道办事处、派出所片警、小区大妈们组成的"小脚侦缉队",他们对各家情况都很了解。但现在不行,随着高层集中住宅的增多,上述那些组织越来越起不到这样的作用了,这些人越来越难去做这些事,所以这个问题在中国挺难办的,我们现在能想到的就是装监控。现在家里有老人有小孩的已经会自己装监控,但是如果在监护人或寄养人家庭中强行装监控,那这个合适不合适是一个问题,这一点中国可能和日本不太一样,中国利用行政命令或法规可以比较容易做到。

道垣内弘人(东京大学):

过去在日本也有过这样的情况,过去有一种叫民生员,专门负责去调查民生问题,另外当地警察也有义务去调查这些每一个家庭的情况。但现在很多人不同意,不是不主动接受,而是直接拒绝被调查,因为法律上没有义务要求他们去接受这些调查和询问。在美国有一个制度,比如说听到邻居家小孩喊叫哭闹,可以去报警,被报警的家庭就会受到很麻烦的调查。但这个时候会带来一个问题,就是如果有人想故意给邻居找麻烦,就可以这样去报警,引来警方的调查,会给对方家庭添麻烦,那这个制度到底好不好也不太好说。

道垣内弘人(东京大学):

还有五分钟,关于这个话题是否还有其他意见,如果没有了,谁来起个头,将下午讨论的问题先设定起来。

李一娴(云南大学):

我想请教一下各位老师,日本在隐私权和个人信息在民法保护上的立法设计或者司法实践中的争议。这也是我研究的个人基因技术应用中的一个重要问题,也就是个人的基因信息或生物信息在民法人格权保护体系中的权益和性质定位问题。

宇田川　幸则(名古屋大学):

我也提出一个问题,为什么要将基因信息或基因工程这种东西在民法典中规定? 我是比较保守的,从原来的民法学角度来看,有点不合适的感觉。

道垣内弘人(东京大学):

那上午的讨论到此结束,下午我们就讨论李老师提出的这一问题。

民法部会之2(13:00~16:00)

主持人:青木则幸、宇田川　幸则、章程

第一阶段 13:00~14:30

宇田川　幸则(名古屋大学):

现在开始下午的单元,要讨论的问题是基因信息、生物信息在民法中的保护和规定,首先请李一娴老师发言。

李一娴(云南大学):

我提出这个问题其实是我昨天的报告没有讲完的部分,也是我现在特别关注的一部分内容,就是人的生物信息,特别是基因信息能否在民法体系中得到系统和全面的保护。上午我和王冷然老师交流了一下,她也建议我先介绍一下中国的基因信息的状况以及我为什么研究这个问题。

中国出现了一个案子,2010年在广州,有三个大学毕业生参加公务员面试,他们的成绩是排名前三的,而面试后的体检中发现他们携带地中海贫血基因,但他们只是携带者,并未发病,但因此最终他们被拒绝录取了,于是他们三人向法院提起诉讼,这个诉讼的请求权基础是隐私权。这个案子被称为中国基因歧视第一案,这个案子原告以隐私权受到侵犯提起的诉讼最终败诉。但这个案子很多人关注的点是跟劳动法和劳动者权益保护有关,由此也涉及一个问题,在民法体系中,如何确定自然人的基因信息的权益性质,它到底属于隐私权还是民法总则中规定的个人信息的范围,因为二者保护途径是不一样的。我想问一下日本的老师,如果这个案子发生在日本,日本法院会如何判决?第二个问题就是,基因信息是非常小的问题,基因信息的上位概念应该是个人的私密信息,这样的私密信息应该是在隐私权的范围还是个人信息的范围,我想请教在座的各位老师。现在我国的民法典草案三编中将私密信息放入了隐私权中,所以,希望老师就相关问题和内容给以指导。

道垣内弘人(东京大学):

我想知道这个案子中原告方提出的诉求是什么,败诉的理由又是什么。

李一娴(云南大学):

首先,在中国的公务员录用体系中,有一些需要检查的疾病类型,还有一些不需要做检查的疾病类型,地中海贫血这个疾病既不在检查范围内,也不在不检查的范围内,法院认为对这样一个疾病的检查是不违规的。其次,根据相关医学部门的报告,认为携带这种基因的患者属于血液病患者,而在中国公务员的录用标准中患有血液病是不能聘为公务员的。事实上我之后调查了,携带地中海贫血基因的人在很多时候求职都会被拒绝,不仅是公务员体系。这种基因的携带者在特定地区人数比例是很高的,比如,云南、广东,比例可以达到12%左右,并且此种基因的携带为家族遗传,如果父母携带这种基因,子女很可能也携带。这涉及另外一个我所关注的问题,基因信息和普通个人信息或者隐私信息的不同,它和婚姻家庭有密切联系。现在民法在研究个人信息时,会提到个人信息有很重要的私密性,比如,银行账户,但基因信息是生物性的,如果一个人的基因信息被泄露,那整个家族的基因状况都会为人所知。基因信息的另一个特性是有种族性和国家性,一个种群的基因信息会有共同的特性,而美国就提出,整个民族种族的基因信息不能被泄露。就此请教各位老师,基因信息在哪种途径上可以被保护。

李庭鹏(云南大学):

我补充一下对这个案件的了解,这个案子是一个行政诉讼案件而非民事案件,而中国的行政诉讼案件主要审查的对象是行政行为的违法行为,公务员的录用健康标准中将血液病作为不予录用的条件,健康条件不合格,因此,法院审理后认为符合国家规定的标准,不予录用公务员的行为不存在行政违法性,是以这个为理由驳回诉求的理由。

道垣内弘人(东京大学):

这里面存在两个问题,一个是没有明确同意的前提下收集情报,第二个是基于一定的情报做出的不录用决定。我说一个前提性的问题,按照规定:如果有血液病就不能做公务员,在民法上说,对这个规定本身来看,是否构成对公序良俗的违反,如果从行政法角度,就像刚才李老师讲的那样,这是一个行政诉讼,涉及的应该是这个规定本身作为抽象行政行为的违法性。如果这个规定是正确的,按照规定审判,原告败诉没有任何异议。问题是,这个规定是不是国家性的差别性歧视,从而就上升到了规定本身是否合法的问题,想请问中国学者对此有什么讨论的情况。

李庭鹏(云南大学):

在中国,这种规定属于抽象的行政行为,它不属于具体的审判权审查对象,除非在行政立法层面,将有关规定视为不合法,而在立法层面将其改变,否则在审判层面,法官是不能有所作为的。

李一娴(云南大学):

这个案子发生在公务员领域,但如果他不是参加公务员面试,而是参加企业公司的面试,或者说是公司工作期间进行年度体检时查出来有这种基因携带,因此解除劳动合同关系,那它就不是一个行政法上的问题了,而是一个劳动法或是民法的问题。我只是提到一个现实存在的案子,但由此我想到的是,这个案子虽然目前都只是在行政法角度进行探讨,但我觉得这个案子在民法中也存在探讨的可能性,这是我的一个设想。

道垣内弘人(东京大学):

我举一个例子,比如说我想成为专业的棒球选手,成为棒球选手前肯定要做体检,那如果我被查出手脚有疾病而被拒绝,大家都不会觉得有问题。我的意思是,无论如何作为前提性问题,那我们要讨论的应该是这个前提性规范"有血液病不可以当公务员"是不是合理的,在中国社会大家怎么看。

闵炜(北京金杜律师事务所上海分所):

从律师的角度我提一个问题,就是我注意到,这个检查不是必查项目,也不是禁查项目,那么在这种情况下,作为检查机构去获取检查以外的信息,这种行为是否侵犯了个人的隐私。如果是必查项目,那么你参加检查前已经认可了其获取这一部分信息;如果是禁查项目你就放心,但如果是没有列入必查项目的情况下,我认为本人是没有给予一个检查的同意的,因此这样一个未经对方同意就获取对方基因信息的行为,是否侵犯了个人隐私或构成民法上的侵权,这是我想问的一个问题。

道垣内弘人(东京大学):

我并不是反对你的观点,我想说的还是合理性的问题。我举一个例子,比如说在接受检查前,你给我一个检查项目清单,我全部打了钩同意,但有一些是与我从事公务员工作无关的,那之后检查出来发现有几项检查我没有通过,但这几项与我从事公务员的能力是没有关系的，以这个为理由拒绝录用，所以不论我怎么同意，最后导致的被拒绝的后果还是存在的，因此我还是觉得这个前提性规范是否合理的问题是无法回避的。那这个问题在日本是怎么样的呢，如果这个事情发生在日本，大家会觉得是有问题的，这个也存在往侵权行为走的可能，即使是全部列出来并同意，同意的合理性、违法性的层面上也可以去处理。

宇田川　幸则（名古屋大学）：

他同意不同意无所谓，但这个没有合理性，因此原告可以请求侵权损害赔偿，但是原告如果要求被录取公务员，这个可能性比较低。

李一娴（云南大学）：

这个问题中国有一个争议也是血液病不应该列入程序范围之内。感谢各位老师解答，我特别赞同道垣内老师所说，在获取个人基因信息时，必须要考虑前提性规范的合理性。宇田川老师所说，根据合同的类型和内容来设定能否做此项检测，检测合理性的问题。作为补充，我再说一点，比如说现在英美法探讨的，在不同类型的合同签订中基因检测的合理性，比如，一个人要买人寿保险，要签订保险合同，保险公司会要求他出具体检报告，英美法就有学者认为，此时保险公司是否有权要求被保险人出具几大种类的癌症基因检测报告呢？如果某人买了一份针对某种癌症的保险，保险理赔金额特别得高，此时被保险人对这种癌症可能有家族高风险遗传，那么此时他是否应该提供一份基因报告？由此产生了一个关于在保险合同签订中涉及是否能提供基因信息的讨论，这是一个民法问题。还有劳动合同，在劳动合同中，要看前提性规范的合理性，才能够认定能否提供基因检测报告，一般来说，只要不影响工作内容的完成，不应该让当事人提供基因检测报告。但如果当事人从事高风险性行业，如化工行业，有人提出公司就应该每年给员工进行基因检测，看他们是否有患癌可能性的提高。就这两点进行一个补充。

渠涛：

我觉得刚才李老师提到的大病保险和公务员要分开考虑,因为公务员检查什么项目、以什么标准录取不光是一个劳动法上的问题,还有更高一层意义上标准的问题。而大病保险是一个一般的商业合同,合同要有要约承诺,保险公司是这样的条件,投保人不检查不提供报告,保险公司不会提供保险,合同不会成立,所以这是两个问题。其实保险的问题不是很重要,就是双方合意的问题,要讨论的是劳动关系上的问题,或者是更上一层的公务员的问题,我觉得这样分开谈是不是更好。

宇田川 幸则(名古屋大学)：

现在日本有个类似的案子是感染 HIV 但是没有发病的一个人,到医院求职,面试的时候医院问他是否有什么疾病,他回答没有,但医院后来秘密看他的病历发现他感染了 HIV,然后以此为由拒绝了他。这个案件重点有两个问题,一个是医院偷看他病历,那这是侵犯他隐私权或者个人信息的问题;还有一个是感染 HIV 和他在医院的工作是否有密切关系。法庭辩论是医院辩称,此人在工作中有流血的可能性,会导致他人传染,但是此人工作不是医生也不是护士,而是一个办公室的工作人员,一般来说,HIV 的感染和他的工作没有密切关系。目前医院方的这一态度遭到社会猛烈的批评。

刘得宽(东海大学)：

我认为身体检查和隐私权侵害要分开讨论。有一些行业要求身体检查,那要给当事人知道检查什么,要得到同意,这是没问题的,检查不构成隐私权的侵害;而偷看病历是侵害隐私权的,这两个要分开讨论。

宇田川 幸则(名古屋大学)：

上午我发言时候问为什么基因信息要放在民法典中规定,这是我自己的想法,我从两个方面来分析。第一是立法过程,2015 年开始决定起草民法典时,已经决定不把人格权单独成编,但后来官方发表民法典草案的时候人格权又独立成编了,这是我们日本学者觉得比较奇怪的地方;

第二,为什么基因问题要放在民法典里面规定,这样的条文行政法色彩比较强,为什么要将这样行政色彩极重的条文放入民法典中,或是为什么不在侵权法中解决? 对于这个问题中方学者有什么意见,我想了解。

梁慧星:

我想说一下刚才提到的基因检查问题,在民法上,这个问题出在个人与医院之间,这一点在侵权责任法上有规定,要检查、诊疗必须得到书面同意,没有得到书面同意收集患者信息构成侵权行为。侵权责任法制定之时,就把这些内容涵盖在内,包括生物检查、身体检查、治疗,侵权责任法第55条规定,医院有说明、提示的义务,并且要得到书面同意,如果不具备这样条件医院就构成侵权责任。因此,我曾经表示过意见,不赞成民法典中规定如此具体的内容,比如,基因检查,关于哪些可以检查哪些不应该检查,应该在规章、下位法中进行规定。

而关于人格权在民法典中的定位显然是有一个180度大转弯,2016年6月14日,全国人大常委会在向党中央汇报时,是决定不制定人格权法,此次汇报内容在民法总则草案的提交审议说明中有详细记载,党中央的指示中特别提到,民法典分则的制定是在现有的民事法律基础上进行科学整合,且不制定新的法律。因此,民法总则制定时根据这个精神,不单独制定人格权编,民法总则在民事权利中规定了第109条、第110条、第111条来解决人格权的问题。据知,2017年民法总则通过后立法机关也是决定不制定人格权编的,一直到2017年下半年突然改变,在人格权编草案第一次审议时,法制工作委员会的主任提请常委会审议人格权编草案的说明中,特别提到这是制定新的法律。最后,我个人是不赞成民法典规定人格权编。

李庭鹏(云南大学):

关于基因信息属于人格法益是没有争议的,而梁教授说的放在下位法中保护我也是比较认同的。但是关于基因信息的商业性应用,特别是在医学上的应用,即所谓的基因工程或者是基因疗法,这是一个行政法上的问题,必须要有主管机关也就是卫计委的事先许可,就如深圳贺建奎的基因编辑案件,这属于基因工程的范畴,在这个地方违反了中国法律。所以我认为要分两个方面,一方面是个人基因信息的保护,这肯定是一个民法问题;另一方面是基因的商业开发应用,涉及的是医学伦理问题,需要获得许可。我补充这一点。

浅江贵光(日本大使馆二等秘书、法官):

李一娴老师的论文中第 83 页有关于民法典草案第 789 条,宇田川老师认为其行政色彩太强放入民法典中有违和感,各位有没有类似的感受或者其他的看法。

章程(浙江大学):

在座的中国老师都知道,日本的民法,包括德国的民法基本上是裁判规范,但中国的民法不仅有裁判规范的作用,还有行为规范的作用,就是引导人的行为,让人们明白应该怎么做,这是一个基本立场的不同。

赵银仁(河海大学):

关于第 789 条,我有不同的观点,这条规定与我国侵权责任法有关医疗事故损害赔偿的规定是有密切关联性的。中国侵权责任法制定的时间比较晚,是 2009 年,与日本的侵权责任法相比较,中国的侵权法条文数量是比较多的,而且规定了比较多的有关特殊侵权的规定。关于医疗侵权,在中国的侵权责任法中也有明确规定。这一条单纯从条文规定来看,宇田川老师提出的违和感应该是基因工程问题是否应列入民法的违和感,第 789 条不仅仅是关于基因工程,而是一个广泛的关于医疗损害、医疗试验的知情同意,以及未经同意的相关损害赔偿和受试验者的权利义务的相关规定。所以我认为单纯就基因工程而言,这个规定如果在民法典中就显得过于细致,但如果就整个医疗的知情同意来作这一原则性规定的话还是符合中国侵权责任法的基本体系,保留是有意义的。

李一娴(云南大学):

我补充一下,这条规范是新增加的,包括两款。第一款是浅江老师说的,需要相关部门审批、同意的,宇田川老师认为有违和感的内容。第二款就是从事与人体基因、人体胚胎有关的活动要遵守法律、行政法规、国家有关规定,这也是我论文的第二部分。这两款的出现是有时代背景的,2018年11月,中国出现一起严重事件,因为相关规范不系统、不完整。关于基因技术应用的行政规范是国务院、卫计委、药监局应该提供的,但是中国的这方面规范特别零散,不能有效适用,所以在这种行政规范不完整的前提下,中国出现了基因编辑婴儿这样的严重事件。因此在民法典中用了这样一条有时效性的规范,整体上是不符合民法典系统性要求的,所以也体现了我们现在民法典草案目前系统性、完整性、体系性是不够好的,但是时效性符合现实需求的特性体现出来了。

宇田川 幸则(名古屋大学):

休息时间到,我们休息结束后回来继续讨论。

第二阶段 14:45~16:00

夏静宜(扬州大学):

关于我国侵权责任法,它比日本、德国的侵权法内容都要多很多,它有很多分则的内容,比如,医疗侵权、环境污染侵权、机动车肇事侵权都放进去了,这让我想到我国和日本、德国不一样的是,就以侵权责任法来说,我们是先有各种特别法,然后我们做了一个侵权法,而民法典编纂的思路也是类似的,我们先有很多单行法,然后糅合成一个民法典,这和德、日是完全相反的立法过程,带来一个问题,比如,日本侵权责任法先有一个概括的规定,然后是非常少的分则规定,大量的用特别法来规定,我国却完全不同,一开始就拿了很多内容到民法典中、到侵权责任法中,并且我们也有特别法,那么特别法与民法典之间这条线该如何画,对这一点想听听各位中日老师的看法。

梁慧星:

在之前的一次中日民商法研究会上,就有一位日本参会者提出,你们中国的侵权责任法有必要规定如此多的条文吗?这个问题刚提出,近江幸治教授马上就回答:有!近江教授还探讨了为什么的问题,例如,说到了交通事故案件的复杂性等,最后就认为早期的侵权法条文很少,不得以辅之以一些特别法和大量的判例,中国的民法在后,我们规定比较完善的侵权责任法是应该的。

渠涛:

首先,法典的性质就是典,典就是最主要的内容,绝不是泛泛的具体的内容。民法典一旦成立的话,也不可能将这些内容放进了民法典,特别法就要废除,更新的任务是如何把特别法更进一步地完善。那么现在有一个最大的问题就是民法典的扩张与限缩的问题,现在的形势是什么都往民法典里塞,民法学者的想法是,社会万物,包括一个人从生到死都和民法有关系,因此民法很重要。有时候说有些东西是行政法的,但和人也有关系,那就放进民法中来,就比如刚才提到的民法典草案第789条,在日本学者看来应该是由行政法来规定的,包括人格权的问题,这个我之前在民法典扩张限缩的问题中也说了很多,人格权保护不仅仅是民法的问题,民法只能是事后救济而很少有事先预防,虽然有一些如停止侵害的特例,但这些是民法原则之外的特别承认的东西,并不是民法本身应该有的。去年还提到要把保理合同单作一章放进民法典,那保理合同放进去了,与保理合同相类似的还有很多合同,民法和商法虽说要合一,但怎么合,合到什么程度也是一个问题。

刘得宽(东海大学):

民法典是一个法典,德国的民法编制是采取罗马法学说汇纂的编制,把物权、债权、亲属、继承中抽象的、相似的内容抽出来才是总则,个论里面也有总论,总论的总论才是民法总则,所以这里面不可能把人格权、基因这些东西放进去。

宇田川 幸则（名古屋大学）：

休息时候石绵老师提到，如果内容太详细的话，修法的时候会很麻烦，那么有请石绵老师发言。

石绵はる美（东北大学）：

我想讲两点，第一点，我介绍一下日本对基因信息是怎样来保护的。日本有个人信息保护法，在 2016 年对其进行了一次修改，修改的目的就是要保护基因信息，日本的个人信息保护法在日本是作为行政法来看待的，目前就是在个人信息保护法里面对个人基因信息进行保护。第二点，关于民法典制定的看法，我和梁老师、渠老师的看法是一致的，我也认为民法典应该规定一些原则性问题，具体细致的内容用个别法来处理是比较好的。从世界范围来看，现在日本关于医疗方面的法律可能比较落后，因为医疗方面的法律一旦制定出来，在修改的时候是很困难的，所以不如就由行政机关制定一些方针政策、指导大纲，这样反而更有利于实际问题的解决。

宇田川 幸则（名古屋大学）：

下面有请从事实务的加藤老师发一下言。

加藤政也（日本司法书士会连合会）：

作为实务家，这个并不是我们直面的问题。就个人信息问题，我认可它确实是一个行政法保护的范围。从我做实务来看，我是司法书士，业务涉及不动产登记、公司法务等，我们会遇到一个犯罪收入防止法，我们接受委托人委托之前要对委托人做一个调查，律师会花很长时间来做一个全面的调查，而我们做的就比较简单。有一个国际机构，它的目的是防止洗钱和恐怖主义来源的犯罪收入，这个机构会做一些调查，中国已经通过，但是日本有些问题，现在我们日本司法书士会连合会也面临比较大的麻烦，委托人的支付金钱的来源等方面需要达到国际的一个标准，现在日本的水平还达不到他们的要求。这个组织是：反洗钱金融行动特别工作组（Financial Action Task Force on Money Laundering）。我们司法书士也会碰到很多个人信息的问题，一方面对于客户的个人信息我们有守密义务，另一方面我们自己也要在某种程度上给以一定的建议。

渠涛：

换一个话题。昨天听了加藤先生有关登记的报告我很受启发，比如，私法和公法之间到底应该在哪里划界，牵涉到公共利益的时候是否应该把登记作为义务。我现在想问的不是完全的民法问题，也不是完全的民事程序法的问题，主要是有关划界的问题。比如，大型自然灾害时，诸如海啸、地震、核污染，必须离开这个区域，在灾害区域内的某人就是不想走或者危险未解除时他硬要回去，那这怎么办？这个和昨天报告中说的是不是要将登记作为义务是有关联的。因为他不走会牵连到很多问题，比如，日本最近就有在自然灾害时，受灾地区人走了，房屋空着导致财产被盗等问题，相关学者是否有一些看法？

加藤政也（日本司法书士会连合会）：

我只从与我业务有关的角度解释，比如，发生大型灾害时，如台风、暴雨，会发出避难命令，避难命令有等级，总共五级，从原则上来说是不能强制转移的，但等级高的时候实际上的做法也近似于强制。最近出现的台风、暴雨灾害，一般是要转移到地势高的地方去，大地震后的高地转移会比较明显，转移方法就是，地方政府将这些高地上有私有权的土地进行收购，然后转卖给转移过去的老百姓。这个法律规定上没有强制性，但是实际上不转移会产生社会压力。

近江幸治（早稻田大学）：

这个主要是关乎国民安全的问题，恰好我们日本大使馆的官员在这里，那我们听听日本政府、大使馆是怎么考虑的。

浅江贵光（日本大使馆）：

这个问题很大，我可能没有资格回答。

渠涛：

浅江先生本来是法官，现在在使馆做二秘，主要涉及的是日本国民在这边的一些法律问题。我问一个问题，比如说日本国民在中国遇到台风或者大地震，明显在中国已经不安全了，需要尽快回国，那这种回国是自愿还是半强制呢？

浅江贵光（日本大使馆）：

我不太了解这方面的问题，但是如果日本国民在中国遇到大型自然灾害时，日本使馆会马上发给他们电子邮件提醒他们。

渠涛：

我为什么提出这样一个问题呢，主要是刚才的讨论让我想起一件事。2003年中国非典时，我认识的两个日本学者在中国，一位是签证到期必须回去，另一位刚来不久签证还没有到期，那签证未到期这位就想着赶紧回日本，因为中国暴发非典太危险了，但另一位签证期满的表示很遗憾，不想回去，就想在这个时候留在中国看一看非典期间国人的状况，这个人就是宇田川。

陈胜［北京大成（上海）律师事务所律师］：

我想回到之前的一个话题，就是刚提到的FATF，即国际反洗钱特别行动工作组，这个机构是在法国，恰好今年中国人民银行条法司的司长刘向民博士被这个机构选任为主席，可见中国在国际反洗钱领域是比较积极地在跟进，也包括反恐怖融资。那从我的角度，我更想请教各位老师，日本在国际组织中的积极作用，尤其是引领作用在很多方面比中国更前一步，包括国际原子能机构负责人是来自日本，ADB亚洲开发银行是由日本牵头成立的，日本在牵头成立国际组织、就任国际组织职务、发挥引领作用方面值得中国学习和借鉴，中国也倡导成立了亚洲基础设施银行、金砖开发银行（新开发银行），但是在这个领域的探索也是刚刚起步，所以以后能否更多请一些这些领域的专家来分享一些成功经验。

渠涛:

这个提议很好,但我们毕竟是中日民商法研究会,跟陈老师提到反洗钱的刑法内容关系不大。有一个中日刑法论坛,最早由高铭暄老师和西原春夫老师牵头的,明年会在中国举办。

李庭鹏(云南大学):

我接着刚才的话题,日本学者昨天提到的不动产的登记义务,我听了之后觉得很诧异,因为在中国好像不存在这样的问题,在中国一般都是开发商的原因,比如说"五证"不全导致其无法办理大产权证,最终无法办理登记,使得购房人利益受损。我诧异的是,中国人都是争先恐后地要去登记,而日本竟然还得使登记成为一种义务。我也看过一个报道,说日本存在大量放弃房屋的情况,空置着,我就想问加藤先生写的论文是不是基于这一个原因。

加藤政也(日本司法书士会连合会):

刚刚李老师讲的和我报告的不太一样,我报告的是所有人不明情况下的登记义务。在日本,确实空置房屋很多,尤其在乡村,原因就是少子化,但房屋空的时候问题也很多,比如说无人修缮以致房屋倒塌,或是着火之类的,那还是需要去处理。

白纶(云南大学):

我想问一个问题,就是渠老师说到的公法和私法划分的问题。就儿童监护而言,现在各个国家的立法和政策方向都是强调国家责任,我国民法总则也规定,国家在特定情况下要承担监护责任,在我们国家的儿童保护实践中有一个问题是,国家有很多政策来帮助这些困难家庭和困境儿童,但这些政策有很多缺陷和限制,很多需要得到福利救济的家庭和儿童,因为政策的门槛得不到应有的救济。现在我国的婚姻家庭法和学术界的主流观点认为,监护制度未来改革方向是监护制度的公法化,因为这样更强调国家的义务和责任。对于这个提法,我个人是有怀疑的,举个例子,我国民法总则中规定了国家要担任监护人,将来可能规定,国家在未成年人监护中要监督、扶持、协助这些家庭,那这时候国家到底是公法主体还是私法主体呢? 这个问题很重要,是因为我国老百姓如果想提出行政诉讼对抗国家是非常困难的,如果国家这项政策是根据抽象行政行为制定的,是不具有可诉性的,但是如果作为民事案件来处理,民法也确实有这样的规范,如果国家不提供协助、福利,我们是否可以通过民事诉讼的方法起诉国家没有履行民法上的责任,这样律师就可以介入未成年人保护中。

石绵はる美(东北大学):

我谈一下我的两点意见:第一,在日本保护儿童方面,国家多是作为行政主体进行介入的,一些地方政府也是作为行政主体介入的,我也认为是应该作为行政主体的。第二,国家作为监督人的立场进行一些活动也是与行政有关,不是私法上的主体,所以也是公法主体。

道垣内弘人(东京大学):

关于刚才的话题,到底是行政措施的介入还是民事措施的介入,我认为,如果利用监护制度来保护儿童,那国家是站在监督监护人的立场的,如果监督没有做好的话,可以追究国家的民事责任。还有一点,如果把国家作为监护人来看待,那国家和行政机构也不是具体的人,也得委托具体的个人去实际做监护这个事情,那如果被委托的人没有尽责,给孩子造成一定损害,孩子可以追究实际照顾他的人的民事责任,也可以追究国家选任不当的民事责任。也就是说,无论通过行政方法还是民事方法,其实最终的做法没有太大区别,也就是说国家无论作为行政主体去监督,还是作为民事主体去监护,最后结果都是一样的。

道垣内弘人(东京大学):

请问在中国是否存在没有土地所有者的土地? 或土地使用权不明的情况?

梁慧星：

在中国，没有找不到土地使用人的情况，因为在中国，土地归国家、归集体所有，就算没有使用权人也有所有人。土地使用权不明的状态很少见，比如，建设用地使用权是出让登记取得的；农村宅基地使用权是登记对抗，而宅基地不知道使用权人的也没有听说过。一个问题是，如果宅基地要征用、拆迁，是按照人口进行补偿的，所以一旦公报哪里要拆迁，不仅所有权人会出现，户口里面所有的人都会来申报。中国倒是有一个很特殊的，就是坟地使用权人不明，修路、公共建设时遇到坟地，通常地方政府发布公告，某个地方的坟地要在多长时间内自行迁移，政府会给予一定补助，如果在时限内不去迁移，那么政府会直接迁移。

宇田川 幸则（名古屋大学）：

感谢大家的讨论，我们下午的单元结束。

中日民商法研究会第十八届(2019年)大会 2019年9月15日商法、法实务讨论会记录

商法部会之1(9:00~12:00)

主持人:平野温郎、久保田隆、刘惠明

第一阶段 9:00~10:30

平野温郎(东京大学):

按照昨天报告的顺序,各位老师可以补充有关报告中的内容,然后听听大家的意见,下面有请李老师先发言。

李立新(上海大学):

我的论文在论文集第295页,题目是《论商事主体退出立法之改革基础——以僵尸企业的清退为视角》。在补充报告之前,我先对僵尸企业的概念做一个介绍,僵尸企业是一个负债企业,但由于我们国家一些"去产能,降消耗"的经济转型需要,政府对这些停止经营企业仍然给予贷款以勉强维持它的生存,这对经济资源是一种浪费,并不能产生很大的效益。僵尸企业的存在对于提高资源配置效率,促进经济结构转型是一大障碍,所以国务院多次提出要加快僵尸企业的重组、整合或者让僵尸企业退出市场。基于上述背景,今年中旬,国家发改委、最高人民法院等多部门联合下发《关于印发〈加快完善市场主体退出制度改革方案〉的通知》。以这个通知为背景,我这篇论文想要讨论,商事主体退出市场的话,法律规制方面应从哪些地方改革?

我们国家在市场经济发展的过程中,关于商事主体的立法历来重视如何进入市场,对于退出市场的立法缺乏系统性的、清晰的法律规

范。在发展从"重速度"向"重效率"转型的过程中,商事主体的退出立法就显得非常重要。从目前的我国僵尸企业清退实践所反映的问题来看,主要有:法律适用难、认定标准混乱、清退义务主体不明确、责任难以落实等具体方面。由于我们现在是民商合一的立法体系,所以商事主体退出改革的立法基础,我个人认为应该先明确商事主体不同于民事主体,树立商事主体的独特性,确立商事主体义务加重的原则。必须要明确商事主体退出是它的基本义务,当它成为一个僵尸企业,应该明确谁来负责最后的清退工作,清退义务人是谁必须要充分明确。对于义务违反者,必须要追究其相应的法律责任。基于商法的一定程度的公法化特质,应该考虑公权力介入的空间,强制清退该退而不退的僵尸型的商事主体。

论文当中具体是以公司法中的有限责任公司和股份公司两种不同类型的公司,究竟是由股东、董事还是控股股东来具体负责"退出"这项工作,进行一个法理上的探讨。学界对于这个问题上,尤其是对有限责任公司的清退争议很大。典型的比如说,近期清华大学梁上上教授写了一篇论文,影响力很大,以此为基础也进行了一些探讨。我个人认为在商事主体的退出上一定要进行公司类型的分类,退出的方式要区分是自行退出还是强制退出,对公司划分与其说是进行传统的有限责任公司和股份公司的划分不如作封闭公司和公开公司的划分,使得退出义务主体能够与公司类型更加契合。

最后对于商事主体的市场退出,其退出临界点也就是商事主体市场退出原因是尤其重要的。我个人认为应当从其行为能力认定方面来界定。事实上对于僵尸企业的清退,它作为企业设立的盈利目的、开展经营活动的能力等基本已丧失,所以从商事主体退出原因的行为能力方面来讲,事实上应当从市场上退出。最后想强调的是,商事主体的退出应该完善强制退出制度,这一点我国是不完善的,所以借此机会也想听听各位日本专家的意见,我个人了解,日本相关立法中,对于强制退出的制度规定比较完善,也值得我们借鉴。

王万旭(长春理工大学):
李老师所提到的僵尸企业退出机制,我理解的是企业退出本身是企业自身的行为,但对于僵尸企业的退出,国务院、最高人民法院规定了一些政策,那这是政策性的问题,不是法律问题。那么在这里我有一个法律问题想请教,关于李老师的论文第 266 页提到退出义务主体不明,对于有限责任公司来说,退出的义务主体应该是清算人,有限责任公司的清算人法律有明确规定,司法解释提到,有限责任公司的清算人是股东,《民法总则》第 70 条追加规定是它的董事,股份有限公司司法解释规定清算人是它的董事,法律规定比较明确,为何李老师论文中提到义务主体不明?

李立新(上海大学):

我对刚才王老师的提问做一个回应,关于公司退出义务主体,在公司法有相应的规定,新颁布的《民法总则》第 70 条也有规定。但是《公司法》中规定的是清算人,《民法总则》第一次提出了"清算义务人"的概念。事实上,从法律上严谨来说,清算人和清算义务人是不一样的。清算人可以理解为是具体的负责清算工作的人,而清算义务人是有义务启动清算程序的人。关于公司清算在《民法总则》颁布之前就有很多争议,《民法总则》第 70 条事实上就在回应之前的争议,从而提出了"清算义务人"这样的概念。但第 70 条的规定对于争论的回应并没有使得争议停止,反而引发了对于适用《民法总则》还是《公司法》的进一步争议。其中代表性的争议是在论文集第 267 页注释中,清华大学梁上上教授写的《有限公司股东清算义务人地位质疑》这篇文章,对于有限公司,股东到底应不应该成为清算义务人。作为中小股东,而非控股股东,实际上对公司并不了解,如果其也作为清算义务人,不履行就要承担法律责任的话,可能对中小股东来讲责任过重,他们不应该是有限责任公司的清算义务人。从公司治理的角度,负有清算义务的人,应当是对公司的整个运营等方面相对有控制权的,比如,控股股东、董事,来担任清算义务人可能比较合适。我个人从这个角度来说,不应该划分股份有限公司还是有限责任公司,而应该从公司的封闭性和公开性的角度,对公司重新分类,然后来确定公司的清算义务人。

得津晶(东北大学):

我对日本的相关情况做一个介绍,在日本这类的僵尸企业也存在很大的问题,日本在考虑的时候一般是两种情况,一个是休眠企业,还有一个就是这里讨论的僵尸企业。首先是关于日本休眠公司的情况,这一点昨天日本司法书士西山先生在报告中介绍过了,也就是论文集的191页,这实际是公司法的一个植入,在日本公司法第472条,如果公司在税后登记之日起12年没有提出一个关于公司没有废止的备案申请,可以视为解散。这里休眠企业规定的是12年,也就是在长时间之内公司没有进行任何的经营活动,才称为休眠企业。与此相对,日本的僵尸企业是另一种类型,与休眠企业不一样。日本的僵尸企业是指企业虽然开展事业,但是一直不盈利,处于一直在亏本的状态,甚至濒临破产,其时间虽然没有达到12年,但主要是从经济方面考虑,将其称为僵尸企业,从经济效率来讲不太有利,所以成为一种社会问题。

关于日本的僵尸企业,和王老师说的一样,这到底是法律问题还是政策上的问题,如果是政策问题,那是否要通过法律方式介入,对此有两种观点。一种观点是法律应介入,也就是让僵尸企业早点进行清算,早点退出,有的学者主张,例如,在德国法上,公司董事有进行清算的义务。德国法上董事的这种破产申请的义务,不是强制性的义务,而是让董事向股东会提出申请,股东会批准,才进入这种破产程序。但德国法上董事的这种义务,在日本法上是没有的。日本法虽然没有这样具体的破产申请的义务,但有一个一般的抽象的义务,比如,日本董事的注意义务和忠实义务。因此,有的学者从解释论、理论上主张,因为公司在进入破产的程序,基于其注意义务和忠实义务也应当有让公司来申请破产的义务,这只是一个理论上的主张,目前没有有力的学者对这个进行强烈主张,只是相对少数派的意见。总的来说,日本的僵尸企业已经成为一个社会问题,尤其是在理论界的探讨上,但还没有明确的意见和主张,只有一些理论上的学说,但均不是主流。日本关于休眠企业是有比较明确的规定,这点昨天报告的西山先生比较熟悉。

西山义裕（日本司法书士会连合会）：

下面我对这点问题做一个简单的介绍，关于日本的董事监事等管理层的任期是有明确规定的，一般是 2 年，但对于这种封闭公司可以延长到 10 年。在日本的公司登记上，有董事发生变更要进行登记，如果一个公司连续 12 年没有任何变更登记，包括这种人事变动的登记，会被认为没有开展相应的经营活动。如果一个公司连续 12 年都没有变更登记的记录，日本的登记机构会向该公司发出通知，要求其说明情况，要么进行登记，要么进行相应的备案。如果公司收到通知后，没有任何回应，那可能会进入"视为解散"的登记程序。尽管一个公司连续 12 年没有任何变更登记，且在收到上述通知后没有任何回应，被"视为解散"登记了，但也不排除公司确实还在营业的可能性，因此在"视为解散"登记后，也给了公司可以恢复继续营业登记的可能性，这是日本公司法第 473 条的规定。日本公司签合同时需要公司法定代表人盖章，盖章的话是需要申请证明的，如果拿不到证明，是无法进行签字盖章的，公司也就无法进行正常经营活动。我再补充一下，日本公司法第 473 条规定，在"视为解散"登记的 3 年以内，如果公司召开股东大会的特别决议，继续让公司存续经营也是可以提出恢复申请的。

平野温郎（东京大学）：

接下来轮到西山先生讲话，西山先生昨天做了报告，如果就报告内容有补充的话，可以特别说明一下。

西山义裕（日本司法书士会连合会）：

我昨天报告是有关商事登记制度的真实性的确保，在论文集的第 185 页。法律上的商业登记制度，在我看来更多的是为了服务于中小企业，像微软、丰田这样的大型企业，即使没有登记簿，或登记簿已经丢失，大家在与这些大企业进行交易的时候也会比较信任它们。但是一般的中小企业大多数人不知道，不知道它们背后的资产情况和人事情况怎么样，所以这样的商事登记制度，将它们的基本情况登记清楚，有利于促进交易。

日本商业登记,尤其是公司设立登记采取的是书面审查主义。具体的审查内容为,公司是否提交符合公司法的公司章程、股东会会议记录等,公司的法人代表是否有印章以及印章是否有登记证明,根据以上内容的审查情况来确定公司能否设立。审查这些事项的主要目的是审查公司设立是否用作违法或犯罪的目的。比如说,刚才提到的公司连续好多年没有进行经营活动,将公司的法定代表人进行简单的变更登记,有可能会将公司利用到违法、犯罪的目的上。为了防止把公司法人人格用作违法犯罪的目的,日本商业登记机构之前每隔5年或者10年会向此类公司发出通知,现在随着网络化带来的便利,每年的10月份左右都会向此类公司发出通知,如果在12月还没收到相应的回复,那么登记机构将会启动"视为解散"的登记程序。

昨天由于时间关系,没有做详细说明,在我论文中关于商业登记残留的两个问题需要补充。

第一个问题是关于公司主营业地或者说公司的注册地登记是不是真实的,相比较而言,公司的法定代表人、董事的登记,如果采取虚构的人进行登记,在审查的时候已经有比较好的方式进行应对。但对于公司主营业地是否真实存在,在现实生活中还存在着很多问题,比如说,利用一个虚构的地址作为公司主营业地进行登记,这点在审查的时候不一定能审查出来。登记的地址是虚构的,公司实际的主营业地是另一个场所,这个公司很可能被用作违法犯罪的目的。在日本会经常出现,某公司登记了主营业地,但实际上在那个地方是没有这个公司的。

第二个问题是关于公司在设立之后,实际控制人没有列入登记内容中。在日本最近的一个立法修订中,为了反对黑社会势力的目的要求,公司在进行原始章程认证的时候,这个认证是由日本专门的公证处进行认证,在认证内容中要将"公司的实际控制人不属于黑社会势力"这一点进行申报和认证,这是法律上的要求。但这种认证实际上主要发生于公司设立登记阶段,但大家都知道,公司的股份在设立之后是可以不断进行转让的,可能公司在设立之后股份就转让到黑社会势力的相关人员当中。有的公司的股份被转让到哪里,公司自己也无法把握。我听说,中国公司登记制度上对实际控制人有相应登记,并且让登记机构能够了解到实际控制人变动的制度,我很有兴趣想问问中国的老师和实务专家。

蒋文军[北京大成(昆明)律师事务所]:

关于西山先生刚才提出的问题,就我所知道的情况回答一下。在目前我国的公司登记中,没有要求登记公司实际控制人,因为对于公司实际控制人的认定在实践中是十分复杂的,可能仅通过公司登记的控股关系并不能反映出实际控制人,所以现在在实务中没有做这样的要求,也很难做这样的要求。

西山先生是日本商事登记方面的专家,我也有几个问题想请教一下先生。第一个问题,根据中国的公司法,有限责任公司的股权变动是以工商登记为对抗要件,也就是说商事登记并不是股权变动的生效要件,它只是一个对抗要件。但是我国公司法没有明确回答,有限责任公司股权变动是什么时间发生。这在实践中和理论上都产生了很多分歧,也就是说股权变动到底什么时候发生的并不明确。我国最高人民法院颁布的有关公司法的五部司法解释都没有回答这个问题。关于股权变动在理论界有很多观点:有一种观点认为股权转让和受让双方签订协议后,按照协议的约定发生变动;另一种观点认为当股权变动记载于公司股东名册时发生变动。对此现行中国法律并无明确规定,想了解日本在法律、理论界、实务上如何看待有限责任公司股权变动的。

西山义裕(日本司法书士会连合会):

日本法上目前没有股权转让登记的规定,日本公司的情况要分两种:一种是发行了股票的公司,一种是没有发行股票的公司。已发行股票的公司,股权变动生效的时间是双方当事人达成合意,并且交付股票,变动自交付时起生效。没有发行股票的公司,有两个时间点,其中一个是双方当事人达成合意之时,这个转让在双方当事人之间产生效力,如果要对抗第三人需要将股权转让的情况记载在公司股东名册上,从记载之时起才可以对抗当事人以外的第三人,包括公司。

关于日本公司是否发行股票这一点,在2005年日本商法进行修订之前,原则上要求都要发行股票,而 2005 年日本商法进行修订之后,原则是不要求发行股票,而很多公司实际上是在 2005 年之前就已经发行了股票,其在之后进行公司股权转让时,是否进行相应的股东名册登记,相关的情况公司自己也把握不了,因此在日本社会上也产生了很多的问题。

金赛波(北京金诚同达律师事务所):

我补充一点,依我了解的一些实际案例来看,大量的洗钱案中,洗钱集团会利用成千上万的公司进行洗钱。发生在前年一个浙江金华的案子,这只是一个小案子,是一个七个人的集团进行洗钱,控制了五六百个公司,洗钱金额达到上百亿元,这些公司之间有大量的虚构的资金往来,这也反映了我国实际上有大量的公司掩盖了违法犯罪活动。再补充另外一个案子,是我参与的一个青岛港的案子,陈某鸿信用证诈骗案,刑事判决书已经下来了,刑事判决书中描述,这个诈骗集团核心成员有二十多人,海内外建立的公司差不多有三百个,涉及中国(包括中国香港)、新加坡、澳大利亚、英国、美国的公司,最后官方数字是,当地银行、境外银行、公司共损失一百六十亿元人民币。联系到西山先生刚才讲到的最后一点,我们平时在强调实际控制人远远不够,实际所有者也没有办法,最后用到的是反洗钱上的一个概念,国际反洗钱组织FATF 发布的指引中强调的一个概念叫"实际受益人",这个概念强调的是"穿透",即最后公司实质的受益人是谁,所以"控制人""所有人"都不是要害,要害的是"实际受益人"。

陈胜[北京大成(上海)律师事务所]:

我回应一下刚才西山先生关于中国立法是否对实际控制人变动进行登记的问题,正如蒋律师所言,中国公司法并没有规定。但是特别立法当中,如银行业、保险业、证券业的监管法中,采用了实际控制人变动登记的立法。中国保险业监督管理委员会在去年就制定了《商业银行股权转让登记管理暂行办法》,在该办法中要求商业银行的实际控制人、一致行动人、关联方以及最终受益人必须向监管机构披露身份,若不予披露,监管机关发现后,可以强令他们转让股权,限制股东的分配权、表决权。这是中国在金融监管上的最新动态,关于此我曾经写过两篇论文,如果诸位有兴趣,之后可以分享。

平野温郎(东京大学):

关于这一点,我也有一些补充。中国的外商投资领域其实早在2015年外商投资法修订的时候,就有人提出要求外商投资企业登记实际控制人是谁,但可能由于当时的反对意见较多,最终通过的法律里面没有规定。但是对于外商投资企业中国法上有很多关于信息披露、信息公开的要求,对此想请教一下中国专家。

周彧[云南大学、北京大成(昆明)律师事务所]:

就刚才几位专家的意见,我也想补充一点。平野先生提到的外商投资领域,确实也对实际控制人提出了一些讨论,包括加入要申报实际控制人。但是法律上没有纳入,因为在实际操作中存在很多困难和障碍。我想说的是在实际操作中有一些软件,比如"企查查"等的类似软件,它们会把公司有关的登记信息反映在系统里,会通过控股权形成一个网络图,从而反映出公司的实际控制人可能是谁。但是这个软件仅局限于中国公司,它是形成一个图谱,可以看到某一个人名下有很多个公司,他在这里参股、控股或疑似控制人的关系。这对一般的人可以提供一个参考,但是像刚才金律师提到的洗钱问题,涉及几百家公司,同时银行在提供贷款的时候也发现,借款人在不断设立公司、不断变更股东,法定代表人原来是同一个人,之后又全部换掉。这是对已有借贷关系的监管中发现的问题,才出台了刚才陈律师提到的银行业、证券业的规定。除了申报以外,现在银行也只能通过让他们认为的实际控制人作为保证人,起到一定的约束作用。

久保田隆(早稻田大学):

我简单做一点评论,刚才大家讨论得很精彩,尤其是金律师和陈律师提到中国公司法关于这一点规定不是很多,但就反洗钱角度,国际上存在很多公约条约规定,制度构建已经非常完备,据我了解中国已经要进行相应的规制,日本也是已经开始,要跟上世界的潮流。虽然中日公司法在细节上存在差别,但在大致方向上还是一致的。

田泽元章(明治学院大学):

虽然西山先生把"实际控制人"变更登记的问题放在商事登记这里进行讨论,但实际上这个问题在日本是放在反洗钱、犯罪收益防治法来讨论,公司法是私法,反洗钱法是公法,所以可能稍微不太一样。

第二阶段 10:45~12:00

刘惠明(河海大学):

就刚才李老师的报告我还有一些问题想请教,您论文第261页关于僵尸企业的类型做了分类,第一类是吊销营业执照长期不进行经营活动的,您括号里用了"无权利"一词,这里有一些疑问,被吊销营业执照的公司,当然没有权利能力。另外您提到,您认为僵尸企业和休眠企业是有差异的概念,我认为僵尸企业就是休眠企业,想听一下您的看法。

李立新(上海大学):

第261页对于僵尸企业的分类,我同意刘老师的观点,我们对僵尸企业的认识存在差异性,广义上的僵尸企业把日语中的休眠企业也含括在内,这一类是被工商行政部门吊销了营业执照没有主体资格的企业,所以我将它视为没有权利能力的一类。这一类问题比较好解决,所以我讨论的重点是另一类企业。

刘惠明(河海大学):

刚才李老师提到用"权利能力"一词我认为不准确,吊销营业执照是营业资格取消,所以用"权利能力"一词不准确。

李立新(上海大学):

此处无"权利能力"加了双引号,想强调当其商事经营主体资格失去之后,那么它的经营权,也就是从事经营活动的权利能力丧失,但它作为诉讼主体的能力是不受影响的。

刘惠明(河海大学):

针对李老师报告中的一个问题我想做一点补充,您提到公司法司法解释二的第18条,关于清算义务和清算责任的问题。实际上,如何区分、证明清算义务人,义务和责任总是联系在一起的,怎么追究责任是值得探讨的。从我的办案经验来看,法院早已注意到这个问题,不是说只要是有限责任公司的股东就要承担清算责任,需要证明到底有没有履行清算义务。这一观点在《哈尔滨全国法院民商事审判工作会议纪要》第15条、第16条已经明确。

关于我的报告,写这篇文章的原因是在实务当中遇到很多类似的事情,在处理这些问题的时候,我一直有一个疑问。股权的让与担保是清算型的,但是债权人在出借款项时,不仅要求将股权让与以作担保,还有其他担保方式,比如说房地产公司会将已开发的房产作抵押,当公司还不起钱的时候,公司股权是没有价值的,甚至公司都快破产了。所以,公司股权以及抵押的财产都给了债权人,即使在股权让与担保的合同中规定了清算力,但是实际上股权不值钱,这种情况下,禁止流质的条款是不起作用的。我一直觉得这是一个问题,但是不知道该怎么解决,需请教各位。

久保田隆(早稻田大学):

关于刘老师的问题稍后请各位老师详细解答,现在先请平野老师和姜老师发言。

平野温郎(东京大学):

想问各位是否有熟悉中国香港法或中国台湾法的专家,台湾或香港法律中,当公司负债的时候,董事要有清算义务,我印象中是这样,不知是否有熟悉的同人解答。

陈胜[北京大成(上海)律师事务所]:

抱歉我既不懂中国香港地区的法律,也不懂中国台湾地区的法律。但碰巧我最近在香港大学做访问学者,我可以把这个问题带到香港,请教一下那边法学院的教授。

姜一春(烟台大学):

我没有勇气回答刘老师和李老师刚才的问题,我就谈一下刚才提到的实际支配人或者我国称实际控制人。刚才有提到通过登记进行约束,我认为可能比较困难。就我所知道的,实际支配人都是一些从法律禁止的机关退职、退休、转任的人员,到了企业后作为投资人或股东,他们实际上是有控制能力的。比如,商务部很多退职人员,进入大企业,他们是具有控制力的,还有一些工商机关也存在这类人。就这个问题,我想请教一下西山先生。中国叫"隐名股东"或"冒名股东",他们隐名、冒名的原因主要是逃避法律,可能涉及一些税收的问题,或者海外资产、移民等不愿公开的信息,有一些实际控制人存在这样的现象。隐名股东涉及一个问题,实际出资人的股东资格如果和名义股东发生纠纷,实际出资人的股东资格如何确认。

最高人民法院关于公司法的司法解释三是有明确规定的,实际出资人(实际支配人)如果和名义股东提前签订合同,约定实际出资人是有实际股东权益的,法院通常都会认定实际出资人的股东资格,但是如果有违法的情形,比如,逃税、隐蔽海外资产、洗钱等可能就不会承认他们的资格。另外实际出资人和名义股东的投资权益归属有争议的情况,双方没有约定,那么实际出资人要经过公司股东半数以上同意,如果没有上述同意,也没有在股东名册上有记载,公司完全不知情的情况下,法院可能会否定实际出资人的股东资格。冒名董事和隐名董事也有类似情况,处理时因为不涉及股份,比较简单,也有具体的法律对策,在此就不多说了。另外名义上的股东代表公司签署的合同效力和债权人的关系如何处理,也是争论的问题。一般情况如果合同当事人确实不知情,公司需要履行合同、承担债务。比如说名义股东以公司名义向银行借款,银行确实不知情,那么公司需要承担债务,承担之后可以向这个名义股东追偿。想请教西山老师,日本对于隐名股东是如何规定的?

西山义裕(日本司法书士会连合会):

在日本法上对于法定代表人在就任之前被要求进行就任登记,就任登记时要求提供自己的印章证明书,提供印章证明书的话就不会存在这样的事情,对于一般董事也有通过提供驾照的方式来证明其真实身份。

刘奔(TMI律师事务所):

在日本,股东登记的时候需要附一份文书,这个文书必须盖代表人的私人印章,这个私印要去日本的政府机关登记。登记时要提交自己的身份证明,所以不会有一个完全不存在的第三人在公司中代表股东。在具体交易时,一般股东不会在交易层面上代表公司进行交易,股东也不会有这样的代表权,在与第三方交易的时候,通常在合同中也不会看代表的身份证明,只会看合同中有没有公司公章。有公章的话,就会认为,合同内容是公司的真实意思表示。如果之后发生纠纷,到法院,通常来说,只要合同中盖有公司公章,合同效力原则上不会被否定。

姜一春(烟台大学):

西山先生论文中提到商业保证人为了保证其登记的真实性,应当提供担保。担保在我国社会团体、事业单位是不能做保证人的,那这个保证人是一般保证还是连带保证? 如果保证人在保证期间丧失保证能力,那么应当如何处理?

西山义裕(日本司法书士会连合会):

对刚才那个问题可能有一些误解,资料第188页的意思是,在公司法定代表人确认证明书中提到的这个问题,一般情况下公司法定代表人就任时需要登记证明,对于不是法定代表人的一般董事来说,法律没有要求必须登记,这时就产生了有人会以一般董事的名义进行登记,可能会滥用。

平野温郎(东京大学):

我们来进行下一个议题,刚才刘老师关于股份转让的论文,大家是否还有问题?如果没有问题,我们就有请田泽老师对他的论文做一些介绍。

田泽元章(明治学院大学):

从日本法的观点向刘老师提一个问题,关于股份转让,在股权让与担保的情况下表决权、共益权如何进行处理?在日本下级法院的判例中,担保权人可以是行使股权转让中的表决权,因为,在此类案件中很多都是中小企业,如果不让其行使表决权的话,其本身的担保意义就会相应降低,这种情况,我想问一下中国的情况。

刘惠明(河海大学):

据我所知中国和日本是差不多的,债权人有没有表决权等权利,主要看合同约定,从法院判决来看,在约定不明的情况下,即使认定是股权让与担保,法院也不认为他有表决权。但是在实践当中,比如我们在帮忙起草让与担保合同的时候,会约定对重要的事情的表决,他可以参与、可以表决。

平野温郎(东京大学):

关于刚才刘惠明老师的提问,我做一个回答,关于债权人向企业借款,要有担保,那么他就担心有没有担保价值这个问题。这只是我的实务经验,不知道一般日本企业是不是这样,一般交易中对方的股权让与担保在公司内部看来是不具有担保价值的。所以,从这个观点来说,一般的企业向对方融资的时候,一般不是以股份,而是以不动产这类有价值的东西设定担保、抵押权。因此一般在股权转让合同中会明确约定对方的分红、表决权可以行使,这种情况下对交易相对方来说会具有很大的压力。如果不能偿还债务的话,这个公司就会全部被收回,如果有这个约定的话,债权人就可以控制对方的企业,让它很听话。

下面由田泽老师进行评议。

田泽元章(明治学院大学):

对于我的论文没有太多问题了,在这里我有一点感想和一个疑问。

关于我提到的公司法修改的公司补偿制度并不是说日本经济界有这样的需求和要求,而是很多在美国活跃的企业,它们的企业法务部组成的经济法律研究会主张这样的要求。

另外我想向中国学者请教两个问题,第一个问题是董事被第三人起诉,那么由此产生的费用,如律师费和诉讼费,是由公司负担还是由他个人负担? 在日本这些费用很多情况下都是由公司负担的。第二个问题就是比如说有调查人员来到公司调查收受贿赂的情况,这样产生的费用是如何负担?

刘惠明(河海大学):

根据我个人经验,需要看董事在公司的地位,如果是在职的,比如董事长,那实际就是公司负担。如果已经离职,跟公司没有关系了,只能自己承担。还有一种情况,此人在公司被边缘化,我曾经遇到一个案例,某人是公司财务总监,但是逃税,被追究责任、被罚款,公司对此不负责,他只能自己承担。

田泽元章(明治学院大学):

在我的论文中,关于公司补偿制度与 D&O 保险制度做一个比较,在日本 D&O 保险制度在 90% 的上市公司都使用,一般情况下公司全部董事责任保险的上限是 10 亿日元,但据我了解基本上是没有使用的,所以这个保险对于保险公司来说是很盈利的。

周彧[云南大学、北京大成(昆明)律师事务所]:

我回应一下刚才的几个问题。第一个是关于董事被第三人起诉的费用负担问题。我赞同刘老师提到的实务当中的处理方式,但在中国董事一般不会被直接追究责任,因为中国是法定代表人来代表公司,所以在起诉公司的时候,往往会将法定代表人作为被告方起诉,法定代表人可能是董事长。当他以法定代表人的身份被起诉,据我了解,是由公司承担费用。但要看这个法定代表人是否存在过错,是否有损害公司利益。另外有一种情况,会有股东起诉董事,一般是公司内部来追究董事的失职责任,这种情况下,需要具体讨论,取决于董事是否有滥用职权。法律上没有对此作出明确界定。

第二个是关于刚才提到的董事责任保险,我国现在也在尝试引入这样新的险种,我们在跟保险公司商谈的时候也会考虑是否有必要对高管进行相应的保险保障。但现在上述情况还比较少,我们在为外商投资企业服务的时候才会涉及这个问题。这个问题也在逐步地进入我们的视野。

最后我回应一下刘教授刚才的问题,关于股权让与担保,我赞同平野先生提到的观点,我们在实际操作中一般是把股权做质押或让与担保,都是作为补充担保的方式。一般说来,如果债权人需要对股权进行让与担保,那么就会对不动产或者有关资产进行评估,在此情况下如果有关资产已经设置了抵押,那么在评估中通常会将这部分资产的价值扣除。但会考虑到如果只是单纯的不动产抵押担保或者其他资产的担保,不足以保障债权人权益,所以有时候会用股权设置质押或让与担保。让与担保中,一般在协议中进行约定的时候,要看债权人是什么性质的,如果是金融机构,它们对于行使表决权还是比较看重的,一般会在协议中约定享有控制权。但是另外一个方面,银行作为金融机构来处理公司商事业务对它们来说也是很大的问题,所以金融机构一般不接受股权让与担保,而只接受质押。

商法部会之 2(13:00~16:00)

主持人:田泽元章、董惠江、段磊

第一阶段 13:00~14:30

得津晶(东北大学):

关于昨天的主题,我有三点问题,想请大家一起探讨。

第一,中国非上市公司在进行股份回购的时候没有程序性限制,比如,上市公司回购要以公开的方式,在公开市场收购或通过要约收购的方式进行,非上市公司没有相应的程序限制。关于分配回购金额的来源,以前公司法规定必须在可分配利润范围内进行,但是本次修法也删去了。将两个问题放在一起思考,不知道中方老师是否觉得存在问题?

第二,是我个人的见解,不知道是否正确,希望得到中方老师的指导。关于公司处分库存股的时候,中国公司法貌似没有相应规定。如果中国法有相应规定,可以告诉我,如果没有相关法律规定,各位觉得是否应该有这样的规定?

最后一个问题是关于库存股的性质,中国公司法对于库存股的性质是符合规定的,一般不会认为库存股有表决权,但其他经济上的权利是否拥有? 不知道中国公司法是如何规定的?

周彧[云南大学、北京大成(昆明)律师事务所]:

据我了解到的关于股权回购的程序没有特殊限制,一般进行回购,需要对于回购的条件通过协议的方式进行事先约定,在条件满足的情况下,再进行回购。对于公司,我国原来实行的是法定资本制,对库存股这一块并无特别规制。一般将公司库存股权作为所有者权益计入会计账目,相当于用公司资产回购股权,这里作为公司资产现金流减少,所有者权益相应增加。但是对于具体处理,我们实务中还没有遇到,就此分享。

姜一春(烟台大学):

非上市公司股东要求回购股份在我国公司法是有规定的,只是比较简单,我国公司法第74条规定:公司连续5年盈利但是没有对股东进行分红,股东有权要求公司回购其股份。对于回购股份用什么样的方式,价格如何决定,一般是采用"先文后估"。先协定协商,协商不成请有资质的机构评估,对于评估结果不服还可以起诉到法院。关于回购股份用什么回购。现金、知识产权、人力资本都可以。

得津晶(东北大学):

姜老师介绍的中国《公司法》第74条规定的股东回购股份请求权与《公司法》第142条规定的公司主动发起的回购是两个不同的制度。

姜一春(烟台大学):

公司主动回购主要是资本金增加和减少的问题,股票市场价格高,资金流通慢,公司要将股价降低,资本形式上的减少,公司就要回购股份,这是法律允许的。刚才提到的用什么回购,可以是现金、资产,人力资本可否回购?不知道日本有没有相关的规定。

刘惠明(河海大学):

补充一点,实际上到目前为止,我国公司法对有限责任公司的股权回购原则上是禁止的,除了《公司法》第74条的例外规定。

王万旭(长春理工大学):

关于得津老师的文章我说两点。

第一点简单地做一下评论,我国在2018年公司法修正案中确实对股权回购进行了一些规定,但这些规定只是表面上的规定,关于重要的问题,比如,股权回购后如何处理,并无规定。同时还涉及公司减资、公司决议、盈余分配规则、信息披露等一系列的规则,相信我国之后会逐步完善。

另外提一个问题,在日本法上,股权回购后的处分将其作为公司利润分配的手段进行处分,而在我们国家我读到的论文中,却没有看到类似的思路和想法,想请问一下得津老师,为什么日本要将股份回购作为利润分配的手段?

第二点是关于库存股,据我了解我国不存在这个制度,但是公司回购自己的股份之后,相当一段时间(最长 3 年)需要保存在公司,这实际上可以看作是库存股。而对于库存股的定性,属不属于公司财产、附不附表决权,现在我国还没有这方面的讨论。

得津晶(东北大学):

首先对于姜老师的提问做一个回答,日本法上公司回购股份的资金来源,使用的是对价方法,"金钱等"这个"等"包括除金钱外的其他财产。我刚才查了一下人力资本是否可以作为对价,目前还没有找到,之后会接着查找,看看是否有相关例子。

其次对周老师做一个回应,日本法上并没有将回购来的库存股在法律性质上作为财产,这是日本当年放松对取得库存股规制的一个前提条件,这是因为虽然公司的现金、金钱会减少,但回购的股份作为所有者权益是公司资产,这一点并不会危及债权人利益,也不会对公司资本造成很大损害,但当时日本修法的时候不是这样认为的,而觉得这一点是不能放松的,如果要进行公司股权回购的话必须严格按照分配可能的金额限制来进行回购。

王老师提到关于日本法上为什么将回购库存股作为分红的方式,日本为什么放松对取得库存股的限制,实际上是受美国法影响,美国法上不会把回购过来的库存股作为资产,而是把它当作分红的一种方式,当然对于分红的限制和条件,日本法和美国法可能存在一些细节上的差异,而大的方向上基本是一致的。另一个放松回购库存股的理由是,对于公司来说没有更好的投资去向,就投资本公司的股票也是一种方式。从实际情况和法律性质来看,说明公司实际上有充裕的现金,才可以进行回购。公司通过回购股份的方式把这些多出来的资金交给出卖自己股份的人,其实某种情形上就相当于公司在分红。

段磊(华东师范大学):

对于股份回购,我就中国法的情况做一个回应。中国去年修改了《公司法》第 142 条,修改公司法对中国所有的股份有限公司都有影响,但我认为这一条更多针对的是上市公司,有三个理由:

第一个,其增加的两个回购条件都是适用于上市公司的,就是第五项和第六项。另外公司法修改以后,配套的证监会公布的《关于支持上市公司回购股份的意见》和上海证交所、深圳证交所公布的"回购股份的实施细则",也都是在针对上市公司,为什么会针对上市公司,其目的实际上是稳定股价,我国股市去年暴跌暴涨的情况比较多,通过这个方式来稳定股价,这是当时修法的目的之一。

第二个,关于回购过来的股份到底是作为资产,还是像日本法一样受到分配、分红的限制,在公司法修改以前是要受到分红的限制,修改完以后就没有了。我认为当时立法者的理由,就像周老师刚才提到的,公司回购其股份之后会计上的处理,比如,回购时是以每股 100 元,将来出让时每股 120 元,这样多出来的钱就计入公司资本准备金;但如果出让时每股 80 元,产生亏损,就扣减资本准备金。某种情况来说,这种方式也能保护债权人的利益,不会有太大影响。这点与日本的想法不太一样,中国学者也有很多的讨论。

第三个,关于得津老师的提问,回购过来的股份有没有表决权、分红权、剩余财产分配权,表决权和分红权公司法明文规定是没有的,至于是否有剩余财产分配权,根据推论,表决权都没有,那么剩余财产分配权肯定也没有,这是学术上的见解。

姜一春(烟台大学):

关于得津老师提到的日本库存股的处理方法我再做一些补充,我国的规定和日本并不矛盾。我们的库存股对职工进行奖励的时候,可以代替奖励,职工继续增持股票,称为职工增发股票,这个增发股票就是库存股,这个库存股的共益权集中由职工工会来管理,自益权可以由职工自己行使,但是不能在市场上自由流通,这是我所了解到的情况。

董惠江(黑龙江大学):

下面进行下一个议题的讨论,卢晓斐老师的文章,她是站在日本公司法的角度上探讨公司法中对母公司的保护。

卢晓斐(SBI 大学院大学)：

我先稍微做一个补充,关于日本法母公司股东保护的制度,2014 年只是做了一个皮毛的修改。关于多重代表诉讼制度,在日本国内称双重代表诉讼制度,在日本 2014 年修改时是关于母公司股东保护的非常重要的制度,但是它并没有对实务界有太大的影响。高桥英治老师是对母子公司保护制度很有研究的老师,他认为制定这样的制度,是因为日本想引进很多多国籍企业的控股公司在日本设立。但是我认为这个制度既不适用海外母公司,也不适用海外子公司,所以是否真正能起到吸引外资、促进多国籍企业的控股公司在日本设立,这一点我是存有疑问的。

下一点是我的疑问,我一直研究的是母子公司的规制,但自始至终有一个疑问,是关于立法事实方面的疑问,而且在实务上面究竟是否存在问题,我想借此机会请教各位老师,究竟实务中是否存在母公司股东保护、子公司股东保护的问题。日本关于母子公司的规制被讨论、被撤回,反复好多次,一个原因是经济界的强烈反对,他们反对的重要理由是没有立法事实,母子公司的集团是按照公司法企业管控和治理规制,没有侵犯股东的事实,不需要通过新的立法保护。我的想法是,既然如此,制定了新的规制的话也不会太过影响企业的发展,既然公司是按照法律进行治理的话,有了规制又如何? 这只是我的想法,所以我很想知道在日本或者中国究竟在事务上是否存在这样的问题,母公司的股东究竟是否需要特别保护?

姜一春(烟台大学)：

卢老师提出的母公司股东保护的问题,我国和日本不一样,实地考察发现,在中国很多母公司都是国有企业,温家宝总理在后期对国有大型股份公司提出了一个混合所有制制度,在混合所有制的情形下,股份公司有不同的股份成分,包括国有股、法人股、外资股和民间股,在这种情形下母公司要控制子公司,国有股是大股东可以控股,那么民间资本能否控股是存在争议的。

李立新(上海大学):

我接着姜老师的观点回应一下卢老师的问题,我国的实际情况是子公司的股东利益受到损害的情形比较多,我们是母公司强大,所以在母子公司的关联交易中,母公司就掏空子公司,从而使子公司股东利益受到损害。所以倒过来说,如何加强母公司股东利益的保护,这个问题在我国不是特别突出,没有立法需要。

另外我再补充一点,事实上关于母公司股东保护的问题也有,我本人接触到一个实际案例是,上海强生公司,上面有强生集团,下面有作为上市公司的强生股份,去年我们股票市场不太景气的情况下,母公司为了维持子公司作为上市公司的形象,事实上将自己的一部分"利益"进行输送,从而使得子公司强生股份的股价比较好,作为上市公司的公众形象比较好。通常中国是子公司给母公司利益,这个典型案例是母公司给子公司好处,这样的背景下,母公司在做这样的决策时,是通过怎样的程序? 这样的决议是否反映了母公司所有股东自愿的利益,母公司中控股大股东可能愿意做这样的"输送",那在我们现在在国有企业混合所有制改革的情形下,其他非国有公司股东是否愿意这样做,是否对他们造成损害?

得津晶(东北大学):

对刚才卢老师的问题做一个回应。

首先,日本多重股东代表诉讼的法律修正应该不是2016年日本公司法修正中一个非常有代表性的制度修正。日本法上母公司和子公司都具有独立的法人格的主体,让母公司直接参与子公司的决策,日本法上也不支持。虽然卢老师论文中提到高桥英治老师是这样的观点,但是我不支持。多重股东代表诉讼在进行制度设计的时候要考虑,这样的制度会不会被滥用,如果日本子公司在正常经营,母公司的股东在对这个子公司经营不是很了解的情况下就轻易介入,是有风险而且是耗费成本的事情。实务上可能会有人主张使用多重股东代表诉讼的方式来保护母公司股东,我认为不一定可以成立。这一点美国法和日本法有一个比较大的区别是,美国股东代表诉讼不管是几重,在公司内部有一个诉讼委员会,如果诉讼委员会认为不应当提起代表诉讼,就会把这个诉讼撤下来,但日本是没有这样的制度,那么有可能多重代表诉讼会被滥用,所以我认为,日本在进行这样的制度设计时要进行约束,防止滥用。有人会认为,实务中这不会有太大的问题,但理论上是否有必要制定,不能轻易下结论。比如在实务中,大部分企业都不会滥用这样的制度,但是有少部分企业滥用了,可能会带来相应的问题。法律要考虑到制度的滥用,从而进行规制。也有不同意见,大多数企业都没有滥用,却引进了这样的制度,会不会造成成本浪费和制度上的障碍。可能公司法的实务和理论有一定的关联性,但在进行制度设计的时候,不能仅仅凭借实务的状况来判定法律是否应该有这样的规制,在进行制度设计的时候要各方面充分考虑。我个人认为,目前这个制度还可以,但如果因为实务上的不同意见而要修改这个制度,我不觉得这是一个很好的理由。

周戟[云南大学、北京大成(昆明)律师事务所]:

就中国的情况我补充一下,中国国企在"走出去"的过程中,曾经出现海外子公司监管失控的问题,国企对于监管要求比较高,需要相对比较有力的监管制度,但是当时"一带一路"倡议提出后,国有企业放开下属的公司对外投资,这个时候监管就被削弱了。因一些国家仅允许以个人身份进行投资,有的个人利用自己的身份状况,将国有资产掏空,还给母公司的是一堆"烂账",公司基本破产。基于这样的背景,我认为中国目前面临着当时对国有企业"走出去"需要加强监管的问题,所以后来2017年出台了一系列规定,也是加强了对央企、国企海外投资的监管。所以中国国企有这样的需求,需要对其海外子公司加强监管,如何治理,如何进行股东的保护和防范。我本人对卢老师的论文也是很感兴趣,也想研究一下日本对于母公司股东权利的保护,保护程度、适用范围、保护条件、界限等问题。

伊達竜太郎(冲绳国际大学):

我的论文在论文集第152页,我先来简单介绍一下。在日本上市公司审查的要件中有一个形式要件是市价总额要在 20 亿日元以上,现在东京证券交易所要把它提高到 50 亿日元以上。除了提高市价总额的标准之外,配套的还有两个新的标准的引入:一是要求涉外董事的比例占到公司董事比例的 1/3 以上,这是公司治理结构上的标准;二是如果是母子公司同时上市的,要对母子公司的上市作出更为严格的审查。

接下来我有三个问题:

第一个问题,论文集第 153 页注释 5,上海证交所和伦敦证交所开始互联互通,就是相互之间上市公司的存托证券可以在对方的市场上上市。关于这点我是在日本看到了新闻报道,具体可否请有关的老师或实务专家进行介绍?

第二个问题,我论文的第八点提到了日本母子公司同时上市的情况,日本这种情况很多,而且对于同时上市时子公司的审查比较严,想请问中国母子公司同时上市的情况是否很多,如果有的话对于相关的规制是否有探讨?

第三个问题是关于中国独立董事的问题,上市公司也引入了这样的制度,想请问实际操作中独立董事发挥了多大的作用,是否对公司经营、保护中小股东的利益发挥出预想中的作用?

李建明[云南大学、北京大成(昆明)律师事务所]:

关于伊达老师提到的中国大陆独立董事的问题,我正好有所了解,做一个回应。中国大陆引进独立董事制度,初衷很好,但其效果并不理想。中国大陆的独立董事被媒体和业界戏称为"花瓶董事",是一种摆设,因为法规层面要求必须有独立董事,但实际上作用很小。有学者实证研究调查了很多上市公司的样本,研究后发现,第一个现象是独立董事很少发表独立意见,愿意发表意见的人数也很少,所以导致一个问题,大陆的上市公司中出的问题很多,其中最明显的就是财务造假。上市公司各种利益中,其中一个是业绩要提升的利益,这样最简单的方式就是财务造假,动辄几个亿人民币、几十个亿人民币,这样的现象在大陆很多。这点我认为主要是制度跟不上,我们现在的董事任命、选任问题没有系统性制度设计,独立董事就无法体现他的独立性。

我本人也有机会做过某个上市董事的独立董事，它从一个有限公司变成股份公司，然后上市，我全程都有参与，但我的感受是，这是一个人情董事，因为这家公司的大股东跟我关系比较好，他想公司上市，一定要找他的"代言人"，这实际上是一个普遍的心理现象。但我本人是很谨慎的，所以每一次签字，他们的决议我都会提供建议，但是他们也很为难，他们也会让我看议题，但是具体材料没有，比如说我想看重大合同，他们很难做到。还有一个技术性问题，目前独立董事的选任方式没有体系化、制度化，没有可操作性的制度设计，导致很多技术问题存在，我本人就感觉自己无法胜任，自己就看不懂财务报表，数据不知道是真是假，但是在会议上不表态又不行。所以我认为独立董事在选任的时候要分责任，非财务专家对财务问题责任要轻，财务专家对财务情况负责，法律专家对法律问题负责。比如说审计委员会，如果独立董事是财务专家，进入了审计委员会，他就应该对财务负责，要做一些区分。

大陆还有一个问题，责任和利益不一致，有人研究过，中国大陆独立董事的薪酬是美国独立董事的四分之一。还有一个现象是现在独立董事大家都不敢做了，所以上次我参加会议的时候有个专家说，建议大家要慎重考虑是否要做独立董事。

第二阶段 14:45~16:00

刘惠明（河海大学）：

关于独立董事我再补充一点，我同意刚才云南大学李老师的意见，独立董事在我们国家没有发挥什么作用。原因是，我国公司法规定必须有监事会，实际上我们很多的国有上市公司还有职工代表大会、党委等，都是监督机构，这点与英美法是完全不一样的。日本新修改的公司法规定，有的公司是可以设立监事会的，有的却完全不需要设立监事会，如果是不需要设立监事会的公司，独立董事有其存在的必要性。过去我国独立董事大多是由退休官员担任，也不负什么责任。

姜一春(烟台大学):

关于"沪伦通"的问题,它是刚刚开始,我稍微有点了解。"沪伦通"是人民币流通到伦敦的联营市场,从伦敦联营市场又把人民币回流到上海,是人民币流通的一种手段。其好处是其载体就是通过伦敦股票证券市场、上海证券市场,让人民币进行流转,不经过美元作为载体,摆脱了以美元为中心这个问题,而且人民币可以直接地跨境流通,它这个是产品跨境,购买伦敦的证券产品到上海证券交易所,通过伦敦的证券公司在上海购买存托证券,每个存托证券下面有着相应数额的股票,然后大陆的投资人可以购买存托证券下面这些股票,中国证券公司到伦敦市场去购买它们的存托凭证,买了以后中国人通过国内的证券公司可以买伦敦的股票。"沪港通"是投资人跨境,产品不跨境,直接通过香港的证券公司在香港银行开户,然后在大陆可直接买卖香港联交所的股票,但香港联交所的股票没有在上海沪交所上市。"沪港通"账户最低资金是 300 万元,不能包括融资融券。

李立新(上海大学):

对刚才伊達老师的问题做一个简单的回应,第一个是关于"沪伦通",关于外国企业在中国上市,上海这边一直想要推"国际板","国际板"推出以后外国的企业就可以直接在中国上市,但后来我们先推了"科创板"。现在"科创板"已经推出来了,那么接下来会不会把重点放在"国际板"上,这是值得期待的。"国际板"推出的过程中有一个法律上的障碍,是我国公司法上对于"种类股"的规定尚有不足,但此次"科创板"的推进过程中实现了可以同股不同权,比如 A 种类股和 B 种类股表决权上可以有所不同。所以在未来我国公司法和证券法的联动修改当中,对于"种类股"制度的设置期待有所改变,为未来"国际板"的推进形成一定的推力。

第二个是关于中国是否有母子公司一起上市的情况,这个是有的,比如说中国南车与中国北车合并后是中国中车,中国中车及其下面的子公司南方汇通。比如,中国铝业是母公司,下面有焦作万方作为子公司一起上市。上海作为国有企业非常多的地方,也存在母公司上市,子公司也上市的情况,比如,母公司上海电器,子公司有上海机电、海立股份等都在上海主板上市。母子公司一起上市在中国审查标准是将其均作为独立公司来审查的,中国除了现在新推出的"科创板"之外,上市是核准制,而非注册制,所以每一个企业单独地提出申请由证监会审查,审查通过后才可以上市。当然,作为母公司来讲,肯定会把自己最优质的资产给予想要上市的子公司,先让它实现上市,然后母公司可能会从已上市的子公司中套取部分利益,产生利益输送的不良现象。这点也是我们公司法研究领域需要关注的一个问题。为了防止这样的现象,我们也在进行母子公司之间的联结结算,用会计上的制度来防止母子公司之间利益输送问题。

久保田隆(早稻田大学):

我汇报的是关于日本虚拟货币,我想先做一点评论,再提一个问题。日本到目前为止,关于虚拟货币的裁判例也只有十多件而已,据我了解中国这样的案件很多,达到621件。中国民事关于虚拟财产的审判共303件,结果五成在民事上不认为虚拟货币可以作为交易客体在民法上保护,共有136件,还有五成认为可以给予合同法保护,认为虚拟货币是交易的客体。另外还有318件是刑事案件,只有一成不认为虚拟货币是刑法中的"财物",所以不构成盗窃罪,另外九成都认为是"财物",可以认定盗窃罪。这是关于我论文的一点补充。

接下来我想请教一下中方的各位专家学者,不仅仅是虚拟货币,现在Fintech的金融科技,在中日都是比较发达的,尤其是不经过传统的银行金融机构就进行资金的流通或融资,在中国和日本都是不少的。我想了解的是,在中国虚拟货币已经被禁止,但在P2P这种交易方式中,民间也运用得比较多,关于这点实务情况和法律规制中国是怎样的?

益田えみ(早稻田大学):

昨天报告中提到,中国的仲裁裁决存在不稳定性和不确定性,对此我有些疑问。首先我对此进行一些补充说明,中国的仲裁庭在北京、上海、深圳都有,存在多所,多所仲裁庭之间对于管辖权有争议引起了仲裁的不确定性。2013年,上海的仲裁庭的裁决没有得到江苏省和浙江省人民法院的承认与执行。而2012年深圳市中级人民法院作出了可以承认执行仲裁裁决的认定。关于这个问题,2014年之前,中国各地的法院判决可能是不一样的,但是2014年最高人民法院作出了一个批复,对仲裁裁决的地位和管辖权作出了确认,尤其是法院要求仲裁员作出相应的文书证明,以此来弥补仲裁裁决的效力。总的来说,管辖权争议的问题已经减少很多,但在理论上和制度层面还不是很清楚,这样的情况还在发生。

我想提一个问题,关于中国的电子货币。在中国,实践中通常是采用支付宝,以扫二维码的方式支付,这种电子货币支付的方式已经非常普及,反而没有人使用现金。在日本,大多支付方式是使用信用卡、VISA、Mastercard等进行支付。中国对这种电子货币和电子支付作了一些法律上的规制,但实务中电子支付越来越多、十分普遍,这背后有什么样的原因?

金赛波(北京金诚同达律师事务所):

虚拟货币我有关注,但没有深入研究。我去年出了一本书是关于P2P网络借贷的案例和实务,这本书的筹划是在三四年前,当时P2P还没有出现问题,编书的过程中,P2P的隐患逐渐爆发。书编好以后,政府下命令,如果想做P2P业务,要进行严格的金融风险排查。现在如果想从事P2P业务,需要通过政府审查,据我了解,能通过政府审查的公司一家也没有。我们收集的案例归纳之后发现,共涉及31个法律问题,包括P2P案件法院受理和管辖、合同的效力、借贷、债权转让、利息和费用、刑事责任共七大种类。其中最关键的是,在P2P里面存在的几个法律关系:借贷关系、居间合同关系、担保合同关系、债务承担关系、侵权法律关系、第三方支付平台参与后的法律关系。比较有趣的地方是,如果借款人无法还钱,就会产生债权转让的关系,风险投资人会把这个债权转让给新的债权人,产生债权转让的关系。

P2P隐患爆发的原因,其中涉及两个刑事的罪名:非法吸收公众存款罪、集资诈骗罪。集资诈骗是,网上发布的内容通常是有人需要借钱或有项目需要投资,回报很高,就会有众多的投资人在网上购买相应份额,涉及的金额非常庞大,累计金额甚至达上百亿元,结果最后还不起钱,付不起高额的利息回报,调查的时候发现两个大问题:第一个,当初发布的投资项目是假的;第二个,控制平台的公司挪用资金。最后如果还不了钱就是诈骗,答应给以高额回报就是非法集资。

再介绍一下区块链的情况,实际上中国对于区块链感兴趣的企业非常多,尤其是一些大的银行,利用区块链作为一项银行技术,如中国建设银行,将区块链技术用在国内银行产品,如国内信用证。我预计未来几年,银行产品、金融产品、其他商业产品对于应用区块链技术会有非常好的突破。

刘惠明(河海大学):

我认为我们现在使用的电子货币和刚才提到的虚拟货币概念是不一样的,我们支付宝、微信的支付实际上是电子货币,因为支付宝、微信的支付是和我们自己的银行账号联系在一起的,使用的实际上是我们真正的法律意义上的货币。从这点来看,和虚拟货币是不一样的。

段磊(华东师范大学):

关于上述刘老师的结论,在日本资金结算法的规定上,电子货币和虚拟货币的定义也是不一样的。

李伟群(华东政法大学):

保险科技的快速发展给传统保险带来巨大的冲击,刚才我们也提到了支付手段、虚拟货币,在保险科技方面,中国在快速发展,人工智能、区块链、云计算、大数据,已经大踏步地往前走,在这些方面,日本比我们传统,想请问一下日本的老师,各位对于保险科技的看法,日本实务界对于保险科技的态度,以及日本未来立法如何应对。

得津晶(东北大学):

我主要做研究,对实务情况不是很了解,现在就我知道的内容做一个回答。日本保险公司运用此类新兴保险科技开发产品的欲望和意识是较为强烈的,但实际中还没有开发出来新的产品。日本一家保险公司旗下的子公司已经开发出一款新的保险产品,通过研究健康诊断的大数据调整保险的费用。收集被保险人的相关数据,有利的一面是可以降低保险费用,但是涉及个人隐私的侵犯,关于个人隐私的保护日本法律规定比较严格,这个可能也是目前法律上探讨比较多的地方。此外,保险公司主营业务以外的其他投资业务,可能用到此类技术。尤其是非保险业务之外的业务,目前来说法律上的问题不大。

田泽元章(明治学院大学):

我补充一点,现在日本保险公司中,会通过修改合同上的约定来收集被保险人的遗传数据、健康数据从而为被保险人服务,这一点在实务中是有探讨的。

平野温郎(东京大学):

我的文章中讨论了两个问题,一个是关于"一带一路"实践中遇到的共同的合同法的问题,中国的专家学者对此是否有相关的介绍? 另一个是关于持续性合同的定义,请中方老师做一些相关介绍。

金赛波(北京金诚同达律师事务所):

我做一点评论,关于"一带一路"货物买卖合同的适用 CISG 是没有问题的,绝大多数"一带一路"的国家都是 CISG 的成员。我的经验是,"一带一路"国家主要的问题是货物和服务走海路和走陆路。走海路就是海运,大部分问题就是提单的问题,全世界范围内关于提单的航运实务和法律实务基本上是一致的。主要的问题是走陆路,因为中国和东亚的国家主要是通过铁路运输,里面涉及运单的问题。

提单是权利凭证,运单不属于权利凭证,而仓单根据英国法院的判例不能认定为权利凭证,但中国担保法却认为仓单构成权利凭证。所以我给平野先生这篇文章的唯一评论就是,契约法上想要构成一个契约的共同体,在"一带一路"集资,还有很多工作要做,尤其是在货物的流通、动产,中国法上就有很多工作要做,其他国家关于动产、单据流通性方面,将来需要做"一带一路"国家法律的统一和协调,这些都是特别需要我们做的工作。

不明发言者:

继续性合同在中国法律上并无明确规定,是属于学理上的分类。就是在一定时间内,货物定期或不定期地完成交付,买方按照一定的标准支付价款。

周彧［云南大学、北京大成（昆明）律师事务所］:

持续性合同,我理解的是我们的货物长期购销合同,但不确定理解是否与平野先生说得一致。这样的合同通常有一个大的框架,在一定时间内不时采购货物。

平野温郎（东京大学）:

这可能也是持续性合同的一个情形,我在报告中也提到了,中国民法中对此没有明确规定,可能会有一些问题。持续性合同的定义到底是什么,这在日本法上也有一定的问题。

高见泽 磨（东京大学）:

我报告的内容有两本资料可参考。这两本资料都是北京大学图书馆的馆藏。其中一本是东大校长赠给北京大学的,属于贵重书籍,禁止借阅。

益田えみ（早稻田大学）:

论文的第224页最后一段提到,1950年制定婚姻法的时候,中国学者对于财产方面的问题讨论比较多,关于婚姻自由和男女平等的讨论并不是很多,关于这点也对婚姻法的制定产生了一定影响吗?想请教一下高见泽老师。

高见泽 磨(东京大学):

关于宪法起草的过程,目前我们没有什么资料可查。但我认为,当时虽然倡导男女平等,但实际上在民众层面这种观念并不一定很强。

得津晶(东北大学):

论文中提到征求意见稿中载明的 8000 人具体是包括哪些类型的人? 一般的市民还是官员?

高见泽 磨(东京大学):

资料中并没有明确说明,只写了 8000 这个数字。全民讨论中当然一般市民也会参加讨论,主要是一个学习的过程。可以认为 8000 人是中国当时的精英。

平野温郎(东京大学):

读了高见泽老师的论文,觉得中国当时在宪法制定的时候产生了非常激烈的探讨,是否有关于当时意识形态的问题? 这点在论文中没有提到,想听听高见泽老师的意见。

高见泽 磨(东京大学):

当时的讨论很活跃,说明了当时的言论就很自由。

中日民商法研究会第十八届大会　闭幕式

渠涛：

各位,两天的会议即将结束,大家辛苦了!

下面我们举行一个简单的闭幕式,首先有请日方参会学者代表:东京大学教授道垣内弘人先生为我们致闭幕词,大家欢迎!

道垣内弘人：

在中日民商法研究会第十八届大会闭幕之际,谨代表日方参加者做一个简短致辞。我第一次听到本届大会将在昆明举办,我内心十分激动。昆明有很好的气候、很壮观的景色,都是极具魅力的。昆明这个城市在日本有名的原因有很多,其中一个重要的原因是来源于西山龙门这个景点,以这个地方为题材的有一个传说,叫"鲤鱼登龙门",这个词现在在日本被广泛使用。这个词来源于宋代,距今有 1600 年的历史。虽然这么说,但我是前天傍晚才到达昆明的,到达后就加入了会议紧张的议程中,到现在还没有享受到昆明的美景。

观赏美景之外,研究会本身对我来说更是一段很愉快的时光。这段时间多谢云南大学的老师和同学们悉心和细致的工作及安排,这两天我享受到了一些很有意义的报告,基于这些报告也进行了很多白热化的讨论。今天我一直参加民法部会的讨论,虽然不知道商法部会的具体情况,相信也围绕着很多的主题,也了解到了中日两国很多不同的法律情况,这两天的会议对我来说非常愉快!我之所以可以度过这样愉快的时光,少不了大家的帮助,在此再次感谢云南大学的各位老师和同学,以及协助本会的北京市中伦律师事务所、北京市金杜律师事务所、日本司法书士会连合会、北京大成律师事务所、北京大学出版社、上海市海华永泰(昆明)律师事务所以及对我们研究会给予后援的中国社会科学院法学研究所,对这些单位我由衷地表示感谢。

明年我也期望同大家度过同样愉快的时光,希望从现在开始的一年的时间,大家多多保重身体的同时也要好好学习,才能进行更多的更有意义的讨论。

谢谢大家!

渠涛:

感谢道垣内先生的讲话,让我也沉浸在好好学习的感觉中。接下来请为我们大会作出重大贡献、为我们提供周到服务的云南大学法学院副院长杨舒然女士为大家致辞。

杨舒然:

尊敬的道垣内教授、梁慧星教授、渠涛教授、各位专家、各位来宾,大家下午好!

非常荣幸能代表云南大学法学院向中日民商法研究会第十八届大会的成功召开表示衷心的祝贺!

本届大会的召开正值中国的传统佳节——中秋节,这是一个阖家欢聚的节日,在此佳节,本届大会迎接了来自中日两国百余名专家学者,大家欢聚一堂,共享学术盛宴,不仅分享了各位专家学者的研究成果,也加深了学者间对学术的交流、交融、碰撞和交互。我衷心祝愿中日两国法学界,能够在不断合作的道路上共创法学的繁荣与协作,并且我也非常感谢中日民商法研究会能为两国学者搭建如此重要的学术交流平台,并且成为关注中日民商法研究的学者们共同的家园。并且要向中日民商法研究会作出重大贡献的梁慧星教授、渠涛教授以及各位专家学者表示由衷的敬意和感谢,特别是你们的到来能让我们云南的学生能够近距离接触各位学术巨星,大家是非常开心的,再次表示感谢!

本次大会邀请了中日两国许多著名的法学专家和学者,你们的到访令云南大学蓬荜生辉,也令云南的法学教育和司法实践领域刻下了浓墨重彩的一笔。同时日本著名法学家大村敦志教授,还在百忙之中为我们法学院的师生上了一堂别开生面、妙趣横生的讲座,让法学院师生充分领略到了法学的魅力和日本法学家的风采,借此机会我衷心期待日本法学专家和学者能够再次造访云南大学法学院,加强与我院师生的沟通和交流,帮助我们更多了解日本法学发展的最新成果,提高法学院的研究水平和法学人才培养的质量。

最后我代表云南大学法学院向多年来一直支持法学院发展的梁慧星教授、渠涛教授以及其他一直关心学院建设和发展的专家学者们表示衷心的感谢,期待在未来的卓越法律人才培养的道路上能给予云南大学法学院更多的支持、帮助和关心。最后祝各位专家、各位来宾、各位朋友万事顺意,吉祥安康。谢谢大家!

渠涛:

谢谢杨副院长!接下来请中日民商法研究会会长梁慧星教授宣布闭幕。

梁慧星:

会议就要结束了,按照程序是由我来宣布会议结束。但是今天,我请求大家给我稍微长一点的时间,我想讲三个问题。

第一个问题,为我们这一次会议的成功举行表示一些感谢。首先要感谢日本的近江先生、道垣内先生、大村敦志先生、加藤先生、田泽先生、宇田川先生这些经常见面的老朋友,还有日本来的新朋友,感谢你们使我们这样的会议成为中日民商法学者的研究会。还有我们中方的学者、朋友,包括台湾地区的刘得宽先生,大家都能来参加会议,使我们的会议成为两国间的国际性会议。还要感谢本次承办会议的云南大学法学院的老师同学,为这次会议付出了很多辛勤的劳动,借此机会表示感谢。

第二个问题,我想稍微回顾一下改革开放以来中日两国民商法学的交流。中国改革开放最早发起中日两国民商法学交流的是日本的加藤一郎先生,当时率领日本老一辈的民法学者访问中国社会科学院,大概是1979年。当时访问团中的好多老一辈的学者已经去世了,在座的可能都很少有人见过,例如,谷口知平教授。1979年日本的访问团到北京的时候,我还是研究生,去参加见面的时候,铃木贤先生还是北京大学的研究生。20世纪80年代,加藤一郎先生组织了中日两国多次的学术研讨会,主要是在东京等地。我第一次访问日本就是在1985年,在东京大学举行的中日民商法研讨会。当时我41岁,参加本届会议的高见泽 磨教授当时是东京大学的博士研究生。加藤一郎先生领导中日民商法学术交流大概在1992年前后结束。我记得1992年,中国社会科学院专门在北京为加藤一郎先生举行了70岁大寿的纪念。这大概是中日民商法交流的第一个阶段。

20世纪90年代初开始是第二个阶段,领头人是东京都立大学的野村好弘教授。不仅是访华,同样也在两国间举行了学术研讨会。这个时间是中国统一合同法开始起草,京都大学的北川善太郎教授也组织了中日两国关于统一合同法草案的若干次研讨会。中日民商法学交流的第二个阶段,大概在20世纪末结束。

第三个阶段是2002年中日民商法研究会的发起,第一届中日民商法研究会在2002年,由广州中山大学承办。日本方面星野英一先生、铃木禄弥先生、五十岚清先生出席第一届研究会,这三位是日本老一辈的先生,除了他们三人还有现在在座的近江幸治先生也参加了。三位老先生中,星野英一先生从第一届到第八届,每一届都出席。北川善太郎先生参加过一次。现在这四位先生都不在了,回忆到这个有些伤感。有一次我做闭幕词的时候和星野英一先生商定,每一次中日民商法研究会在中国的一个省会城市举办。当时中国有三十多个省会城市,第一届会议的时候我是58岁,如果中国大陆每一个省会城市都轮一遍,我应该是九十多岁,星野英一先生是一百多岁。现在我们开了十八次会议,去过十七个省会城市,从这个回忆就想到了,中日民商法研究会,不仅是学术交流的平台,也是中日两国、中日两个民族和平友好的纽带和桥梁,因此我们有责任要把这个事业、这个研究会继续办下去。十八年来,我们在会上讨论了中日两国一些重大的立法、理论、实务问题,使得中方的学者,特别是我个人,受益匪浅。

我想起,我的研究生导师谢怀栻先生曾经说过,中国民法是主要从外国学来的,即使将来制定了一部民法典,也还是要认真向外国学习,这当然包括日本、德国。中国改革开放以来的民事立法以及理论、实务当中,参考借鉴了很多日本的理论和判例,却没有人加以研究和整理,这是非常遗憾的。

下面说第三个问题,刚才提到,我第一次访问日本是41岁,第一届中日民商法研究会开会的时候我是58岁,今年我76岁。中国改革开放以后,邓小平同志率先终结终身制,所以我们中日民商法研究会也不能终身制,也面临着换届的问题。我最先向渠涛教授提出,同时经过研究会的会长、副会长会议讨论研究,最后做出决定,利用这个场合,我向中日双方的朋友宣布一下,中日民商法研究会的领导层变更:

本次会议一旦宣布结束,我不再担任会长,改任名誉会长。现任常务副会长渠涛教授,对本会的贡献最大,承担的组织、工作任务最重,本会之所以能举办十八届,与渠涛教授的贡献是分不开的,现在渠涛教授改任会长。现任副会长姚辉教授,任常务副会长。其他几位副会长不变。

下面是关于秘书长的变动。现任秘书长渠涛教授,继续以会长身份兼任秘书长。新增浙江大学的章程博士,担任常务秘书长。现任日方秘书长宇田川 幸则教授继续留任。现任中方副秘书长蔡元庆教授卸任。

相信我们中日民商法研究会在渠涛会长,以及其他副会长、秘书长的率领之下,继续承担历史的重任,把老一辈开创的中日民商法交流的事业坚持下去。

最后我宣布,中日民商法研究会第十八届大会现在闭幕!

图书在版编目（CIP）数据

中日民商法研究. 第 19 卷 / 渠涛主编. —北京：中国法制出版社，2023.10

ISBN 978-7-5216-3923-0

Ⅰ.①中… Ⅱ.①渠… Ⅲ.①民法-对比研究-中国、日本②商法-对比研究-中国、日本 Ⅳ.①D923.04②D931.33

中国国家版本馆 CIP 数据核字（2023）第 198489 号

策划编辑：王　彧　　　　　责任编辑：王　悦　　　　　封面设计：李　宁

中日民商法研究. 第 19 卷
ZHONG RI MINSHANGFA YANJIU. DI-19 JUAN

主编/渠涛
经销/新华书店
印刷/北京虎彩文化传播有限公司
开本/880 毫米×1230 毫米　32 开　　　　　　印张/ 12　字数/ 277 千
版次/2023 年 10 月第 1 版　　　　　　　　　2023 年 10 月第 1 次印刷

中国法制出版社出版
书号 ISBN 978-7-5216-3923-0　　　　　（19 卷、20 卷）总定价：108.00 元

北京市西城区西便门西里甲 16 号西便门办公区
邮政编码：100053　　　　　　　　　　　传真：010-63141600
网址：http://www.zgfzs.com　　　　　　编辑部电话：010-63141830
市场营销部电话：010-63141612　　　　印务部电话：010-63141606

（如有印装质量问题，请与本社印务部联系。）